台灣，我的母親

——代序

台灣，我的母親，我在您的懷裏
滋長茁壯，充足富裕
母親，幾百年來
您的生命裏從沒有屬於您自己的日子
您的一生不是流汗就是流淚、流血
嚐盡了別人的歧視、凌辱
雖然
您曾勇敢過，為爭取自由
您曾戰鬥過，為爭取自主
您曾拚命過，掙扎披在身上的枷鎖
但
命運總是無法逃脫做人的奴子
母親，現在我已長大
請您不必再害怕，再傷心
我絕不會讓您　——再受折磨

我們也不要再去做別人的奴子
從今以後
讓我深深地擁抱著您
那怕是天崩，那怕是地裂
我們一起過著屬於我們自己的日子
獨立自主　美滿幸福

楊新一　一九九九年九月九日

據考證，此圖係耶蘇會教士，奉清康熙皇帝之命，於一七一四年來台灣實地測量所繪。（一七五二年法國 Jacques-Nicolas Bellin 出版）

目錄

台灣，我的母親—代序 14

第一章 前言 17

第二章 碧眼黃髮兒搶奪台灣主權 18

一、荷蘭人首先躍上台灣舞台 18

二、第二個來瓜分台灣島主權的人—西班牙人 20

三、西荷爭鋒，荷人逐走西班牙人 22

四、荷人的殖民政策 23

五、台灣第一個爭取主權的怒吼—郭懷一革命運動 26

六、台灣的天然資源被劫奪 29

第三章 台灣主權由荷蘭人的手中轉換給鄭成功 29

一、鄭芝龍晚節不保 32

二、鄭成功勵精圖治 36

三、何斌是鄭成功攻台的大功臣

四、鄭成功壯志未酬 36
五、鄭王朝窩裏反 37
六、鄭經棄守金廈退回台灣 38
七、禁海令、遷界令封斷鄭軍經濟動脈 38
八、明鄭朝臣自相殘殺 40
第四章 台灣主權由鄭家手中轉換給滿清 41
一、施琅—帶兵攻台並將台灣併入滿清版圖 41
二、施琅貪求無厭 45
三、歷史會重演嗎？ 45
四、滿清將台灣置之不管任其荒蕪 47
五、一個毫無人性尊嚴的社會 49
六、來台要靠偷渡 52
七、具有彈性的嚴禁偷渡政策 56
八、台灣祖先們所面臨的生存環境 57
九、慘無人道的政府祖先受不了 66
十、義士的血滴不停 69
十一、部份抗暴革命運動失敗的原因 71
十二、法國爭奪台灣主權不了了之 87

十三、台灣的主權由滿清政府轉讓給日本人 88
十四、清末亂世中的一塊淨土 90
十五、 當年桃太郎眼中的福爾摩沙 110

第五章　台灣主權的空檔期，台灣人民繼續爭取主權 114

一、成立屬於滿清的台灣民主國 114
二、台灣民主國總統潛逃 116
三、台北市民第一個交出台北主權 118
四、台灣主權隨著領導中心移轉到台南 120
五、辜顯榮是利用或出賣台灣主權 126
六、強悍的台灣人民軍如何爭取台灣主權 126
七、台灣主權正式被日本奪取 140

第六章　台灣人民前仆後繼的抗日運動 142

一、台灣人民台北大團結 142
二、宜蘭形同廢墟 144
三、震撼國際的雲林大屠殺 144
四、生為台灣人的大悲哀 145
五、笑裏藏刀的招降術 146

第七章　台灣人民再度武裝向日本爭取台灣主權　151
一、蔡清琳武裝事件（北埔事件）　151
二、林圯埔武裝事件（劉乾事件）　151
三、土庫武裝事件（黃朝事件）　152
四、六甲武裝事件（羅嗅頭事件）　152
五、東勢角武裝事件　152
六、大湖武裝事件　153
七、南投武裝事件　153
八、羅福星武裝事件　153
九、余清芳武裝事件（西來庵事件、吧哖事件）　155
十、霧社革命事件—爭生存、爭尊嚴的戰爭　162

第八章　台灣的主權被中國來的國民黨騙了　171
一、歷史的真相　171
二、國民黨偽造文獻奪取台灣主權　174
三、國民黨的騙術被揭穿　175
四、台灣人對中國的枉想　176
五、台灣與中國有血的淵源　177
六、國民黨對台灣的劫奪　182

七、國民黨軍隊太叫人失望 189
八、希望破滅 190
九、台灣人民的怒火——二二八抗暴運動 190
十、台灣人民忘了要獨立建國 191
十一、台灣人民依賴求人的下場 192

第九章 台灣的主權台灣人沒權利討論 202

一、美國主張台灣主權未定 202
二、舊金山和約的台灣主權未定 205
三、兩個中國的構想對台灣主權的主張 209
四、新的門戶開放政策 212
五、日本發明政經分離政策，瓜分台灣主權 217
六、中法建交奠定斷交模式，台灣主權又被孤立 217
七、上海聯合公報，台灣主權正式被美國出賣 218
八、國民黨毫無國格的外交政策 227
九、中美正式建交，與中華民國斷交，台灣主權變成無國際人格 228
十、中日建交公報日本決定台灣主權 230
十一、新的台灣關係法使台灣主權被美國左右 231

第十章 中國共產黨如何併吞玩弄台灣的主權 236
一、葉劍英實現和平統一台灣的九條方針 236
二、鄧小平和平統一最新方案 237
三、江八點併吞台灣主權 241
四、國民黨對抗中國和平統一台灣的新武器 243
第十一章 台灣主權可採用何種模式對抗中國的併吞 251
一、新加坡模式 251
二、多體制國家模式（德國模式） 251
三、國聯模式 252
四、邦聯模式 252
五、一國兩治 253
第十二章 中程協議是美國發給台灣主權的死亡證明書 255
第十三章 台灣主權所面臨的障礙 260
一、台灣人民對爭取台灣主權的分歧 260
二、國民黨霸佔台灣主權實施賣台及死亡政策 265
三、中國對台灣主權的圍堵及武力併吞政策 286

四、美國人已無法替台灣人爭主權　297

第十四章　台灣人民如何爭取台灣主權　303

一、可使台灣起死回生的依據　303
二、台灣人民爭取台灣主權的步驟　309
用選票推翻國民黨—爭取主權第一步　309
建立新台灣社會—爭取台灣主權第二步　310
組織獨立親善團尋求國際奧援—爭取台灣主權第三步　314
以新國家名稱正式向聯合國申請入會—爭取台灣主權第四步　315
舉行公投—爭取台灣主權第五步　315
戰爭—爭取台灣主權最後一步　316

附　錄　318

附錄一：清代台灣人民反清革命表　318
附錄二：一八九五年五月日軍登陸澳底後，台灣人武裝抗日表　323
附錄三：台灣土著勢力游擊戰事件成員表　328
附錄四：台灣武裝革命群起時事件表　332

附錄五：中華民國駐外機構使用各種「假名」一覽表　333
附錄六：近五十年來，全球宣布獨立國家一覽表　338

第一章　前言

台灣─世界超級流浪國

住在台灣，每天打開電視新聞或報紙，經常出現在眼前的就是：中國共產黨的中華人民共和國政府，向著住在台灣的人民以及霸佔在台灣的中國國民黨集團喊話：

「中國只有一個」

「一個中國就是中華人民共和國」

「台灣是中國的一部分」

「台灣一獨立，馬上打得稀巴爛」

「和平統一是有一定時間表，台灣不要想拖」

「香港已回歸到祖國的懷抱，接著是澳門，再來是台灣」

真奇怪，中國共產黨撒什麼野，放什麼屁，中國是中國，台灣是台灣，一邊一國，各管各的，台灣礙了你中國什麼？

仔細想起來，應該是現在霸佔台灣的國民黨集團才是真正的禍首。

國民黨集團，故意在國家對外的名稱上不用「台灣」，而使用被聯合國宣佈死亡的「中華民國」，同時這個國名的英文又和共產黨的中華人民共和國的英文相類似。

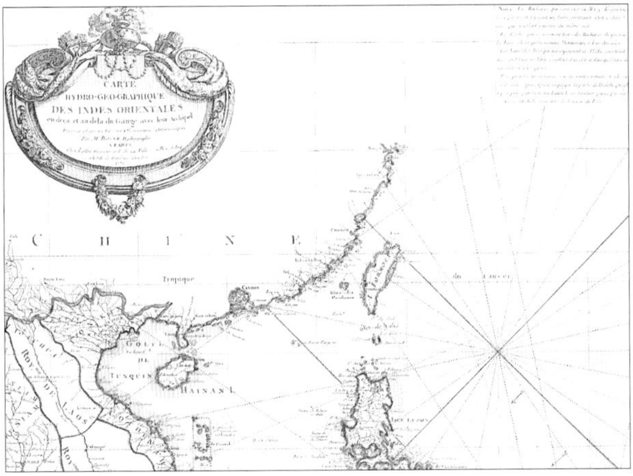

東方航海圖　一七七一年法國人M. Donne繪製，在巴黎印行。圖中精確標示越南、海南島、菲律賓、中國大陸之廣東福建沿海、台灣等地理位置。

中華人民共和國的英文是The Pepole's Republic of China

中華民國的英文是The Republic of China

這兩個英文叫世界各國的政要或人民究竟要如何去分辨呢？身為台灣人，這是一種悲哀。然而如今全台灣的人，仍然無法堅強的匯合成巨大的勇氣，去要求霸佔台灣的國民黨集團，把國家的名字由中華民國改為台灣，並加入聯合國，成為聯合國的一員，使中國共產黨無法找到侵略台灣的藉口。

現在的台灣人，在食、衣、住、行、育、樂上，達到世界水準，是經濟奇蹟的創造者，外匯存底世界第三，電子業佔世界領先地位，貿易出口佔居世界第八位，台灣人民到國外口袋裏裝滿百元美鈔，生活富足充裕，但台灣人所欠缺的是「台灣人沒辦法自己建立自己的國家」，台灣甚至比不上一個人口只有二十萬的又落伍又貧窮的非洲國家，他們可以自由自在地參加世界性政治舞台的聯合國，又可以不受任何人侮辱或正視著對你說「你沒資格參加」。當台灣總統不能出國，台灣的現有國名，全世界都

無法承認，只有那些需要用錢的國家才來承認然後騙錢，你說台灣人是不是有夠悲哀？

沒有主權，就是孤兒，就是棄婦

台灣位在太平洋諸連鎖島嶼上的一個主要環釦島嶼，將中國封死在中國海，中國要稱霸世界，跨進海權強國，必須佔領台灣，中國有了台灣，才可以突破太平洋防線，中國的航空母艦及潛艇才能自由進出太平洋，才能停泊在台灣，而美國如要制衡中國的霸權，只要不讓台灣落入中國的手中，中國的艦艇就永遠無法如意地進入太平洋耀武揚威，台灣目前是世界列強手中相互爭奪的戰略要地，現在讓我們看看台灣人的歷史吧！

翻開台灣人的歷史，看看我們祖先們在這塊土地上如何勇敢地抵抗那些壓迫他們，剝削他們的侵略者，如今，幾百年來，他們的子子孫孫還是一樣受到壓迫受到剝削，還是一樣無法享受到自己擁有自己的國家，過著有尊嚴、有自由的日子。

台灣是個對外無統一主權的島嶼

在台灣島嶼上，原住著舊馬來亞人即馬來印度尼西亞系人，亦即日本人所說的九族原住民及平埔族，他們分散在台灣各處，各自遵守自己的生活方式，擁有自己的文化。

各原住民相互間，沒有統一而強大的主權統治著他們，當時的台灣島嶼，還住著到處殺人放火的海盜和由中國來捕魚的漁民。在一六二四年以前的台灣島主權是屬於島上所有人的。

荷人登陸澎湖　一六二二年十月，賴耶爾遜將軍率船艦十七艘，自馬公灣登陸。

第二章　碧眼黃髮兒搶奪台灣主權

十五世紀末開始，是歐洲人創造世界歷史的時代，他們發明航海技術，突破大海的阻礙，同時再發明火藥當作武器，製造槍炮把當時最主要的戰爭武器─刀、箭，變成毫無用處。因此，英國人、法國人、西班牙人、葡萄牙人、荷蘭人，他們利用先進的槍炮當殺人武器，所到之處不是屠殺，就是搶劫，無堅不摧、無敵不克。當時，沒有用火藥當武器的國家，絕對難逃滅絕的悲慘命運。

在一六二二年，荷蘭人占領了澎湖，澎湖原屬蒙古帝國的元朝，約在一二六四─一二九四年間，設置巡檢司，隸屬福建省泉州同安縣，明朝滅元後，於一三七二年，強制把澎湖所有的住民都移居到福建，致使澎湖長達二世紀成為無人管轄，只是海盜的巢窟。

明朝，雖然長時間無心管理澎湖，但也不允許別國占有，由於荷人的占領，因而兩國發生了戰爭，荷蘭人軍事上雖然失利，但接受明朝的建議及要求─由澎湖退守到台

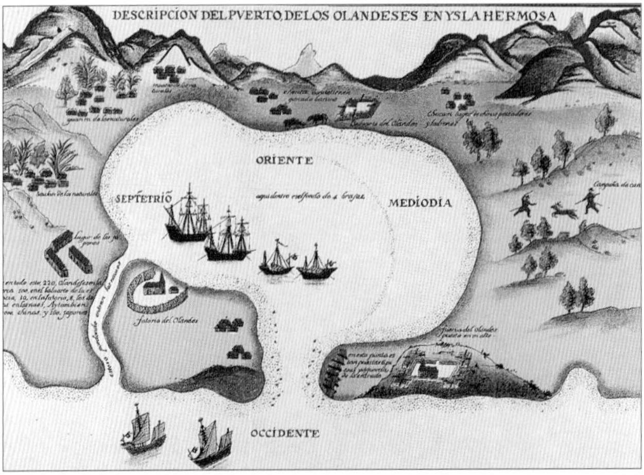

大員島荷蘭人港口圖　圖中中央海域為台江，左邊細長的水道即鹿耳門水道，右邊較寬的水道即大港，中間島嶼為北線尾。荷蘭人在圖中最上方的赤崁登陸後，建普羅民遮城，接著在大港右方的鯤鯓，建商港及熱蘭遮城（一六二六年西班牙人所繪）。

灣，台灣這時才正式浮上了歷史的舞台。

一、荷蘭人首先躍上台灣舞台

一六二四年九月，荷蘭人登陸台灣，即台南之鯤鯓島（今安平大員島），築城堡，叫熱蘭遮城（Zee landia），作為軍事要塞，正式佔領台灣，對當時的台灣居民，發號施令，行使統治權，收取稅金。台灣主權正式落入荷蘭人手中。

一六二五年，荷蘭人以十五匹花布向平埔族新港社，購買赤崁地方（今台南市區），建立市街，同時命漢人、原住民及荷人均遷住此地，以繁榮此市街，並命名為普羅民遮市街，但不幸於一六二六年，當地瘟疫流行，該市街遂淪為廢墟。一六五三年，荷人又在赤崁地方，以磚石建造新城，命名為普羅民遮城（今台南市之赤崁樓或紅毛城）。

二、第一個來瓜分台灣島主權的人—西班牙人

台灣被荷人佔領後，對東南亞西班牙屬地的馬尼拉貿易產生極大影響，因而迫使當時佔領菲律賓的西班牙人欲

赤崁樓　位於台南市民族路，一六五〇年由荷蘭人所建，荷名普羅民遮城，為政商中心，鄭成功逐走荷人，此地改稱承天府，光緒十二年，增建文昌閣、海神廟等。

安平古堡　為台灣最早的一座城。一六二四年由荷蘭人所建，荷名熱蘭遮城，城高九公尺，周圍廣達九百多公尺，建築材料採用水、米、黑砂糖、牡蠣灰等代替混凝土，再黏合磚塊而成，清末時，僅餘殘壁城牆一片。

淡水紅毛城　位於淡水河右岸，四百年前即為貿易良港。西班牙人經呂宋、台灣東海岸、基隆，一六二六年占淡水，築城名聖多明哥（今之紅毛城）。十年後，荷人逐西人，之後鄭成功部將再驅荷人，清時曾重修此城。

在台灣北部佔領基地，以利中、日商人前往交易。

一六二六年五月，西班牙人沿台灣東海岸北上，佔領了今天的台北縣沿海一帶及基隆市（雞籠港），並在基隆和平島上舉行佔領儀式，築城謂聖薩爾瓦多（San Salvador），並於一六二九年，侵入淡水並建一要塞，命名為聖多明哥（San Domingo）（紅毛城）。

三、西荷爭鋒，荷人逐走西班牙人

由於西班牙人佔領北台灣後，貿易比預期還少，同時，又因水土不服，兵士罹患森林熱而病死者甚多，加上當時菲律賓正發生宗教戰爭，西班牙人因而無心經營北台灣，再加上荷蘭人對西班牙人佔領北台灣之事，如芒刺在背，於是在一六四二年，乘西班牙守備薄弱時，將西班人趕出台灣，西班牙人佔領台灣北部合計十六年。

西班牙人被荷人趕出台灣北部後，台灣的主權全部落入荷蘭人的手中。

荷人以火藥槍彈對付赤足拿棍箭的原住民，如同用槍射鳥，誰都無法還擊。

百年前的台北盆地　西班牙人占領淡水，蓋紅毛城時，即有意開發台北盆地，當時台北是一片處女荒野。

荷人於一六二八年出兵征伐新港，原住民任其焚屋搜劫，誰擋得了？又有誰憐因抵抗而被殺害的台灣人英靈？最勇敢的麻豆社原住民，對荷人的侵略殺戮引起仇恨，因而不臣服派員協助荷軍參與征伐戰役，並偷襲荷軍殺害五十二名，引起荷軍的震怒，於一六三五年出兵討伐，殺害男女共二六人，並焚燬住屋，於是麻豆社臣服並協助荷人出征。

台灣人生命如糞土，任人踐踏

一六三六年征蕭壠（佳里），同樣毀屋殺戮，但無詳細記載，隨後，荷軍征伐小琉球島，殺害男女三百人，虜獲男女及兒童約七百人，近二百人被送往巴達維亞，其餘均送往大員，男人爲奴，女人與兒童則配予當時臣服的原住民。至此，台灣南方全部歸順在荷人的統治下。可憐的小琉球島人，生何其悲也？

一六四二年八月，荷人七天之內將西班牙趕出台灣北部，並於一六四五年打通大員至淡水、雞籠之通道，爲打

荷人占領台灣　一六四二年，荷蘭人趕走西班牙人，以火藥槍彈殺害原住民，實施殖民統治，對台灣大肆掠奪，搜刮財富，終於引起台灣先民的不滿，引發了一六五二年的郭懷一革命運動。

開此通道，殺害抵抗的原住民一千二百六十人，至此陸路暢通無阻。當時嘉義、雲林一帶都是鄭芝龍海盜基地，對荷軍均未加抵抗。

一六四二年元月，因原住民殺害東部探礦之荷人，於是荷軍由海路攻陷卑南覓（台東），東部地方也接著臣服，荷人統治權正式控制了整個台灣。

四、荷人的殖民政策

荷人對外侵佔土地，目的是搜刮當地的財富，荷人佔有台灣也不例外，所有佔領地的人或物都是屬荷人的，誰有權置喙？凡人抽人頭稅，捕魚要有捕魚證，領捕魚證要抽稅，打鹿要有證也要抽稅，種植農作物也要抽稅，這種以政府公權力向人民抽稅是台灣第一次創舉，至於要抽多少？是擁有主權的人去決定，這正是告訴你，誰擁有主權，誰就是老大。

一六二四年荷人佔領台灣時，由於當地之原住民（九族及平埔族），僅會打獵、捕魚，不懂農耕墾殖技術，剛好在台灣對岸的福建廣東正值明朝末年，兵荒馬亂，發生

嚴重旱災，鄉村草根樹皮都已被吃掉，死屍遍野。這時剛好鄭芝龍海盜稱霸這一帶海域，知道台灣需要大量的人口墾殖，於是大量招募難民，一群一群載往台灣，還有相當多的貧苦農民亦搭乘荷船來台。

當時的荷人出資修塘築堤，並提供農具、牛隻、種子給開墾的農人，這是窮苦農民最大誘因，有土地可耕，有田種植農作物，就有飯吃，又不要自己出本錢，這是紅毛番多大的德政呀？在中國幾千年歷史裡，甚少有那一個朝代對自己的老百姓施與這麼大的恩惠？

祖先們所辛辛苦苦開墾的田地均被稱為王田，土地所有權是荷人所有，所耕作收穫的農作物，統統由荷人任意訂價賤賣給荷人，再抽百分之十稅金，還有捕魚、打獵要辦證照再抽稅，否則坐牢，人民做任何事都要被抽稅，這時的祖先們才曉得荷人擁有台灣主權，當了台灣人的主人，不管你多努力，多勤勞，你的生命財產以及你所有的一切，都是荷人所有，荷人要怎樣就怎樣，誰敢怎樣？

五、台灣第一個爭取主權的怒吼—郭懷一革命運動

祖先們認為他們冒著千辛萬苦，離鄉背井來開墾了一大片土地，結果土地是別人的，經過辛勤種植，等著美好收成時，所有收成又是別人的，這是什麼世界？反正生不如死，只好去拚了吧，遂於一六五二年發生了台灣史上第一次反抗外人統治的革命，這是祖先們在美麗島上開出第一朵革命的火花—郭懷一的革命運動。

郭懷一，原鄭芝龍海盜部屬，因鄭歸順明朝離開台灣，郭未追隨而留居在二層行溪（二仁溪）

外國人素描畫中
繪出台灣先住民勤勞刻苦的生活

左邊三張圖，均取材於「倫敦畫報」。這本繪有許多插圖的週刊，提供不少十九世紀時台灣的民俗風情資料，內容值得玩味。

趕路　一群騎馬、挑擔的人，行走在高大的竹林間。（原刊於一八九〇年四月號）

停歇　趕路太累了，一群人在路邊小屋旁休息，吸煙或喝水。（原刊於一八九〇年三月號）

糖倉　糖是台灣主要輸出品，工人正在紮捆打包，準備裝船出口。（原刊於一八五九年十一月號）

郭懷一抗暴　台灣先民因為受不了荷人的欺壓殘暴政策，遂於一六五二年起義，並曾攻進普羅民遮城，殺死荷人一千多名，可惜因雙方武器懸殊，革命軍功敗垂成，寫下可歌可泣的抗暴史。

兩岸墾荒，行事英明果斷，頗負眾望，因而被推舉為首領—大結首，因不忍荷人對漢人的欺壓殘暴政策，決定在中秋節夜起義，在前三天（一六五二年九月七日）在墾區召集漢人會商，公決假借賞月聯歡宴客名義，招待赤崁、安平的主要荷人官紳富商，以偽裝送客加以殲滅，並乘機攻入赤崁樓，驅逐荷人。

郭保，當時適為熱蘭遮城的通事，為恐惹來殺身之禍，因而向荷長官告密（這是台灣革命史上告密者的始祖），郭懷一發現其弟已洩密，遂一不作二不休，提前（九月九月）率眾五千人當夜起義，攻入普羅民遮城，殺死荷人約一千多人。

荷軍荷槍實彈僅一百二十名，並召集原住民二千多名前來助戰（這是同住在同一塊土地上的族群，受外人統治為搶利益功名而相互殘殺，所以台灣要革命或要怎樣，一定得先協調族群，否則難以畢其功）。原住民強悍善戰，又配有先進武器，反觀革命義士，都是用大刀、斧頭、長矛、木棍、菜刀、尖竹、鋤頭等之原始武器，兩軍一對

陣，就馬上分出勝負。

郭懷一飲恨戰死，副將劉貴撤退到二層行溪，固守基地。荷軍緊追不捨，因二層行溪水急無法攻進。

原住民熟識該地形，將渡河要點告訴荷軍，因而渡河包圍革命軍（原住民一直是被忽視的族群，也是可怕的告密者），激戰七天七夜，革命軍全部被殲滅。

合計革命日子只有二十天，被殺革命軍總共約一萬多人，以當時的移民人口，代價實在太大，革命是要死人的，一定要有周密的籌劃。否則，怎能讓「難能可貴的義士之血」白白地犧牲呢？

六、台灣的天然資源被劫奪

一六五三年台灣瘟疫流行，死亡人數難以計算，一六五四年台灣又遭猛烈蝗害，飛蝗宛如天空降雪，地面全為蝗蟲遮蓋，所有甘蔗、稻穀、蔬菜、樹葉全被吃光，真是天災人禍。

台灣四面臨海，漁獲量豐富，在一六六0年，捕烏魚數量就有四十五萬條，其他各種大小魚，真是不計其數，現在的子孫們已捉不到烏魚了，誰還能妄想吃台灣產的烏魚子呢？

台灣原有滿山滿谷奔馳的梅花鹿，牠是原住民的主食及衣著，一六三四年單是荷船所載之各種鹿皮由鹿港輸出達十一萬一千多張，一六三八年高達十五萬一千多張，依記錄，一六三七—三八兩年間，自大員返回大陸六百五十餘艘商船中，即有一百四十餘艘載有鹿肉，可見大量濫捕濫殺，一六四五年台灣鹿皮年收穫量已不足五萬張，在一六五0—六0年台灣鹿皮全輸往日本市場，十年間共輸出台灣鹿皮即達八十萬多張，這就是主權在別人手中，任人宰割的現象，可憐的台灣

子子孫孫，現在只能在動物園看到育種的台灣瀕臨絕種的梅花鹿。

台灣的蔗糖世界聞名，在一六五八年年產已達一七三萬斤，硫礦在一六五四年輸出量即達二十萬斤，這些產量所得利益均為荷人所有，可憐的台灣人，被人統治又能如何？

台灣番社地圖（北半部）

本地圖標記台灣北半部平埔族主要村社之大概方位，範圍在西螺溪（今之濁水溪）以北到雞籠（今之基隆），南半部（西螺溪以南）之半幅地圖已遺佚。

圖中繪有彰化縣和淡水廳兩城，且諸羅尚未改名為嘉義，故依推測，此地圖完成時間應在一七四五年左右，為巡台監察御史命畫工繪製，屬「番社采風圖」之一帖。

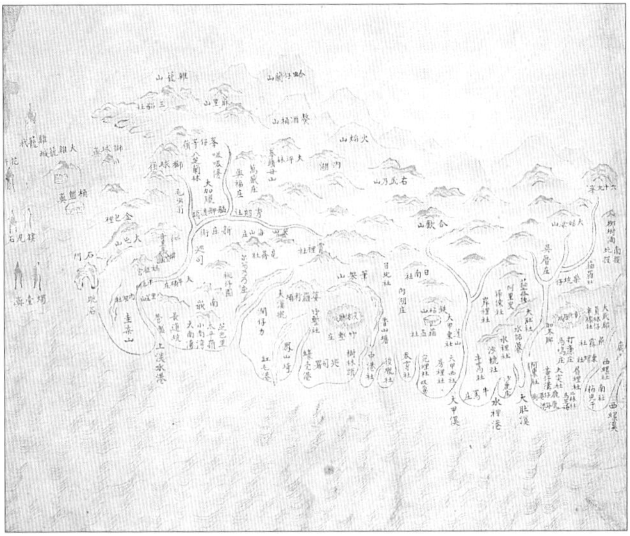

番社采風圖

一九三五年二月，由中研院歷史語言研究所入藏，裱禎封面原題為「台番圖說」，當係巡視台灣監察御史六十七使台期間（一七四四年—一七四七年），命畫工繪製之原住民風俗圖。

中研院入藏風俗圖十七幅，地圖一幅，對台灣歷史初期平埔族之社會面貌與文化特徵，有深入描繪，因畫境寫真，頗具史料價值。據中研院檔案記錄，這十八幅采風圖，係義大利人羅斯所贈予，羅斯對中國大陸南方、西南方之民族素有研究，擁有資料至為豐富。

四百年前的台灣
—中國人筆下，樸實純真

（取材自中研院「番社采風圖」）

耕種 水稻品種和耕作技術源自中國大陸，早先耕作由婦女擔任，男人只是送飯，十八世紀中期後，男人始加入耕作。

糖廍 即製糖的作坊。由圖可知，製糖須經砍蔗、硤蔗、煮蔗汁、熬煮……等過程。

捕魚 有兩種方式，一是用弓箭射魚，二是用笱捕魚，笱是以竹編成桶狀，口闊腹長，魚蝦易進難出。

捕鹿 鹿是平埔族主要獵物，捕鹿叫「出草」，捕鹿者腰間繫有「箍腹」，係由竹片編成，以利競走。

荷蘭人投降　經過將近一年的海戰、陸戰，統治台灣三十九年的荷蘭人終於屈服，向鄭成功投降，坐在帳幕內者即鄭成功。

第三章　台灣主權由荷蘭人的手中轉換給鄭成功

守城的荷軍，看到北線尾港口，還不知道是朋友或敵人？就在茫茫的濃霧中，鄭軍有如天兵天將般登陸了赤崁地區，從一六六一年五月一日到一六六二年二月一日，鄭軍不斷地和荷軍，進行陸戰、海戰，最後以圍困的策略，終逼迫荷軍投降，經過五天的談判並簽訂投降條約，荷蘭人不留下一人一兵完全撤離台灣，於是統治台灣三十九年的荷人走了，台灣又來了一個新統治者—鄭成功。

鄭成功統治台灣，延續明王朝國號，用大明征討大將軍國姓，定大員爲東都，不敢在台灣稱王稱霸。要明瞭鄭成功這段歷史，必先談到他的父親鄭芝龍，才能有更進一步的了解。

一、鄭芝龍晚節不保

鄭芝龍，一六〇四年生於福建泉州府南安石井，初至澳門受僱商家從事買賣，會葡語與葡人多有交往，一六二

鄭成功在日祖宅 鄭成功的母親係日本人田川氏，一六二四年生於日本平戶河內千里濱，七歲時才回到中國的故鄉—福建南安。圖係平戶川內港，附近即鄭氏祖宅所在地，風光旖麗，由長崎市政府所攝。

二年到日本平戶島，投效於華僑巨商李旦門下，當時的李旦，擁有龐大的船隊，素以中國船長尊稱，聞名於東亞海域，熟悉日、英、荷、葡等外國人士，鄭芝龍因體格魁偉，待人處事彬彬有禮，因而被李旦收為義子，常奉隨船貨至暹邏、柬埔寨、呂宋、台灣等地貿易，在李旦擁有的十八艘商船中，其中十一艘只航行到台灣，並常住在台灣，因此，李旦被荷人、英人尊稱為台灣知名人士或台灣最大貿易者。

一六二三年李旦病死日本平戶，鄭芝龍因而繼承李旦的事業船隊，但因日本施行鎖國政策，遂於一六二四年與同黨顏思齊從日本正式將基地遷至台灣笨港（今北港附近），開拓台南以北到嘉義附近沿海一帶地區，並築十個寨。一六二五年顏思齊死於台灣，鄭芝龍成為十寨寨主，漳泉的親戚朋友同鄉等聞風就一批一批地投奔來台。

一六二五—二七年，正值家鄉鄰縣同安地方發生嚴重旱災，芝龍乃護送穀船，專以救助同安饑民，其乘荒年濟貧並施錢財，來歸順者有如流水，其勢力因而迅速擴張。

到一六二七年已躍增至七百艘左右海盜船，一六二八年歸順明朝。當了明朝武官後，不但擁有千艘船隻，徒眾多達三萬餘人，芝龍在福建南安，廣置田園宅院，船舶直通臥內。沿海一帶，只要懸掛一官旗，無人敢過問干擾，歲入千萬計，富可敵國，這是鄭成功的家庭背景。

鄭芝龍因不滿自己官位，再以賄賂朝中權貴，保荐自己升了總兵（相當現在的軍區司令）。

一六四四年，流寇李自成陷北京，明崇禎皇帝在煤山自縊，接著清兵入關，建立滿清新政權，明福王在南京組織流亡政府，為籠絡南方軍事力量，封鄭芝龍為南安伯。

第二年南京陷落，鄭芝龍擁唐王於福州，被晉封平夷侯，福州小朝廷，軍國大權全掌在他一人手中，唐王隆武帝全仰仗鄭家支持，也就是說唐王朝是鄭家出錢出力所組成的，但芝龍並不出兵打仗，反而藉機保存壯大實力，作為下一個政權討價還價的籌碼，他開始暗中與清朝接洽投降事，清廷對他提出「鑄閩粵提督印以待」，來引誘他，於是他決心等待機會投降。

一六四六年，他帶領了五００輕騎，悄悄到福州向清將博洛薙髮請降，結果清軍仍然劫掠鄭家，鄭成功母親上吊自殺。

一六六二年二月，鄭成功正在熱蘭遮城與荷軍談判和約時，鄭芝龍及親戚已在北京被斬首棄市。

百變金剛，也難有不死之身

綜觀鄭芝龍蹤橫於閩海粵東一帶，出生入死，轉戰千里，殲滅叛將李魁奇，焚荷艦於金門料

鄭成功與荷蘭人「料羅灣海戰」 料羅灣在金門，一六六一年，鄭成功率大軍進攻台灣前，在料羅灣曾與荷蘭人展開大規模海戰。此圖係外國人所繪，濃煙蔽空，戰況逼真。

羅灣，擊滅海盜劉香老，其英勇戰功，在十七世紀代表中國海上勢力之鄭氏集團一官船隊，與荷、西、葡等當代歐洲海洋勢力並躍於東亞海域，沒想到晚節不保，竟貪圖名利，被斬首於市。不過在中國人的歷史上，每當關鍵重要時刻，因變節貪官圖利的英雄人物多不勝舉，有如過江之鯽，這不算什麼大驚小怪的事。

另有一說是鄭芝龍已意識到清軍強大的軍力，如頑強抵抗，必造成鄭軍重大傷亡，他爲愛惜一手培植的愛將，不忍其悲慘的下場，因而斷然自己一人帶領輕騎薙髮投降，以緩和清軍的進攻，並交代愛將退守台灣爲基地，輔助鄭成功，有關鄭芝龍變節史實，只待史家去研判吧！

原來，鄭芝龍早期對台灣已有相當的了解和經營，台灣原是他的海盜窩，他的部屬已有在台灣定居而墾殖者，這些潛在的因素都是推動鄭成功驅逐荷人的無形力量。

二、鄭成功勵精圖治

鄭成功—台灣的統治者，一六二四年生於日本平戶島，是中日混血兒，日本名叫松雄，中國名叫鄭森，七歲

鄭成功在日遺跡　在日本平戶島上，保有鄭成功祖宅遺跡，以及其親手栽植之樹木，足見日人對鄭氏亦頗崇仰，不但建廟立碑紀念，而且還定期祭祀慰靈。本圖係由平戶市政府所攝。

時才被接回中國故鄉—福建南安，一六四五年成功已二十二歲，鄭芝龍官拜平夷侯，集軍政大權於一身，引成功去見唐王隆武帝，隆武帝見他氣宇非凡，見識廣闊，特賜姓朱，改名成功，賜尚方寶劍，掛詔討大將軍印，從此，我們就尊稱他爲國姓爺。後來因痛心父降母逝，國破家亡，遂號召豪傑義士，誓師海上，高舉反清復明旗幟，以報答隆武帝對他的知遇之恩。

成功收編父親舊部屬以及往來日本、台灣、澳門以及東南亞各國的船隊（山、海各五商行），雖只佔據金門、廈門兩彈丸之地，但他勵精圖治，擅長組織與商業管理，加上承襲他父親之山海各五商行之秘密組織，無形中形成當時東方海面上，財力最雄厚的間諜網和供銷網。因每一商行各組成船隊或各成立商號，往來東西兩洋或大陸內地運送貨物買賣有無，幾十年來，鄭成功的商船是當時東方海面組織最嚴密的大商社，控制著整個東日本海、中國海及東南亞各國的貿易，整個東方海面都由鄭成功船隊壟斷，而控制這個山、海各五商行（金、木、水、火、土）

延平郡王祠 位於台南市開山路，原名開台聖王廟、開山王廟，係祭祀鄭成功的地方，內有鄭氏塑像、相關歷史文物等，祠分前後兩殿，前殿後方有古梅一株，傳係鄭成功手植。

的靈魂人物即是鄭泰，但鄭泰在鄭經奪權時被殺害，該秘密組織也隨鄭泰的死亡而面臨斷線操盤，鄭家的經濟體系因而逐漸沒落。其經營形態有如今日國民黨的黨營事業。

鄭成功雖然馬不停蹄地在大陸沿海南征北伐，但始終無法建立一長久穩固的橋頭堡，十多年來，所攻佔的據點，由於清軍不停地襲擊，遂不得不回到原據點—金門、廈門。因而召集將領參議，唯有大舉北伐，攻下南京，才是長久之計。

在一六五八年七月，成功領八十萬大軍，戰船八千，揮軍攻打南京，一六五九年春，一路勢如破竹，直撲南京城下，唯清守將廊廷佐派人到成功軍營說情，懇求緩期進攻，成功竟然謂「殺之徒污吾劍」，「攻城爲下、攻心爲上，今既來降，若驟攻之，何足服其心哉？」戰將屢諫不聽，因而駐紮城下，等待清兵開城投降，然而沒想到，清援兵一到，殺了成功三分之二以上兵力，勇敢善戰之將領也一一陣亡，這真傷透了成功的心。（每個人的一生都有一個最主要關鍵的轉捩點，若一時掌握不住或因一時判斷

錯誤，良機盡失，一切僅能又回復到原點，徒悲傷復何用，這是促使成功早逝的主因。）

成功只得再退回金、廈原據點，清將屢率水師進攻，企圖一舉消滅，但始終被鄭成功擊退。金、廈孤島乃彈丸之地，長久據守在此，勢難抵抗清軍，因而想起父親鄭芝龍在台灣發跡的往事，決定東進佔領台灣，作爲長久可靠的反清復明根據地。

鄭成功進攻台灣，得力於荷蘭大員通譯何斌，提供荷人在台的虛實及水路變化等珍貴資料，鄭成功如獲至寶，於一六六一年四月八日命鄭經監守金廈各島，親自帶兵二萬五千多人，乘四百多條船，從金門料羅灣出發，先到澎湖，一六六一年四月三十日上午七時半左右濃霧瀰漫，但當

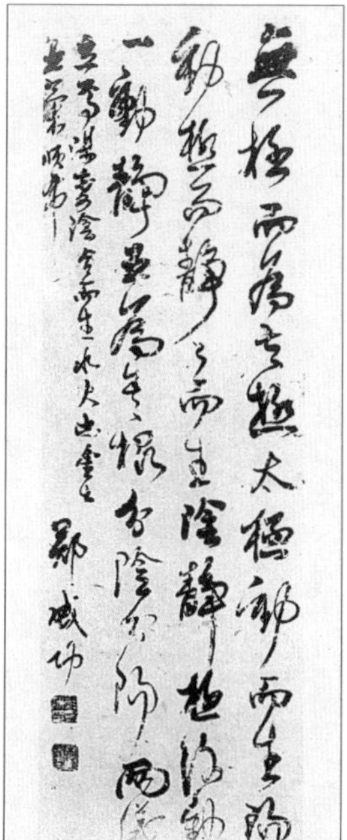

鄭成功塑像與鄭成功墨寶（在延平郡王祠內）。

鄭成功驅逐荷蘭人　一六六一年四月，鄭成功親率大軍二萬五千餘人，趁迷霧通過鹿耳門水道，登陸赤崁地區（熱蘭遮城），荷軍已失防禦優勢，後終於投降撤出台灣。圖係外國人所繪「鄭成功入台驅荷圖」。

霧消散後，有數不清的船桅像光禿禿的樹林，安然陸陸續續地通過鹿耳門水道，登陸赤崁區域，荷軍已盡失防禦的優勢。

三、何斌是鄭成功攻台的大功臣

何斌，福建泉州南安人，其父金定住在赤崁，係中國人中著名領袖之一，他在荷蘭東印度公司任職通譯，另一方面從東印度公司取得貿易許可證，從事島內至東南亞、大陸沿海、日本等地之貿易，一六四八年，金定死後，由其子何斌繼承父職，一六五九年二月，荷人發現何斌替鄭成功在大員向所有駛向大陸沿海之船舶，徵收貨物輸出稅，乃將其免職，剝奪一切既得權利並處以罰鍰，於是何斌逃往廈門投靠鄭成功並獻上大員地圖，引導鄭軍由水路攻台，導致荷軍投降而撤離台灣。

四、鄭成功壯志未酬

鄭成功於一六六二年二月驅逐荷人離台後，於六月二十三日忽然病歿，享年僅三十九歲（英年早逝，實台灣之大不幸）。

大廈傾圮，天妒英才

讓我們推測鄭成功何以早逝的原因：

1. 一六六一年十月，清廷以通海大罪，斬父親鄭芝龍滿門老幼之家庭悲劇。
2. 一六六二年四月，明永曆帝被吳三桂弒於昆明之國殤。
3. 世子鄭經私通四弟的乳母而生男，成功誤以爲鄭經侍妾所生加以賞賜，後發覺錯誤，大爲震怒，成功個性耿直強硬，厭惡這種亂倫偏離儒教禮節之事，此事打擊之大，非筆墨所能描述，家醜外揚，情何以堪。
4. 成功圍攻荷蘭人期間，長達八個月之久，當時全島瘴癘彌漫，蚊蟲猖獗，惡疾肆虐，也使成功罹患森林熱。
5. 成功領軍北伐，將軍士卒傷亡慘重，本來可以攻城略地，再造明朝，並可避免傷亡，就是因爲自己的固執不是，才造成無可挽回的失敗，天呀！爲什麼當時會那樣想呢？

一連串的不幸挫折，一連串的悲傷淚痕，不斷地折磨接踵而來，我們的英雄已擋不住病魔的侵襲，更挽不回自己垂危的生命。

五、鄭王朝窩裏反

鄭成功逝世，其弟鄭襲乃假造鄭成功遺言，自立爲王，出告四方，並派兵拒鄭經。鄭經獲悉，心中大怒，即整兵由金廈東征台灣，斬加入叛亂的將士，並在黃昭營中搜出鄭泰

扶鄭襲拒鄭經的信函，因而殺掌有情報及財經大臣鄭泰，致使鄭泰家屬率所屬部屬及其他將士向清廷投誠，依統計一六六二—六四年，鄭方向清廷投誠文武官員三千九百八十五名，將兵十萬，眷屬六萬三千餘口，大小船隻九百餘艘，鄭軍元氣大傷。

六、鄭經棄守金廈退回台灣

鄭經登位後，把內政職務分配清楚，自己親領將帥周全斌等大隊舟師回金廈駐守。荷人雖退出台灣，但仍念念不忘想收回台灣，於是聯合清兵共同殲滅鄭軍，條件是事成後，清方將台灣及一切城堡物件交與荷人，一六六三年十一月十八日，清荷聯軍與鄭軍相遇於金門烏沙港，砲聲如雷，從早到晚，相繼不絕，鄭軍見寡不敵眾，乃棄金廈退守銅山，清軍入島後，男婦童稚，擄掠一空，遺民數十萬，幾無殘存，哀聲遍野，血流成河，毀城焚屋，棄地而去，僅留下一個無人的孤島。

鄭成功苦心經營數十年之金廈根據地毀於一旦，一六六四年駐防銅山之鄭經，因眾叛糧欠，情勢危急，難於久駐，於是令鄭軍名將周全斌同黃廷留下斷後，但當鄭經前往台灣時，該兩名大將竟分別向清軍投誠。（邊防守將或握有兵權將領，變節附匪是國家滅亡的前奏）。

七、禁海令、遷界令封斷鄭軍經濟動脈

清廷企圖以經濟封鎖來窒息台灣的經濟，因而發佈禁海令及遷界令，北起山東，南到廣東，所有沿海居民一律向內地撤遷十八公里，在十八公里處築牆，過牆一步，便遭打死，不肯撤遷的人，人捉屋拆，這真是寸板不得下海，粒米毋越疆界，真是斷絕沿海一帶人民的生機，（這是不

以「人」為施政的政府），並徹徹底底的封斷鄭軍的經濟來源，一六六四年鄭經將東都改為東寧，以十年成長，十年教養，十年成聚之寓兵於農政策，加強開拓荒地，以繁榮經濟。

一六七三年，大陸上有三藩之亂，這三個大藩王都是明朝大將，投清並替清打天下的可恥漢人，現各鎮守一方，握有兵力財賦大權，儼然獨居一國，清廷早就視為眼中釘，適平南王尚可喜，因年近七十，向清廷申請歸老遼東，康熙帝認為時機已到，除准尚可喜歸老外，並命「將全藩一併移歸」，平西王吳三桂，靖南王耿精忠為試清廷態度，亦請求撤藩，結果竟遭批准，於是吳三桂首先叛變（悔不當初），耿精忠隨後響應，並修書差使來台，請鄭經會師，並允漳泉二府相贈。

鄭經接信大喜，以為反攻大陸時機來到，於是親率大軍渡海而西，但當鄭軍到達沿海，精忠用兵勢如破竹，已陷全閩且進入浙江、江西，所以就不履行原約。

鄭經大為光火，即攻下福建，但這是精忠的勢力範圍，這時精忠才想和鄭經以沿海地區作為通商貿易的交換條件，（的確是貪圖名利之徒，雖為將相，亦難逃名利的枷鎖）當然為鄭軍所拒，兩軍就在泉州、惠安互相殘殺。

吳三桂知道耿、鄭內訌，以「唇齒相依，有事相援，毋得互犯」相勸，但耿鄭合作方不久，又因爭汀州而開打，一怒之下，精忠薙髮再投清（無品無格的人，怎能為人的表率？），並與清兵合力對鄭軍展開猛烈的攻擊，鄭軍在眾寡分明下，只有節節敗退。

禍起蕭牆，大勢去矣

鄭經見人心已變，大勢已去，於一六八0年三月二十七日率軍倉皇退回台灣。返台後的鄭經，因反攻無望，因而自暴自棄，縱情酒色，一切政務交由陳永華總監，並立長子克𡒉爲監國，從此不理政務，一六八一年春逝世，享年三十九歲。

八、明鄭朝臣自相殘殺

鄭經死後，監國鄭克𡒉本應順理成章繼承王位，但鄭克𡒉的岳父陳永華已死，他個人在朝中權勢已被馮錫范及鄭經的弟弟們駕空，爲搶得王位，馮錫范竟命令手下事先埋伏在宮中，活活將克𡒉殺死（此吃相實在太難看，此血淋淋手段之毒辣遠勝中國歷代宮廷之鬥爭）。並擁立馮錫范的女婿鄭克塽登上王位，此時克塽只有十二歲，年幼軟弱，如何當起反攻復國大業呢？現在只有聽任馮錫范擺佈了，以後的明鄭王朝只有走上敗亡之路了。（只有權位之爭，那有爲國家興亡之爭）。

第四章　台灣主權由鄭家手中轉換給滿清

一六八一年，鄭克塽年幼繼位，同年十月清廷任施琅爲水師提督，於一六八三年六月十四日率兵六萬餘人，戰艦六百艘，自銅山開出攻打澎湖，鄭軍以戰艦三百艘，兵二萬餘防守。

施琅攻打澎湖時，原吹北風，對清軍進攻極爲不利，雖清軍在施琅指揮下，奮勇猛攻，但鄭軍在天時地利人和的條件下，造成清軍損失慘重，施琅同時被打傷一眼失明，不得已，清軍再重新集結，隔天適逢吹南風，清軍在南風助陣下，雖然鄭軍勇敢善戰，也無法抵禦（天不助我也），清軍佔領澎湖後，進一步準備進攻台灣，由於幼弱的鄭克塽猶豫不決（小孩怎能擔任國家大事，真是開玩笑吧），無法堅守台灣與清軍作一生死戰（其實是朝庭的大官們，貪生怕死不敢作生死搏鬥），最後只有上降表投降，時爲一六八三年七月十九日，鄭氏王朝在台灣建立自己的王國，歷父子孫三代只有二十三年。

一、施琅—帶兵攻台並將台灣併入滿清版圖

施郎，福建省江南潯鄉人，生於一六二一年二月十五日，卒於一六九六年三月二十一日。郎族父施福於明福王在南京組流亡政府時，被封爲武毅伯，郎追隨之，二十五歲時任左先鋒要職，善於戰鬥，清兵入關，福與郎負責防守河口、鉛山一帶，一六四六年九月不戰而降清，後鄭成功起義以反清復明爲口號，並號召父親鄭芝龍部屬時，叔侄於一六四七年十二月歸順依鄭。郎在成功營中，屢建戰功，並獻計襲取金廈，金廈即爲成功所有，並成爲鄭軍反清復明的

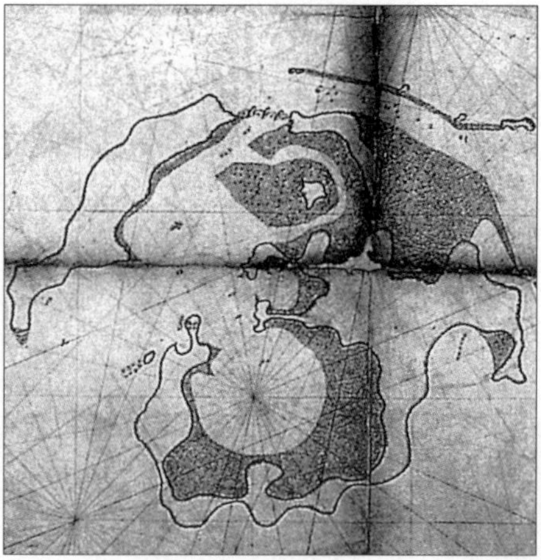

一六二四年，由荷蘭人所測繪之澎湖群島圖。

施琅當年攻打澎湖時，所乘坐之「大鳥船」，可載九十餘人。

基地，郎因而恃功而驕，在軍中跋扈，加上其弟施顯亦握有兵權，動輒依勢凌人，成功對郎在軍中之蠻橫舉止，了然於心。

一六五一年二月，成功領孤軍南下至南澳與明永曆帝會合，郎不願跟隨，成功遂解其軍職。

郎返回廈門，時值清兵偷襲，郎適時來援，與清兵激戰並擊退之，成功班師回廈門，只賞郎花銀二百兩加二級，不予復左先鋒職，郎心裡不爽，乃進一步啓請削髮爲僧，以測成功心意，成功不予理會，反提拔郎原副將爲鎭（師長），並下令諭「命郎自募兵，方可授前職」，郎不滿逕行削髮，避不見面，（削髮有歸順滿清之意），成功隱忍，僅請親朋好友相予規勸。

適曾德原爲郎心腹，請求成功提拔爲親隨，成功答應所求，郎得知即抓回曾德立斬之。

成功遂忍無可忍，於一六五一年五月下令逮捕郎及其父親、弟弟。一日，有人僞稱成功提調郎審訊，守衛不疑，至僻靜處，戒護 人員被打倒，郎即乘機潛匿渡海

施琅原名施郎，本為鄭成功麾下大將，降清後，反成為平台大功臣，其所使用之「侯府印」，隱含無上威權。

降清，鄭軍搜郎未得，即殺其父弟，如此，郎與鄭軍結下深仇大恨，每天處心積慮，欲滅鄭才甘心，才能平撫心中的大恨。

反目成仇，兵家大忌

一六五六年六月，鄭軍海澄守將黃梧，將城中所貯存糧票二十五萬，以及軍器、衣甲、鈍器不計其數，加上整個軍隊、整個城皆歸順依清。（是協助郎潛逃者，駐外將領最怕沒人格而變節，我們在看這一段歷史時，發現將領變節形同家常便飯，盡忠好像是癡人說夢話，這也令我們想到中國共產黨當年 叛變，領兵南下時，整個國民黨將領一聽到炮聲要打仗，就全部投到共產黨陣容，能跑就盡量跑，跑不了就歸順，整個中國面積這麼大，一下子都升起了共產黨旗幟，要塞將領也變成共產黨員。這真是歷史上的大笑話，污染了整個人類歷史文化的品質。）

一六五七年二月，黃梧推薦郎爲同安副將，至此郎

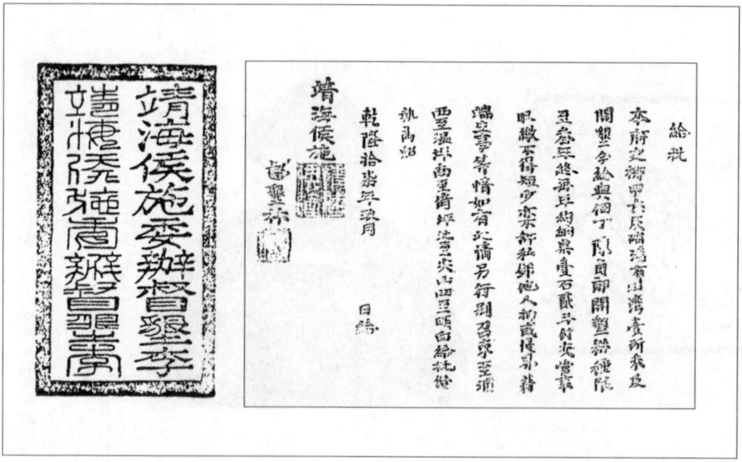

左圖：靖海侯施琅所使用之「督墾印」，右圖：招募漳泉移民來台墾殖，與墾戶所訂之「佃契」，規定須繳納租費。

乃改名爲琅，一六六四年七月，琅升爲靖海將軍，於一六六五年率軍東指台灣，因風阻無功而返，一六六八年四月，被裁軍職內調閒職，天天數饅頭。

一六八一年七月，當年六十一歲，在閩督姚啓聖力薦下復出爲福建水師提督（命也），屢屢上書，如：「密陳專征疏」、「決計進剿疏」、「舟師北上疏」、「海逆形勢疏」、「海逆日蹙疏」。

琅，原以爲復仇攻台無望，沒想到在姚啓聖之推薦下得以復出，復出後，因攻台問題與姚啓聖鬧僵，兩人敵對形同路人，一六八二年十月，琅取得專征台灣大權，以六十三歲高齡，不顧風濤之險，賣命率軍渡海攻台，等攻下澎湖，在台灣自動投降後，又上「飛報大捷疏」、「曉論澎湖安民示」、「賚書求撫疏」、「安撫輸誠示」、「台灣就撫疏」、「賚繳冊印疏」、「舟師抵台疏」、「諭台灣安民生示」、「恭陳台灣棄留疏」、「海疆底定疏」、原本清廷不瞭解台灣情形又缺[illegible]乏海防觀念而欲將台灣棄置，因琅力排眾議，台灣才併

入滿清版圖。

二、施琅貪求無厭

施琅平台有功，清廷封爲靖海侯，世襲罔替，永傳子子孫孫，並給地永爲世業，琅乃招漳、泉移民來台墾殖，收取大租，租地廣爲三千里，以永久業主靖海侯施的名義納入管理，每年所收施侯租，金額相當可觀，但琅竟仍貪得無厭，又佔徵澎湖漁稅，將國稅納入私囊，中國人真是一個奇怪的民族，依情理法，官職愈大，應愈會替老百姓謀求更大的福利，但中國人卻是官職位階愈大，卻更會有機會貪污，而貪污更大，真是貪求無厭的民族。

三、歷史會重演嗎？

㈠意識形態的重演—台灣只是個他人工具而已

明鄭領台，不在台灣的領土上建立自己的國家，反而天天夢想以被滿清消滅的明朝爲國號，認爲自己是正統的主權者，以滿清所佔據的中國大陸爲自己的領土，每天信誓旦旦要消滅滿清，要反攻復國，台灣，只是他消滅滿清的跳板，臨時站，台灣的所有一切以及人民只是他驅逐滿清，恢復明朝所使用的工具而已，台灣，大怨，是個悲劇的名稱。

歷史演進了二百六十五年以後，台灣又來了個國民黨，它也是不在台灣的土地上建立自己的國家，而是以在中國大陸被共產黨消滅的中華民國爲國號，認爲自己是正統的中國主權者，以共產黨所佔據的中國大陸爲自己的領土，如今中國共產黨已是聯合國常任理事國，國民黨已被趕出聯合國，也不在乎？天天還在台灣夢想中國大陸是它的領土，天天喊著要反攻大陸，要消

滅共產黨，要恢復中華民國，而台灣所有的一切以及人民也只是它消滅共產黨的工具而已。

㈡和平談判的重演—二百多年前明鄭和清廷的和平談判

台灣懸絕海中，利守不易攻，用兵尤難，和平攻勢不耗一兵一卒，可達致勝奇功，明鄭和滿清隔著台灣海峽對立時，滿清即對明鄭進行和談攻勢，現今的國民黨和共產黨亦是兩岸對峙，共產黨亦屢對國民黨採取和平攻勢，雙方相互交流，探聽虛實，目前共產政權已允諾只要國民黨承認一個中國，其他一切主權任由國民黨主掌，但仍然沒有進展。

第一次和談是一六六二年，成功逝世東都，福建總督李率泰派人到廈門，招撫鄭經，清廷堅持剃髮換服投降，談判遂破裂。

第二次是一六六三年李率泰兵分三路，與荷軍聯攻金廈兩島，金廈根據地失守，鄭經退守銅山，李率泰又差人向鄭經招降，乃以削髮爲條件而破裂。

第三次是一六六九年，清廷派刑部大臣明珠及慕天顏來台和平談判，雙方談判十餘日，因頭髮問題無結果。

第四次是鄭經乘三藩之亂而反攻大陸（一六七三年），後來軍事連連失利，退守金廈，是年清康親王傑書遣使至廈門招撫，亦因削髮問題無功而返。

第五次是一六七九年，康親王又遣使與鄭經和談，明鄭以海澄爲界互市，淸方則以澎湖爲界，明鄭退守台灣，和談又不成。該年，清廷在漳州設立修來館，以高官厚祿金錢收買鄭氏海上官兵，如文官投誠，即照職推補，武官投誠即以保原職，民兵投誠，即每人賞銀二十—

五十兩，以分化並買通間諜，網羅不少鄭軍將卒。

第六次是一六八0年，清軍攻陷金廈，海澄也投誠，鄭軍退守台灣，滿清以台灣本非中國版籍，稱臣入貢即可，比先前削髮寬大，但仍不爲接受。（此段史實可明證中國堅稱：「台灣是中國領土神聖不可分割的一部分」是騙台灣人，也是騙世界的大謊言）。

四、滿清將台灣置之不管任其荒蕪

清廷佔領台灣後，理應把台灣歸納入版圖，但當時清廷多數文武大臣，均傾向棄台論。因以台灣孤懸海外，又是彈丸之地，統治起來不但是種負擔且困難重重，與現今之中國共產黨每天高喊「台灣是中國的」，形成強烈對比，只有施琅獨排眾議，極力主張保台，一六八四年清廷依施琅建議，決定把台灣納入統治版圖。

留之似無用，棄之也不惜

但清廷自領有台灣後，卻置之不理，棄之不管，又實施禁海令，嚴禁海上商務往來，使台灣原與世界各先進國家及東南亞各國均有貿易往來，且達百年悠久歷史的繁榮盛況，頓成禁止、隔絕，台灣因此被封鎖了二百多年。

台灣的悲劇不止於此，由於清廷鄙視在台的先民都是無賴、流氓、窮民、奸人，以爲這些人都在大陸生活困苦或作奸犯科者，才會跑到台灣來，同時很多又是明鄭的反清遺民，也就是說，當時住在台灣的人不是罪人就是無賴或奸民。由於滿清對台灣人民有這種歧視的觀點，才

對台灣實施了非人道非人性的壓榨政策，致使台灣在滿清統治的二百一十二年中，反清事件大大小小共有一百一十六件之多，幾乎每三年一小反，五年一大反，使台灣躍居世界史上革命最多的地方，請看滿清到底對台灣實施了什麼政策：

㈠嚴制偷渡

清廷的意思是將台灣棄置在那兒，任它荒蕪，不讓有人來拓殖，使成荒島。如果誰想要來台灣，一定要在原籍地申請照單（渡航許可證），又再轉往警備司令部，再呈轉海軍司令部審驗才可來台，這樣的申請手續，簡直沒有人會過關，也就是用正當的申請手續，根本沒辦法來台，那要來台灣只有靠偷渡，就像現在的大陸客偷渡來台一樣。

㈡禁止攜眷

經正當手續合法來台的，也不可帶家眷，連政府官員都一樣，台灣真的變成世界唯一只有男人的地方，沒有女人的世界，這種統治者確實無人道夠殘暴，以人比禽獸更不如的思想，滿清的目的在禁止人在台灣繁殖，最好台灣永遠沒人來住，任其荒蕪。

㈢禁止粵人來台

這條政策，純粹是施琅報復粵人的政策，粵人即使正式申請，也不准，由於粵家子弟，勇猛善戰，在澎湖鄭軍和清軍開戰中，將清軍打得落花流水，並致使施琅一眼失明，當時若非隔天轉吹南風潮（天不助鄭也），清軍藉風攻擊獲勝，否則，澎湖亦不會很快失守，由於施琅懷恨在心，特立此政策，這一禁止令一直延展到七十六年之久，粵人才被開放來台，這也是粵人在台灣人口較少的原因。

五、一個毫無人性尊嚴的社會

㈠羅漢腳的世界

1. 羅漢腳到底是什麼意思？依噶瑪蘭廳志說：「台灣有一種無田宅，無妻子，不士、不農、不工、不賈、不負載道路者，俗指謂羅漢腳；嫖賭摸竊，械鬥樹旗靡所不為。曷言乎羅漢腳也？謂其單身遊食四方，隨處結黨……且衫褲不合，赤腳終生也。大市不下數百人，小市不下數十人，台灣之難治在此。」可見「羅漢腳」本來是指好食懶做不務正業的無賴遊民，不過後來我們都把它諧謔化，泛指打赤腳的人或無某無猴的人為「羅漢腳」了。

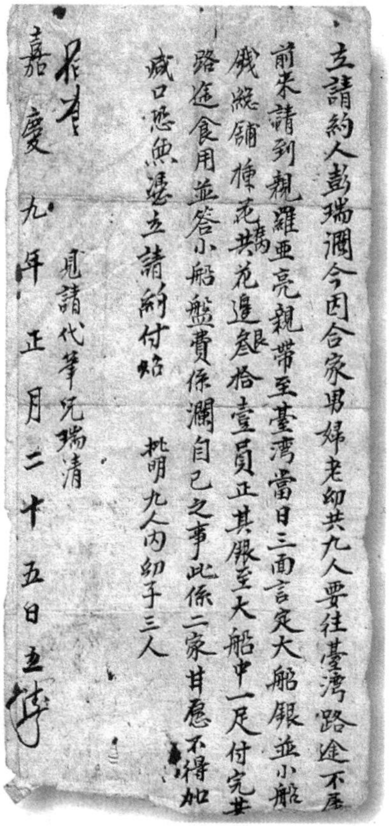
立請約人彭瑞瀾今因合家男婦老幼共九人要往臺灣路途不[illegible]
前來請到親羅亞亮親帶至臺灣當日三面言定大船銀並小船
錢線舖棟花鶩共花邊銀叁拾壹員正其銀至大船中一足付完並
路途食用並答小船盤費係瀾自己之事此係二家甘愿不得加
減口恐無憑立請約付炤　批明九人內幼子三人
見請代筆兄瑞清
在見
嘉慶九年正月二十五日立

這是嘉慶年間，從事帶路工作的「客頭」，與粵籍渡台客所簽下之「渡台帶路切結書」。早年施琅禁止粵人來台，因此客家人比漳泉閩南人晚來台灣，過程也更為艱辛。

（圖由黃榮洛提供）

2.當時移民群眾都是年輕力壯，血氣方剛的小伙子沒有家室，財產的牽累，他們在長期的墾殖生活中養成一種熱情勇敢豪放的性格，他們中的大多數人都是聚居在以開拓集團爲基礎的同鄉同姓的村莊里，幾個或幾十個村莊又基於籍貫相同而保持密切的聯繫，有事則共同出力守望相助，逐漸成爲一種不可忽視的民間自衛力量，無形中形成泉州莊、漳州莊及客家莊。這是台灣地方幫派的來源。

(二)沒有女人的日子

由於滿清無人道的禁令，害得來台者清一色爲光棍男性，他們爲到新天地求發展，而不得不把妻女留在「原鄉」。但怎麼能安居樂業呢？性衝動如何抑制？思念故鄉人兒，喚天天不應，呼地地不靈，怪不得人人變得浮躁不安，自暴自棄，酗酒、賭博、結黨、打架樣樣來，依紀錄：當時諸羅以上，鳳山以南，女性只有一千人，而獨身男子卻有十萬人之眾，可見男女人數的比例爲一百對一。孤獨無聊、徬徨不安，加上性衝動無法抑制，成爲拓荒台灣男性生活中可怕的夢魘。

(三)領養子女之風盛行

由於移民三禁，不准攜帶家眷，就無法生殖，凡是沒有子嗣的就想辦法收他姓之子爲養子，這樣子當時叫做「螟蛉子」。螟蛉子的領養是當時惡毒政府施行的惡毒禁令，形成惡毒社會的惡習，這是被人管，自己喪失自己權利的下場。茲抄錄有關螟蛉子的一片斷，以便幫助大家了解當時台灣社會的畸型發展：「鄉間之人，至四、五十歲而未有室者，比比而是。閨女既不可

得，或買掠販之女以爲妻，或購掠販之男以爲子。女則自十四、五歲至二十歲，男則自五、六歲至十五、六歲，均不爲訝。其有室而不能生育者，亦買他人之子爲己子焉。」目前台灣還有遺留下來領養別人家女兒的風俗，等女兒長大再賣到私娼寮來賺皮肉錢的可怕惡習。

㈣到處建有應公廟

移民來台的初期，大多不帶眷屬，他們輾轉各地，舉目無親，因此死後無人照料，遺骨暴露，聽任風飄雨打，淒惻之情，令人不能無動於衷。於是民間善士特爲他們收拾遺骨，立廟祭祀，這就是「有應公廟」，「有應公廟」所奉祀的是什麼呢？就是我們台人所謂的「好兄好弟」！廟裡堆放著一層層的「金斗」，金斗裡藏的就是無主孤魂的骨骸，因此「有應公

有應公廟　早期來台移民，舉目無親，死後屍骨也乏人照料。民間善心人士見之不忍，乃收拾遺骨，立廟祭祀，名之為「有應公廟」，也稱「金斗廟」。廟內金斗放置的即是無主孤魂的骨骸，俗稱「好兄好弟」。

航行於台灣島沿岸及往返中國大陸之大帆船，日本人稱之為「戎克船」（jank），這是當年偷渡客的海上主要交通工具。

廟」也叫做「金斗廟」，就是無人奉祀的無主骨骸，你想台灣先民生活多可悲？一個政府的好壞決定人民生活的幸福與否，以及子子孫孫未來的命運，像滿清這種惡毒政府就是台灣先民革命的原因。

六、來台要靠偷渡

清朝法令限制嚴如山，處罰峻厲，但仍然限制不了台灣人祖先冒險患難的拓荒精神，尤其閩南粵東沿海，田少山多，歷代以來當地人們都已冒著萬死一生，遠涉重洋的危險，到西方殖民者支配下的東南亞去賣勞力，現在台灣距離近，荒地多，氣候常暖，雨水充足，土壤肥沃，真是一個極大的誘因和吸引力，於是數以萬計的勞動大眾（台灣人的祖先），成群結隊，紛至沓來湧入台灣，那管得了什麼嚴刑峻法呢？而要湧入台灣唯一辦法即由海上偷渡，現在讓我們看看祖先們如何偷渡？

㈠要如何上船

按照清政府規定，所有船隻只許在廈門與安平之間單口對渡，但廈門及安平附近都有很多小港可以上

船，可以登岸，如果被守口官兵發現，塞上紅包一切就沒事，這是中國悠久歷史的文化精髓——貪污的顯著例證。

㈡如何渡過黑水溝

你如果送紅包上了船，但也不能保證一定可以到台灣，因爲你必需再衝破險惡的黑水溝，有多少的偷渡祖先葬身在黑水溝的危險海域。

依記載：大陸到台灣，必須經過台灣海峽，而當時的航行路線是由廈門先到澎湖再轉到台灣。而廈門到澎湖，必須經過三重溝，也就是三種不同的水流，航行時間約一天多，以下就是三重溝：

1.紅水溝

寬闊流水緩慢，沒問題。

2.黑水溝

船過了紅水溝，再而是水流急速，只見波浪洶湧波濤衝擊，並且有可怕的漩渦，瞬息萬狀，如果操作失宜，頃刻間，衝擊一聲，船裂人亡，這是可怕的黑水溝。

3.綠水溝

通過了黑水溝，抬頭遠望，一片綠色水流，澎湖島已在眼前了。

㈢如何登上台灣島

客頭船戶，本應將偷渡者偷渡上岸，但客頭船戶也怕官兵查稽，同時客頭要吃掉紅包，不願

送給稽查官兵，因此會發生下列幾種情形：

1. **放生：**

載運偷渡者的客頭船戶，在未登岸前，如在海中遇有沙洲，就把偷渡者放到沙洲，騙說到了，自己想辦法去上岸吧，這叫放生。

2. **種芋：**

偷渡者，自己往岸上行走，若不幸全身陷入泥潭中就叫種芋，整個人就像芋一樣陷入泥海中，動彈不得。

3. **魚餌：**

偷渡者要上岸時，全身不巧陷入泥潭中，若在此時，遇到潮水上漲，整個人剛好被海水淹沒，叫做魚餌。

以上種種偷渡所發生的慘狀，令人酸鼻，即使僥倖登岸，還有被緝捕判刑的危險，依統計乾隆二十三年（一七五八年）十二月至二十四年十二月止，一年之中共盤獲偷渡民二十五起，老幼男婦共九百九十九名，內溺者男婦三十四名，雖然有種種危險，但偷渡者愈來愈眾，源源不絕地湧上來。

㈣偷渡者的信心

台灣海峽自古有名的颱風及處處暗礁，船舶一旦遭遇不測，不是觸礁便是沈沒。到近代爲止，還有軍艦常在此遇難，我們的祖先所搭乘的偷渡船設備不足、航海知識淺薄。這時只有仰

媽祖廟

自宋代以來，中國大陸沿海各地，都建有媽祖廟，奉之為海神，大約在明代時，隨著福建沿海居民遷移台灣，媽祖的信仰也逐漸傳入。相傳媽祖識水性、曉天文、通醫理，因此特別受到台灣先住民的崇仰，他們為求取海上安全及驅邪避凶，也常將大陸家鄉的媽祖「分身」捧持來台，據統計，全台媽祖廟約有四百座。

馬公天后宮，即澎湖媽祖廟，是全台建造最早的廟宇之一，相傳建於明代初期，清乾隆、嘉慶年間曾數次修建。

台南大天后宮，也就是台南大媽祖廟，歷史悠久，香火鼎盛，廟前的小吃，也相當著名。

北港朝天宮，一般稱北港媽祖廟，康熙年間，由福建湄州媽祖廟分靈渡台而來，廟宇雕樑畫棟，美崙美奐，堪稱全台之冠。

賴海神媽祖的威靈保佑，三百年來求神明媽祖保佑的情況始終不變，這就是台人特別信仰媽祖，到處建有媽祖廟及王爺廟（是瘟疫神亦爲海神）的緣由了。其中歷史最悠久的應算是澎湖馬公的天后宮，其次是台南市的大天后宮了。它們都是清朝領台前建造的。至於香火之盛，信徒之衆冠於全台的應該是康熙三十三年（一六九四年）創建於當時船舶來往頻繁有小台灣稱號的笨港（北港）的朝天宮了。

七、具有彈性的嚴禁偷渡政策

㈠清政府曾於康熙五十一年（一七一二年）、康熙五十八年（一七一九年）和雍正七年（一七二九年），三度重申嚴拿偷渡客，但禁者自禁渡者自渡，根本不生法令效力。只是成爲貪污擾民的工具。

㈡清廷不乏有遠見之士，力陳「爾後欲渡台耕種者，必須攜伴家眷，在台者如欲招徠家族亦應容准」，於是才有雍正十年（一七三二年）的首次弛禁，但乾隆五年（一七四0年）再禁，乾隆十一年（一七四六年）再弛，乾隆十三年（一七四八年）三禁，乾隆二十五年（一七六0年）三弛，如此國家政策搖擺不定，可憐只有老百姓，但緝捕日漸流於形式，禁令全等於具文，法令僅爲官吏貪污的工具，在移民高漲的猛烈衝擊下，清朝嚴禁偷渡的政策已徹底失敗。依統計，清政府統一台灣時漢族人口約十五萬人，到了嘉慶十六年（一八一一年），一百餘年間，人口已增長了二百多萬人。

㈢起於同治十三年（一八七四年）止於光緒二十年（一八九四年），在這期間始採取積極

的全面撫番開墾政策，設立招墾局，積極獎勵大陸人民移殖台灣。移民不但可免費乘船，享受免費膳食，並且登陸到開墾地，每人每日可領口糧銀一百文。到了開墾地，以六個月爲一期，前後分爲二期，在前期間每人每日可領銀八分米一升，在後期間每日領取米一升，優待長達一年之久，而開墾成績優異者又另有獎賞，這又是什麼政策？與前期所實施之嚴制海禁政策簡直是一百八十度大轉變？

八、台灣祖先們所面臨的生存環境

㈠可怕的瘴癘

當我們偷渡的祖先，成功偷渡登陸到台灣島後，可別高與得太早，他們一定還要戰勝可怕的森林熱，否則還是難逃脫死亡的命運。

來到台灣的移民，擺在眼前的，就是原始叢林及大原野，當時的台灣原始叢林，不論岩石、野樹都被青蔓草藤纏繞著，全台找不到不毛之地，由於亞熱帶氣候關係，白天日光強烈直射，植物生長快迅，腐蝕也快，每到炎熱季節，常有人早晨還非常健壯地去工作，下午卻已經死亡，連看醫生的時間都沒有，這種怪病被醫生稱之謂森林熱。得了這種病，由激烈的頭痛、暈眩、嘔吐開始，隨後便突然發熱以致死亡，發病的時間以及全部發作過程，只須數小時。日本禁衛軍侵台各地時，就染上這種怪病，造成日軍嚴重死亡，這也許就是，我們祖先遺留給我們子孫爲何篤信醫藥之神「保生大帝」，「以天上的神保佑子子孫孫健康」之原因。

㈡危險的番害

原住民「出草」獵人頭之舉由來已久，不但是一種風俗，也代表一個男子有資格成為成人勇士的象徵。

除了瘴癘之害，拓荒中最大的危險無如番害。

1.生番尚武勇、性嗜殺，或五、六名，或三、四名，潛蹤出山，伏在菁深林密之中。見行人多，則匿而不動，行人即由其身旁而過，亦無查覺；若一、二人往過，彼手鏢極準，從背後一射，已中入要害矣。

2.一個人頭獵取者的裝備是很簡單的，有一支鎗、一把刀和一隻袋子。他們有時也帶弓箭，偶而也帶一支火繩槍。獵取人頭是臺灣生番最主要的「熱情」。他們從小到老專幹這件事情，以永不冷卻的熱情及絕不後悔的殘忍實行之。

3.生番倘使歷一個月或兩個月之久沒有人頭帶回村來，他們就覺得焦躁不樂，他們獵人頭的熱情又會發作起來，他們又計劃一次人頭的狩獵，酋長先召集勇士來開會，提出種種辦法；互相討論，襲擊的計劃決定之後，就作種種準備，獵夫們檢查他們的武器。往往有五十人參加遠征；但當他們走近可以看見漢人的邊境時，就分成若干小隊，由最年長及最勇敢的人分別率

領。

4.獵取人頭者也往往潛伏在生蘆草的田中或平野的茂密草叢的小路邊，或埋伏在近海的山峽口，他們在等著孤單的行人，猝不及防地用槍刺他。他們在白天是這樣獵取人頭的。如能獲得人頭，就把它放在麻繩網裏，儘速地跑回林中，放聲大叫以通知其村人；而遭難者的家屬則在山下的平原中驚疑從未遲歸的丈夫或父親，今天何以尚未回來。

5.但是人頭獵取者更喜歡利用黑夜。他們在黑夜裏是成群結隊地出動的，事先預定計劃，選定一個孤單的人家，作成一個很大的圓圈而包圍之。將圓圈逐漸縮小，最後發出信號，就開始攻擊。攻擊的方法分急攻和緩攻，急攻時先由一、二人爬到屋頂的乾草上去放火，等待屋裏的人驚醒跑出來，就割下他們的頭，裝入袋子走開了；於是一切又歸於靜寂，祇有餘燼在嗶嗶卜卜地響著而已。如果他們所選定的人家，是在荒僻的地方，不會有鄰人來救的場合，他們就用緩攻法，先把門口堵住，然後從裂縫或空隙中投入燃燒的毒草，以薰死屋裏的人，然後割下他們的頭。如果沒有可以這樣攻擊的人家，他們也用許多別的辦法，或利用市鎮有演戲等娛樂、鄉下人因而遲歸的時機，或在夜裏狙擊行人，或在晨昏暗殺去割稻或回家的農夫，因此，終日俯著鋤草或在田裏工作的男人或女人，不能時常提防的，最容易成為生番所襲擊利用的目標。漁村中的婦女和兒童們時常害怕黑夜；男人們在晚上出海時，惟恐家裏的人在他們回家以前為殘忍的番人所殺害。因為番人常在村後的山上探視村裏　的一切情形。

台灣原住民

中國古籍稱「東鯤」或「東番」，清代通稱為「番族」，日據時稱「蕃」，分生番和熟番，二次大戰時又另稱「高砂族」。光復後稱「高山族」，一般俗稱「山胞」，一九九四年修憲改稱「原住民」，部份學者認為以「台灣土著」相稱較貼切。原住民概分為九族（或十族），人口約四十萬，至於由來迄今仍眾說紛云，有人主張係屬南島語系之馬來族，發源地在中國大陸西南。

玉山之巔　相傳鄒族的祖先，即發源於此。玉山在台灣嘉義縣境，海拔三、九五〇公尺，為台灣最高的山。

由中央山脈眺望西方的玉山　傳說布農族的祖先因遭洪水，而遷到玉山山上避難，如今族人大都分布在山的東邊一帶。玉山位於台灣正中心，由金山水成岩構成，前方所見之針葉樹為杜松、五葉松等，景色頗佳，令人神往。

原住民的住家—
就地取材，天生的建築師

泰雅族トロコ部落　遠方被白雪覆蓋著的是奇萊主山，海拔約三、五〇〇公尺，左為合歡山之一部份。樹林間散布著黑色的石磐石，此即トロコ部落的住家，白色者為茅草蓋成的穀倉。附近樹林繁茂，是族人種植的榛木林，斜坡地樹已被砍伐，準備開墾耕作。

泰雅族太魯閣部落　住家蓋在深山峻險的山坡上，由茅草木頭構成，四周則由多根橫木聚積成牆，這種就地取材的建築方式，別有風貌。

泰雅族創世神話

大霸尖山海拔三、四〇〇餘公尺，是台灣北部最高的山，右為ミルビヤ山，背面為中央山脈，泰雅族即散布在三大山山谷之間。該族創世神話說其祖先係由山頂巨石裂開而生，因此視此地為發祥靈域。

太武山　台灣南部最高的山，海拔約三、〇〇〇公尺，全由粘板岩構成，相傳排灣族即發源於此。族人分布在山的中心及周圍山谷一帶。

排灣族來義社頭目住家　以石磐石構築而成，排列整齊，好像市街上的房子。屋簷下有人面雕刻，並有豬之顎骨成行垂吊，形成一幅特殊的畫面。

布農族卓社住家　屋頂和牆壁都用石磐石構築，住家由地下深掘猶如地窖一般，彼此連結在一起，十分堅固，既可防風，又可防禦。屋簷下則常吊著敵人的頭蓋骨。

鄒族阿里山達邦社住家　這房子由上往下看，好像龜甲一樣，屋頂覆以茅草，四周由石垣砌成，想必是冬暖夏涼。

阿美族薄薄社住家　房子用茅草舖蓋而成，屋前放置不少土器，全由族人製作，可謂自給自足。傳説阿美族祖先因遇海嘯，利用原來搗米用的長形木臼漂流逃生，最後來到raga山。

雅美族紅頭村社住家　深掘地下建造房子，好像地窖一般，這是為了防颱，地面上蓋穀倉及工作屋，則是為了方便日常生活。

原住民的生活——

自給自足，大地的好兒女

泰雅族屈尺部落之男女　個個精神飽滿，華麗盛妝，即將參加祈神祭典或喜慶宴會。

排灣族部落　一家人團圓吃飯，和樂融融。該族具有藝術天份，圖中所見之雕刻，相當精巧，即使常見之竹器，也有實用細緻之處。

排灣族來義社婦女　右邊的在織布，左邊的在曬煙草，這是一幅原住民自力更生的畫面，安詳又和諧。

布農族捕鹿　狩獵是原住民重要生計，一般以捕鹿為主，鹿皮鹿肉鹿角鹿茸鹿筋舌等，均可自用、出售或交官折餉，當時並曾大量出口。

鄒族陸稻田　特富野社族人常在田間豎立案山子，即俗稱之驅鳥器，原住民為了生存，不斷與大自然搏鬥，防止鳥類的侵害。

雅美族漁船　有別於一般的獨木舟，它有龍骨之設計，並由許多木塊拼組而成，船身雕刻精美，遠看圖案，即知是屬於那個部落。

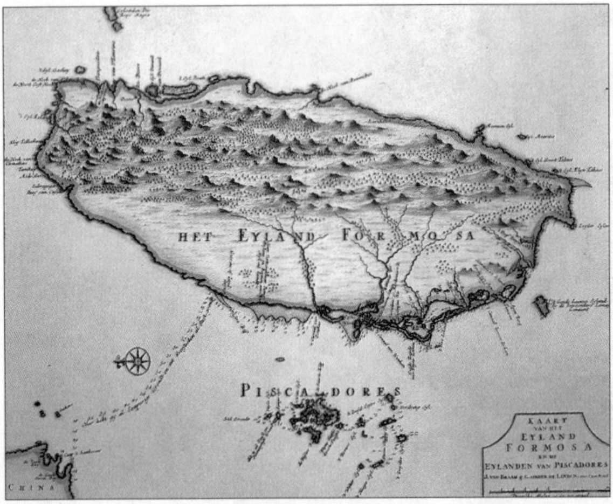

這幅罕見的十八世紀台灣與澎湖（漁翁島）地圖，相當正確地繪出主要河川位置，一七五〇年在荷蘭出版。

九、慘無人道的政府祖先受不了

㈠施政不以人為主

我們的祖先冒著千辛萬苦衝過險惡的黑水溝來到了台灣，又要逃過嚴厲的海禁令，在殖墾地又要面對瘴癘之氣的侵襲及生番割頭之恐懼，工作完了又無法享受天倫之樂，只有再忍受單身生活的苦悶，等到田園墾闢已成，已置有產業，卻無法返回大陸享受親情，又因滿清的海禁令，無法將大陸父母妻子引渡來台奉養，故拓墾者，人人思念父母，繫戀妻兒，追求團聚是他們心中的夢，而帶給他們沒有辦法享受人倫之樂的最大禍首就是滿清的海禁令。這個政府不但沒有帶給他們生活上的新希望，更是阻礙他們邁向幸福之路的劊子手，於是我們的祖先們一直認爲這個政府是多餘的，大家想辦法推翻掉。

㈡官吏不以民為己任

我們的祖先無論是正式渡台或私渡移民到台灣即憑自己的力量，拓墾荒埔成爲良田，進而投入成本開闢埤

圳灌溉，其過程極爲艱難和辛苦，豈知清廷官吏對於整個移墾過程以及農業發展，也未提供任何協助或公共服務，官僚的興趣只在利用其特權收取不當規費，剝削百姓民脂民膏，以飽其官囊，並準備於其任上大大撈一筆回大陸買田置產，這樣的政府，還要它幹什麼？只有當垃圾把它掩埋掉。

(三)族長取代官吏

我們的祖先在開墾期間，墾戶或其管事、隘首常常在荒地墾成建庄之後，自然成爲村莊中的領導者，在街庄形成後，紳衿、耆老、義首、約長、族長成爲街庄的頭人，各街庄雖在官府編制的里保之內，但是官員卻任其自然形成或分離合併，官員不以行政處分決定街庄名稱，又不規定負責人的職務，任由街庄眾人自行推舉街庄領袖，使其依街庄慣例處理街庄事務，里保等官方組織與街庄自治團體之間並無所謂統屬關係：也就是對街庄的自治事務，政府無命令或監督權。如此，在墾殖的生活中，同鄉人聚居在一起彼此互相照應，一遇有私鬥或紛爭，均不經過官府判決而由街庄頭人自行解決紛爭，因此清政府功能威嚴不及於民間。墾殖的人只擁護自己的族長或義首來自衛、來自保，如此爲什麼我們還需要一個政府來干涉我們？

(四)官吏貪污枉法

滿清派遣任職台灣官吏，規定三年一任，其間有半年爲交代協辦時間，實際任期祇有二年半，任期之短，縱有長才亦無法有所作爲。且任台官員，不許攜眷赴任，離家背井冒風濤不測之險，涉洋渡水來到人所謂的荒陬小島，所得俸給低微，無法維持基本開銷，不肖官吏正

好藉機巧立名目，收賄斂財，中飽私囊，種種貪污枉法，無惡不作，不以人民生活為己任，官既如此，胥吏和差役，更盡其需索、嚇詐之能事，於是民不畏官，視法令如故紙，政府威信掃地，人民還需要政府做什麼？

㈤台灣班兵營務廢弛，不堪一擊是助長亂源的催化劑

1.台灣班兵皆調自閩粵各營，由內地按班抽調三年一換，不准就地遞補（台灣人不能當兵），初時班兵員額約壹萬人，後因亂事頻生，續有增加，最多時達一萬四千多名左右，班兵挑選的條件必須是有身家的，但不准攜眷前往上任。

2.清代行募兵制，在當時好男不當兵的傳統觀念影響下，募兵之素質不佳，乃不爭之事實，又因台海隔閡，對台灣的不了解及語言不通，道路不熟，水土不服，險要不知，因此被抽調班兵多不願離鄉棄親來此荒陬小島，於是如內地各營抽撥班兵，向來俱將本營老弱無能及技藝平常者撥往充數，各營挑選之兵不盡過台，每有半途賄買頂替者。又從內地抽撥逃亡事故之班兵不為申報，每至放餉即留餉以飽私囊。即有招募，強迫市井無賴，空名掛籍，含混欺蒙，如果「冒名頂替」或「謊報沒有家室」的兵丁為「有家室者」的兵額愈多，則各營將校所能「吞沒的金額愈高」，因此謊報或具額吃空缺的情形極為盛行。（你聽過這種貪污方法嗎？）

3.台灣鎮總兵（台灣最高武官）柴大紀貪縱營私，藉查閱官兵巡視各營，收取規費，剋扣兵餉，侵蝕官租，又縱容兵丁出錢替役，離伍貿易、包娼庇賭，並不留心約束兵房，墩

台塘汎又不及時修築，任其坍塌。當時兵丁在外做生意，有在街上賣檳榔、糕餅之類的小生意或編草鞋，亦有在皮貨店中製作皮箱者，他們日逐微利，閒散自由已慣，憚於差操拘束，於是貼錢代班，曠伍滋事。至上者貪污剝削，下者腐化擾民，營務廢弛，不足以維治安。依當時紀錄，班兵常毆殺民人，強奪民物，包攬民客，私載偷渡，乘危搶米等等，而平日有包娼放債，開菸館，開當舖、開賭場等不良惡行（你有想過這種官吏嗎？）。如此班兵腐化，積弊日深，紀律廢弛，平時也無法擔負起維持社會治安之責，一旦事起，又不能掃除動亂，袪除反側，反更藉機橫行肆虐，徒然擾民，更遭民怨，班兵既不能維持社會治安，公權力又薄弱，民間自衛武裝組織遂應運而生，於是反抗不義統治的政治勇氣逐漸蓬勃蔓延，非將外來統治政權驅逐出去不可，他們想將台灣建立成爲一個理想政治體制的社會，於是他們群起武裝反抗，想推翻滿清政府，這些墾殖農民並未被儒教帝國的政治意識形態所馴化成爲無知的順民，他們憑著素樸的正義感，抱著建立理想家園的熱情，勇敢和清廷派駐的貪官宣戰，因爲這些貪官污吏濫用特權，把他們冒死渡台拚死拓荒的成果統統搶走，如果有機會發動革命將這些貪官污吏殺死，至少不必再受官員剝削欺凌，更可對自己辛勤開墾的家園有更多的保障，因此，繼續不絕的發動革命，形成民間反抗滿清的傳統革命精神。

十、義士的血滴不停

常有人諷刺台灣的社會動盪不安，三年一小反，五年一大反，台灣人生性頑劣，喜暴戾，

遇事愛爭吵、好鬥，其實這是不了解台灣人的生活史，台灣人的血液裡永遠流著移民開拓、積極進取、冒險奮鬥的精神。愛自由、見義勇爲、打抱不平，永遠在他的血液中循環，他們是一匹未被中國帝國以儒教馴化的千里馬，他們冒著九死一生，偷渡台灣，原夢想可以過著快樂自由，可以自己做主的生活，沒想到他們以自己的能力克服了險惡的大自然，卻仍然處處受束縛在別人的統治下過著非人的生活，受別人剝削、受侮辱、受虐待、受欺侮，還要受約束、干預，自己的尊嚴在那兒?你想誰願過這種奴隸的生活，他們想：天大的困難都能以他的雙手去克服了，世界上還有那一件事不能克服的呢?於是他們選擇了人生自由之路，勇敢去拚個死活，你敢欺侮我，那就拚個你死或我死的羅漢腳精神。

台灣人在滿清統治下所表現的反抗精神及事蹟，參見附錄一。

滿清統治時期，台灣人民數不清的一連串抗暴革命運動，在在證明滿清統治台灣形同虛設，台灣人民根本不把滿清政府看在眼裡。可惜的是，在台灣的歷史發展裏，一直到現在，台灣仍未出現一個偉大的領袖—政治家，能勇敢有智慧地，並順利地帶領台灣人民建立一個民主、獨立、自由的國家，使台灣人不再受外人的歧視和奴役（中國人大膽地向世界說台灣是中國的一部分，而台灣的領導人不敢向中國人說不，如果說不，會惹中國人生氣、會很危險）。又有好多的台灣人，一旦被台灣人推舉成爲他們的領袖，嚐到權利的滋味後，就已忘記其他苦難悲慘的台灣人，反而附庸在統治階層的懷抱裡，更加倍、更過分地來奴役他的同胞。我們從台灣革命的歷史裡，可以看到現在興起的台灣民進黨部分領袖們以及某些成功的台灣領袖，爲了私利

而背叛擁護他的台灣人民，忘記了自己應背負的歷史責任。

十一、部份抗暴革命運動失敗的原因

(一)吳球抗暴運動

因共同參與抗暴者林盛，向官府密報檢舉，軍情外洩而失敗。

(二)朱一貴抗暴運動

朱一貴原爲鄭氏部將，他在台南東南方的窮鄉僻壤—羅漢門養鴨爲生。當時鳳山縣的縣知事出缺，由台灣知府王珍兼任。王珍耽於淫樂，只顧苛歛誅求。朱一貴以打倒貪官污吏反清復明爲口號，揭竿而起，四面八方 不斷有人呼應，革命的大軍七日而席捲全島。叛亂擴大得這樣迅速，可以推想移民的反清情緒如何強烈。朱一貴被奉爲義王（亦稱爲中興王），建年號「永和」。移民的要求是正義、法治與和平。朱一貴能在七日內全島呼應起而抗暴，完全得力於閩粵兄弟一家，團結合作，後來由於粵將杜君英，自認應居首功，但僅被賜封爲國公將軍，心裡已存不平，同時遇事驕慢，並擄掠婦女七人，禁閉於鎭營中。

接著又發生粵籍士兵，強娶閩女，遂被一貴處斬。

以上這些雞毛小事，竟釀成閩粵兄弟軍發生間隙，原閩粵軍共同奮力攻打赤崁城，忽而發生閩粵軍相互殘殺，當時的赤崁樓下，流血盈渠，屍首塡塞街路，流水盡赤，閩粵族群因而結下仇恨。

再而，客家全十三大莊，六十四小莊之代表們，立即召開緊急會議，決定組織六堆，以保護家鄉（六堆由來），因而豎起大清義旗，固守糧倉，並組織義勇軍，隨時突襲革命軍，大挫革命軍士氣。

革命軍無法體驗他們共同的敵人是滿清，反而受族群分化而相互殘殺，革命是偉大艱巨的工程，豈能以人民生命財產當兒戲。此次革命運動，雖然一下席捲全台，由於缺欠偉大的革命領袖，革命軍很快就被義軍和清軍一一平息。

㈢吳福生革命運動

此抗暴運動可說是朱一貴抗暴運動的重演，閩軍和客家義軍相互殘殺，最後被客家義軍所挫敗，族群問題真是個台灣最嚴重的政治問題：「治時閩欺粵，亂時粵攻閩」，歷史的教訓是，當閩軍正攻打清軍搖搖晃晃之際，忽由客家人所組成之義民共同協助清軍，堅決打擊反清的台灣革命軍。嗚呼！爲什麼會這樣呢？當今有位身任二屆民進黨主席的人，自許負有天命，竟然爲競選總統而脫黨（創世界紀錄），脫黨後，不斷地向外放話：「民進黨，台灣人不要相信他」，請問台灣人要再相信國民黨的黑金政權？或新黨的被統一論？或相信你的三通四流，以打開台灣的門戶，以及你的大膽西進，趕快奉迎中國人來統治？此種人，心中完全沒有台灣主權的觀念，他的心中只有私利和投機而已，這就是台灣人的領袖，夠悲哀？夠鬱卒吧！

㈣黃教革命運動

1.黃教仔—有名竊賊頭目，憑其機智與對地理環境之熟悉，利用台灣層巒疊嶂之複雜山川地形，倏南倏北，行蹤飄忽，襲擊各地零星軍營，雖然其流竄範圍南抵今屏東枋寮、北達今雲林斗六，惟大致上仍以台南縣境一帶爲主，且其黨夥僅約二、三百人左右，然而清廷自福建調遣援台之官兵前後約五、六千名，爲黃教黨夥人數之二十倍有餘，又連同原駐台官兵及協同搜捕之義民、「生熟番眾」等，其規模實相當龐大，民間義民如葉文博者，更是私自出資募集鄉勇效力、「南北奔馳」「堵截偵探」，但黃教乙案卻仍歷時半年方始平定。可惜黃教雖富有難得的軍事天才，但無法爲獨立建國的理想邁進，僅夥眾襲擊小軍營，又無法獲得廣大民眾的支持，最後只有空遺憾！

2.在黃教事件中，身爲全台最高軍事指揮官之王巍，在獲悉黃教於岡山豎旗不軌之事時，不迅速剿捕，及至領兵前進，復在途中紮營住宿耽擱，縱賊竄逸，旋即退回府城，並不親身追剿，以致黃教等蔓延無蹤。

於是王巍被捕送往北京受審。一七六九年六月十日，高宗乾隆皇帝下旨令將王巍著即處斬。王巍是台灣鎮總兵中因犯重罪依律處斬之第一人。清廷領有台灣不勵新圖治只讓台民自生自滅，當台民生活或被迫得無法生存而謀反時，滿清只有調來清兵屠殺一番，將一批反抗的菁英消滅殆盡，對台灣爲什麼會發生反抗統治的原因都不去思考研究，在一七六九年台灣已有人滿之患，而渡台者，仍源源不絕，及剛到台地，又無以糊口，其性情兇悍狡詐不能安分者，遂至城市村莊，遊行飄蕩，酗酒打鬥，無惡不作，並結夥聯

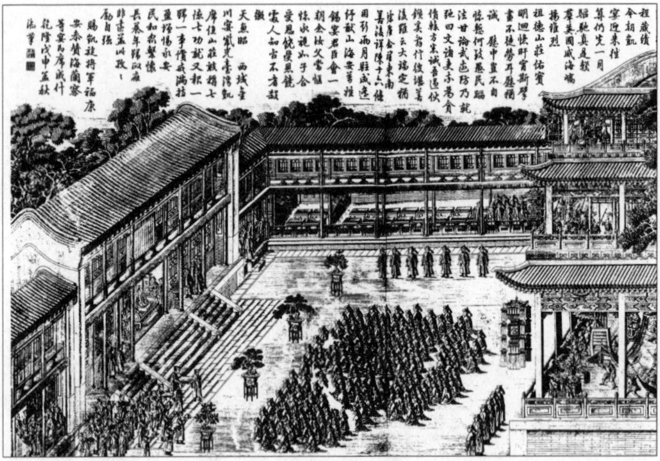

清廷褒獎福安康　一七八八年林爽文事件平息後，清乾隆皇帝特別設宴款待福安康凱旋歸北京。福氏曾率精銳部隊一萬多名，由鹿港登陸，革命軍自此乃節節敗退，終被消滅。

群，互爲聲援，混名稱爲羅漢腳。此輩鼠竄竊偷，到官罪止枷責，即釋之後，益加兇橫，實爲鄉里之害，從未聞滿清有何施政良策？

(五)林爽文革命運動

1.天地會之源起

(1)據說，福建九連山少林寺僧於一七一八年（康熙五十七年），清廷征討西藏時曾立下大功，後來招致清廷猜忌，受到壓迫、屠殺，因此才潛入地下組織天地會，是爲濫觴，其組織成員爲一部份漢族地主及其知識分子中之反滿派，同一部份下層社會人民所組成之反清復明的秘密結社。

(2)隨著清廷中央政權在全國之穩固確立，前者幾乎全部相繼退出反清復明之歷史舞台，天地會亦逐漸轉成以農民、商販、挑夫及其它下層人民相互照應之秘密組織。

(3)其會黨「有婚姻喪葬事情可以資助錢財，與人

打架可以相幫出力，若遇搶劫，一聞同教暗號便不相犯，傳教與人可獲得酬謝，故願入會者甚多」。

(4)一七八二年，廣東人陳彪至福建漳州府平知縣行醫，並招人入天地會，嚴煙（福建漳州府平知縣人）乃隨同入會。

(5)一七八三年嚴煙渡海來台，在彰化阿密里莊（台中縣烏日鄉光明村）開布店並傳授天地會，這是台灣天地會發源地。

(6)一七八四年四月四日，林爽文聽從嚴煙入會，一七八六年林爽文起事，其陣營中天地會會黨即扮演一相當重要角色，故隨著林爽文亂事之平定（一七八七年），天地會在台勢力遭致極為嚴重的打擊，然並未完全被殲除，其殘餘會黨乃隱行潛匿。

2. 台民參與結盟情形

(1)參與鄉親結盟：

閩粵移民來台因滿清禁海令，多無妻兒家室，大都依附祖籍居地相同之村落，於是客家移民即聚集在一起自成一莊，每莊數百人，漳泉之人亦各自聚集，形成漳州莊或泉州莊，各不相與焉。同鄉親如骨肉，遇事團結對外，只對團體效忠，沒有國家政府觀念，這是政府無能的替代品，形成日後嚴重的族群問題。

(2)參與宗親結盟：

除地緣之鄉親關係外，凡同姓者亦聚結在一起，形成一大族，如林姓自成一聚集

地，同姓凝結力、親和力強，平時守望相助，一旦有事，團結一致對外，如此培育了該宗族之戰鬥力量，而忘了有國家政府觀念。

3. **參與其他會黨結盟：**

這些閩粵貧民，離鄉背井異域謀生，勢孤力單，一時找不到鄉親或宗親結盟的情況下，於是集異姓之人結拜爲兄弟，推一人爲大哥，不論年齡，勝於同胞，妻女不相避，以伯叔稱之，在一七七二—一七八六年間，小刀會、天地會、添弟會、雷公會等，大小會黨在全台各地流行發展。

4. **天地會被查抄，豎旗革命**

清朝聞知台灣彰化有天地會秘密結社組織認爲事態嚴重，便命令各營官兵前往緝捕，林爽文堂兄之子林泮等會黨房屋均被焚燬，林泮等遂糾集會黨抗官拒捕，並邀林爽文領導會黨起事，唯林家族長林石反對此種抗官謀反行爲，並將林爽文藏於山內不許出來，以免黨兄弟來要脅出面領導。（林石爲台灣霧峰林家之始）。

(1)一七八六年十一月十六日，林爽文與劉升、林泮、王芬、何有志等聚集二百餘人，在茄老山（南投縣草屯鎮東北）豎旗起事。原推林爽文作盟主，惟因全莊族長發誓不肯由林爽文出名，故另推劉升爲盟主。

(2)劉升率眾攻陷大墩與彰化縣城後，以大盟主劉爲名發出許多安民告示，惟眾人議論且多不服，從而推舉爲人爽快義氣之林爽文爲首。

(3)革命軍既擁有地盤，遂於十二月三日，一致擁立林爽文爲大盟主，號順天，暫駐彰化縣城，出榜安民，設官分職，並於附近要隘處，豎立木柵，屯聚米糧，勸派農民納租，當時林爽文三十一歲。

(4)旗開得勝的革命軍，接著就把這革命箭頭指向台灣的心臟「台灣府城」。革命軍所採取的策略是：以主師先取諸羅，然後取府城，以偏師略北路。

(5)台南府城久未攻陷。此時，莊大田風聞清軍領廣東客家義民要去燒莊，乃率眾回鳳山與客家義民交戰。隨後，林爽文則因獲悉「鹿港義民克復彰化」、「王作退離竹塹並被擒」，且清軍增援大軍將至，故乃退返大里杙。

(6)現在看北路革命軍進攻情形：

征北大元帥王作攻陷竹塹後即留千人守後壟（今苗栗縣後龍鎮），以鞏固後方，並計畫北進。然而這支北進軍軍紀欠佳，皆以劫掠爲事，其行事又出林爽文掌握之外而失去民心，在義軍及清兵合作下，北路所攻下的竹塹及彰化城相繼失所。

5. 義民軍起，協助滿清消滅革命軍

(1)閩粵義民由於革命的北路軍軍紀蕩然，迫使閩粵各莊民反成爲清朝「義民」，而與清軍合作對抗革命軍。不久後壟被粵籍義民攻陷而斷絕了革命軍回彰化之路。王作心生恐懼即於十二月十二日棄輜重，率五百人擬返回彰化，但十二月十三日在舊社（今苗栗縣苑裡鄉舊社里）爲義民所擒，械送竹塹城，斬於市。

(2)漳民及泉民早因分類械鬥而結下怨仇。林爽文起事漳人群起響應，但泉人則心不安。林湊是泉州晉江人，於是他就召集泉人來「討賊」，於十二月十二日攻打彰化縣城的革命軍，林爽文以楊振國守彰化城。楊振國一聞義民及清軍來攻就從西門遁去，但爲「義民」所擒，於是林湊等大殺漳民並火燒民房，因而彰化城遂成爲一片廢墟（原爲消滅滿清，卻變成漳泉族群械鬥，多可憐）。

(3)客家義民：當莊大田起事時，曾派員至客莊共同起事，然該地客家人誓不相從：「殺來使，群集『忠義亭』，供奉滿清皇帝萬歲」，挑選壯丁八千餘人，分爲中、左、右、前、後及前敵共「六堆」，計畝捐餉，以曾中立總理其事，客家義民並首先攻擊小篤家莊及阿里港等處，以牽制莊大田勢力。

6.革命軍有人窩裡反

革命軍第三次攻打台南城的情形：

(1)莊大田等重踞鳳山縣城後，乃將目標轉向府城（台南市），於三月二十七日與林爽文人馬再次合力猛攻府城，革命軍號稱十萬之眾。

(2)兩軍激戰從黎明開始直到日午，越戰越烈。清軍鎗砲齊發，革命軍旋退復進奮戰終日，幫清軍義民萬人，忽然退卻入城，於是城中大亂，以爲革命軍已破城，紛紛逃往海口。

(3)府城正千鈞一髮時，革命軍卻出了一個背叛者，那就是莊錫舍。莊錫舍向清軍投戈請降，單身入城見常青（清將領），獲贈六品頂帶賞銀二百兩，仍令其出城攻擊革命軍。

(4)因莊錫舍是泉州晉江人，與莊大田是漳州平和縣人不合，族群問題，再度成為革命的致命傷。

7. 嘉義殊死戰

(1)諸羅城拉鋸戰可說是林爽文革命諸役中，最慘烈的一環。這攻防戰整整持續了五個月之久，大小戰鬥不下十餘次，革命軍想打進去卻無法打進去，清大將柴大紀想要打出來也無法打出來，而清大將常青最後也親自坐鎮於關帝廳（今台南縣關廟鄉），指揮大軍想解諸羅之圍，卻始終被革命軍擊退而無法跟城內連絡。

(2)到了六月，南北路革命軍更以十餘萬大軍會師加強圍攻諸羅。到了七月，革命軍圍攻日急，城內糧餉藥鉛皆盡，情形幾不可終日了。

(3)清廷因諸羅遲遲不能解圍而震怒怪罪起常青的無能，於是清高宗乃改派一代名將福康安及冠絕群倫之猛將海蘭察負負平台，福康安於十月二十八日親率川、湘、黔、粵、閩、浙、鄂等省一萬多名精銳大軍，乘數百艘戰船抵達鹿港，總共駐紮台灣清兵已達六萬名以上。

(4)十一月六日，福康安率精銳五千餘由鹿港出發，向二林（今彰化二林鎮）、麥仔寮（今雲林縣元長鄉）前進。

(5)七日至麥仔寮，八日長驅直入諸羅。是日兩軍激戰於諸羅，交戰終日。入夜後林爽文終於不支敗退，八百餘名革命軍被殺，血肉成河，於是五月之圍頓解。清廷即改諸羅

爲嘉義，以「嘉」獎守城軍民的忠「義」。

血染山河，驚天地泣鬼神

林爽文革命運動，爲有清一代台灣最大規模之革命事件，林爽文以一平民之身，以台地一隅之力，勇敢地抗拒國勢鼎盛、名將輩出的大清帝國，大清爲平定此革命運動，竟派遣多名一代名將及精鋭兵力六萬名以上參與此役，如果當時林爽文具有領導統御的能力，提出長治久安的辦法，安撫非自己派系的其他地方豪強，號召其他族群共襄盛舉，共創獨立自主的新國家，同時扼住各主要登陸港口，抗拒援兵登陸，相信革命的局勢一定會改變，也許因此而開創新的歷史里程碑。

㈥張丙革命運動

張丙，原籍福建漳州南靖縣，世居嘉義，爲第三代移民，在台南縣白河鎮市街，以販魚爲業，平日交遊廣闊，一呼百應，頗有名氣。

張丙原以殺戮　穢官爲號召，自稱開國大元帥，年號天運，並大肆分封黨夥爲元帥，先鋒，軍師等職官，彼等並各就所居，招集人手，共分大小四十二股，股首元帥等均稱大哥，其下爲旗首，旗腳，每股百餘人或數百人，各自爲股，各股分踞各莊自飽，其間無團結一致，同時以派飯分穀取糧，以「勒民出銀買旗保莊」取餉，但不害鄉里，故莊民尚勉強應之，乃至屢攻嘉義不下後，張丙與衆夥黨乃「分掠民莊以爲食」且對莊民索求無厭，稍不應即大肆劫

掠，焚莊裏脅以去，後來張丙夥眾更以滅眾爲口號，造成閩粵民間大械鬥，族群互焚或互鬥已釀成台灣社會的大悲劇，「發生族群爭鬥，完全是政府公權力盡失，無法安撫地方派系，聽任地方派系族群對立」，台民 簡直是生活在無政府的統治之下，各憑本事弱肉強食。

㈦陳周全革命運動

陳周全福建泉州府同安縣人，在台灣生長，爲天地會會黨。

一七九五年，全中國米價高騰，商船爭相抵台搜購，使台灣米價亦隨之高漲四倍，因而引起彰化民眾搶奪米糧事件，陳周全藉機率眾三百至四百人進攻鹿港，當時鹿港內有眾多羅漢腳遊民，即拋磚擲土，以助聲勢，終攻下鹿港，再攻下彰化城。（以無組織的遊民，即可攻下縣城，這種政府的能力在那裏？）

當時雨下得太大，於是陳周全令各當舖暫借衣物，然眾夥卻四處搶掠，因而激起民怨，義軍爲保衛家園，其陣容規範均大於陳周全眾將，同時義首都是社會上有相當聲望或富有及有智識者，終被義軍擊潰。

陳周全兵敗後，逃亡五天，即爲義民所擒，當時他居然是隻身一人，顯示該事件全是烏合之眾。如此，怎能把革命的偉大事業當兒戲呢？該案件被逮捕並處決者有五百餘人。

義民功過，留待史家評論

台地革命事件，每次均得力於義民群起圍堵，並配合清兵加以殲滅，事後，清廷即對義民

論功行賞，更增加義民對清廷的向心力。義民忽略了滿清政府腐敗的惡毒面。影響所及，台民每對革命運動者不管正當性與否，均加以鄙視、畏懼、遠離、抗拒、甚至揭發告密，使得台灣的英雄志士追求台灣人民自主主權的革命運動，更加困難，更加艱鉅難行。以下簡述清政府在陳周全事件後對義民的重賞，使台民更加依賴滿清的統治。

此次陳周全陷城殺官乙案之平定，幾乎全係義民之功，故事後清廷論功行賞，擒送陳周全之監生莊南光、民人陳祈等分別給五品及六品頂帶，另加賞銀各二百兩。復城擊賊之武生林國泰給五品頂帶。招集義民之楊應選等三人給六品頂帶。魏廷文、王松先則曾因林爽文功而已賞六品頂帶及藍翎千總，故加賞五品頂。清廷並命諸義首願就文武職者，聽從所請送部引見。另有功義民林雄等四十九人，皆給頂帶賞花紅銀牌，散遣歸農，免各義民村莊本年錢糧，台民大悅。其中林國泰授浙江處州府同知，在任十年告休回籍。陳祈授湖北施南府通判，告休回籍。莊南光授施南府同知，未到任而卒。

㈧施九緞抗官事件

此抗官事件是人民為了維護自身的利益，拒絕新的賦稅措施要求，其行動目的是在抗議不利於人民的賦稅改革政策，不在推翻滿清的統治權。這是台民第一次抗爭要求公權力來維護人民自我權益的運動先例，也間接承認滿清的統治權。

清末抗官事件中，以施九緞抗官事件（一八八八年）最為有名，其事件的起因是劉銘傳清丈田畝整理隱田的措施所引起的。劉銘傳為了使台灣建省後財政可以自立，設立清賦局，重

新丈量土地，一一確立地籍，做爲重新課稅的標準，以增加稅賦的收入。由於台灣原本就存在多墾少報的陋習，一旦清丈完畢，以前隱匿未報的田園都要加以課稅，引起人民的不滿。

其中彰化縣隱田最多，民心動搖最爲厲害，加上彰化知縣有貪圖民財的污名，清丈人員又昧算田賦等則，任意塡寫丈單，以致不少人民認爲清丈不公拒領丈單，導致無法收稅。彰化知縣情急之下，準備以極刑威嚇拒領丈單的人民，結果反遭民眾的不滿，推舉施九緞爲盟主，大舉「官激民變」的旗幟，立於神輿之後，呼喊焚毀丈單的口號，引來數千民眾的跟隨，一路攻向彰化縣城，另在清水、鹿港一帶的民眾，也都響應施九緞的抗官行動，官方派

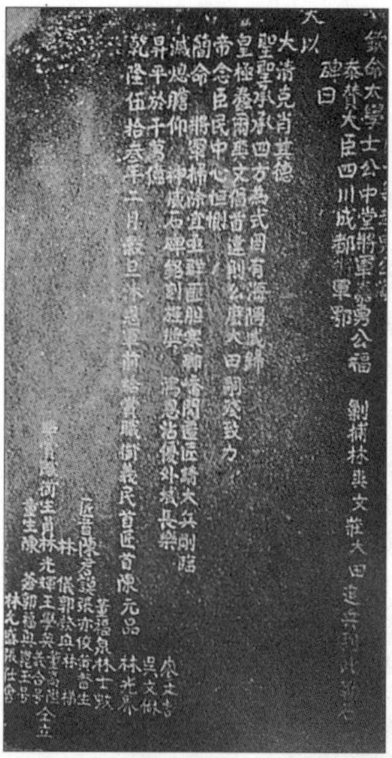

福公碑　碑文敘述清將福安康在柴城（今之屏東車城）殲滅林爽文、莊大田之事蹟，現嵌於福安宮內牆上。

壽公祠　紀念壽同春的祠堂，壽於乾隆年間，曾率義民與林爽文作戰，被俘後不屈遭支解殉難，此祠在今苗栗通霄，一八二六年，由福建水師提督許松年與地方人士共同建造。

義民廟

是客家人信仰守護之神祇。客家人來台墾荒，不但要經過險惡的黑水溝（台灣海峽），還要與原住民、漳泉籍人士競爭，為保鄉衛土，安定生活，又常協助官兵平定亂事，對於犧牲奮鬥、勇敢戰死之先民，後人立廟祀奉，謂之「義民廟」，清廷亦曾賜頒「褒忠」表彰其忠勇。

新埔義民廟　即新埔褒忠亭，一七二一年朱一貴亂起，鄉民協助官兵平定，事後為殉難者建義民廟奉祀，一七八六年林爽文事起，住民又協助平亂，清乾隆頒「褒忠」匾額嘉其義行。圖為義民塚，廟在其後方。

北港義民廟　一七八七年，林爽文攻北港，鄉民築土壘防禦，後林趁虛突擊，鄉民措手不及，死一〇三人，亂平，清乾隆嘉許住民，特賜「旌義」匾額褒揚，地方人士遂建祠奉祀，稱「旌義亭」，後又稱「義民廟」。

屏東忠義亭　位於竹田鄉西勢村，是六堆客家精神表徵。一般而言，竹田忠義亭所奉祀者，大致為抵禦朱一貴而犧牲之義民，新埔褒忠亭，則以奉祀為林爽文事件而犧牲之義民居多。此亭現猶為六堆客家人聚會之所。

林爽文反清事件

規模最大，幾乎席捲全台，期間長達一年兩個月。林係福建漳州人，十七歲來台，居今之台中大里，曾加入天地會，一七八七年一月起事，自稱盟主大元帥，號順天，其後攻城掠地，北及淡水，南至瑯璃（今之恆春），威震清廷，直至清名將福安康率大軍來台，林始露敗象，終於在一七八八年二月被捕，其黨夥莊大田也於三月被擒，事件告一段落。以下所刊難得一見之六幅手繪圖畫，充分顯示雙方激戰之慘烈。

諸羅縣城（嘉義）曾被圍困數月之久，直至福安康大軍增援始解圍。

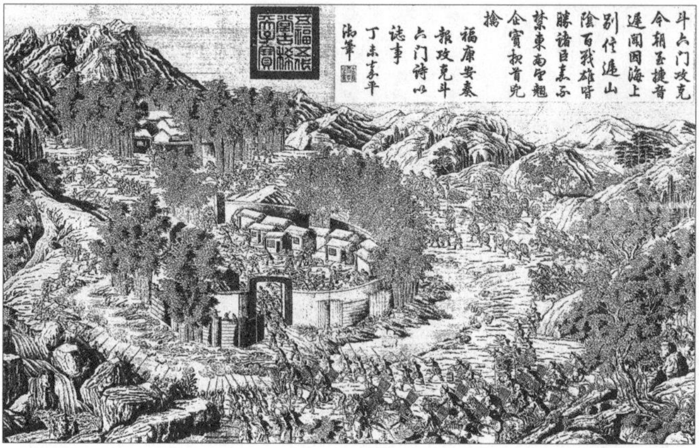

一七八七年十二月，福安康揮軍回攻斗六門（斗六）林爽文兵敗，從此一蹶不振。

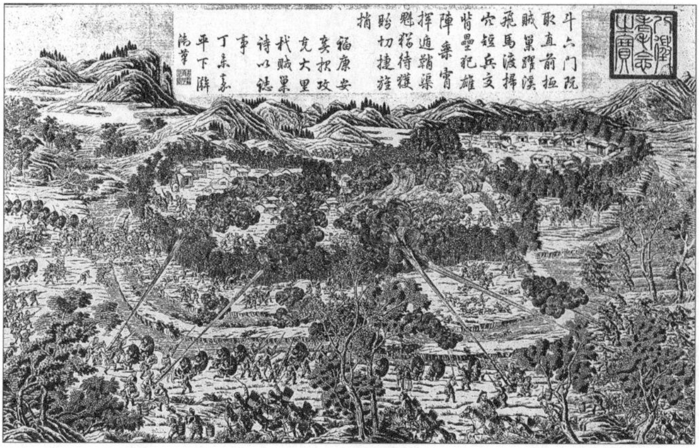

福安康分兩路夜襲大里杙（大里），經十二小時苦戰，林爽文根據地終失守。

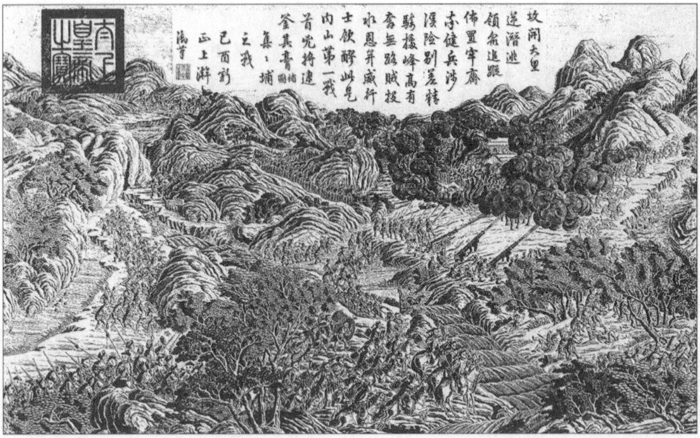

林爽文攜眷逃往埔里，經番界進入集集埔（集集），福安康緊追不捨。

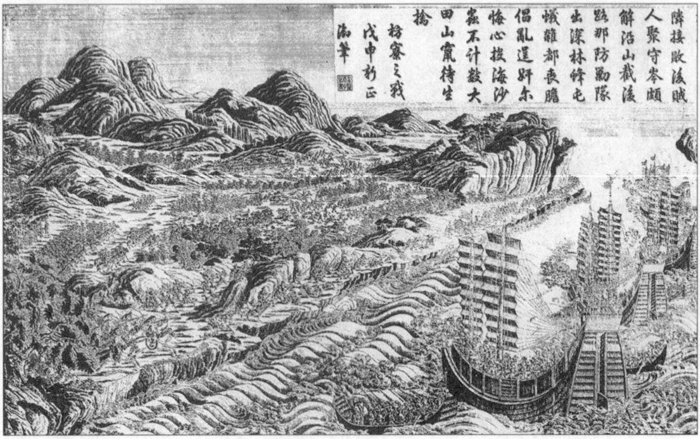

福安康生擒林爽文後，即調兵進攻南部的莊大田，在屏東枋寮爆發大戰。

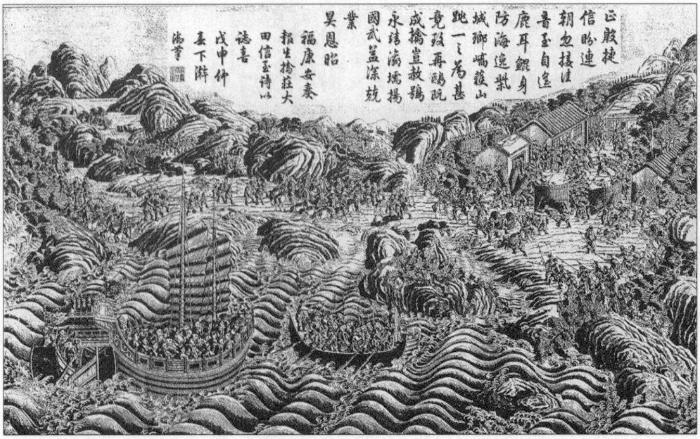

海陸軍並進，福安康在瑯璚（恆春）逮捕莊大田，事件終平息。

兵平亂，經過二天即告平定。事後劉銘傳命令主辦官員，會同地方士紳，處理一切善後事宜，重審地籍圖聽取人民申訴，如果原冊所定有失公允，即諭令清丈人再次丈量，如有錯誤，立即查辦失職人員，加以治罪，於是民心漸安，秩序恢復。

十二、法國爭奪台灣主權不了了之

光緒十年六月十二日（一八八四年八月二日）法國水師提督，海軍中將孤拔（Anatole Courbet），率艦來攻基隆。當時台灣防務由劉銘傳親馳陣地督戰。結果，基隆砲台被毀，法軍於一八八四年八月六日登陸基隆，被守軍殲滅一百多人，法軍敗回。

一八八四年八月二十九日，法艦再砲擊基隆，被清軍反擊，擊中法艦，法又敗北。

一八八四年十月一日，法艦同陸戰隊六百十九名再來攻基隆，由仙洞登岸，又被守軍殺滅一百多人。

一八八四年十月八日，法八艘軍艦，一齊開火猛攻淡水港口要塞，劉銘傳深知法軍必定大舉登陸，故意將營兵埋伏在山中，法軍果然兵分三路登陸，結果被清軍團團圍困，死傷極爲慘重，幾乎全軍覆沒。

法軍知道台灣無法得手，於是在一八八四年十月二十三日起，封鎖台灣海口，北自蘇澳，南至鵝鑾鼻，凡三三九海里禁止出入，分駐兵船巡緝，交通不通，接濟斷絕。

法軍孤拔，老是戰敗，感到顏面無光，再回攻基隆，直推進到暖暖，而暖暖到瑞芳，劉銘傳已佈置好一條強有力的防線，法軍屢攻不下，傷亡慘重，又召來一千多名增援，結果打了一

一八八四年，法國水師提督孤拔率艦攻打基隆，劉銘傳防守得宜，法軍久攻不下，損失慘重。此圖即孤拔司令官之旗艦。

個多月，法軍如陷泥潭，動彈不得，於一八八五年三月四日，再增三千人，令全面猛攻，戰火逼近台北府城，幸賴基隆河河水暴漲，法軍無法渡河，清軍趕快增援，戰事才被穩住。

孤拔眼看戰事仍徒勞無功，不禁老羞成怒，憤而轉攻打澎湖，因守軍浴血抵抗，傷亡慘重。

最後雖佔領澎湖，但法軍已付出極大代價，孤拔亦重傷不治，於一八八四年六月十一日病歿澎湖。

革命須要領袖，打戰須有天才

真奇怪，清軍何時有這樣強悍的軍隊，能把世界列強法國打得落花流水，這是命運吧！否則台灣主權被法國人所擁有，也許今天的台灣就如同非洲的法屬地已宣佈獨立了！台灣！台灣！台灣！真是大怨！大怨！也不用現在天天生活在中國人的飛彈恐嚇中。中國人老是驕傲地說：「放幾個彈彈嚇嚇台灣人」，我不曉得大家的感受如何？

十三、台灣的主權由滿清政府轉讓給日本人

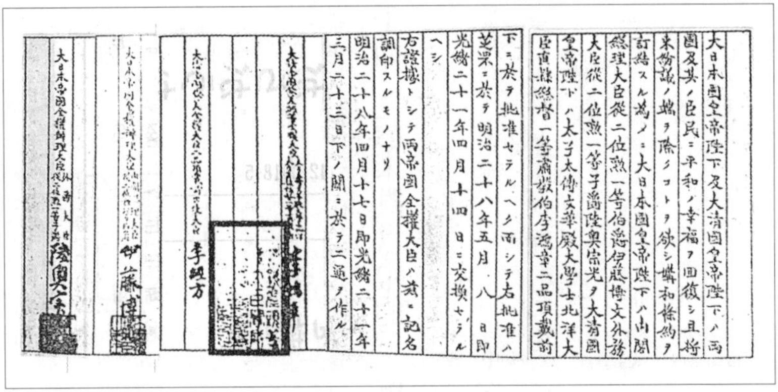

大日本國皇帝陛下及大清國皇帝陛下ハ兩
國及其ノ臣民ニ平和ノ幸福ヲ回復シ且將
來紛議ノ端ヲ除クコトヲ欲シ媾和條約ヲ
訂結スル爲メニ大日本國皇帝陛下ハ内閣
總理大臣從二位勲一等伯爵伊藤博文外務
大臣從二位勲一等子爵陸奥宗光ヲ大清國
皇帝陛下ハ太子太傅文華殿大學士北洋大
臣直隷總督一等肅毅伯李鴻章二品頂戴前

下ニ於テ批准セラルヘク而シテ右批准ハ
芝罘ニ於テ明治二十八年五月八日即
光緒二十一年四月十四日ニ交換セラル
ヘシ
右證據トシテ兩帝國全權大臣ハ茲ニ記名
調印スルモノナリ
明治二十八年四月十七日即光緒二十一年
三月二十三日下ノ關ニ於テ二通ヲ作ル

李鴻章
李經方
伊藤博文
陸奥宗光

中日甲午戰爭，清廷戰敗，派李鴻章與日媾和，簽訂馬關條約，將台灣、澎湖割讓給日本，本圖即馬關條約之正本，一紙和約，換來台灣五十年殖民生涯，思之令人感傷。

中日甲午戰爭，清廷戰敗。雙方於一八九五年四月十七日（光緒二十一年三月二十三日），簽訂馬關條約。正約十一款，在第三款中規定台灣澎湖「永遠讓與日本」，第五款中規定「本約准互換之後，限二年之內，日本准讓與地方人民，願遷居讓與地方之外者，任便變賣所有財產退出界外，但限滿之後，尚未遷徙者，酌宜視爲日本臣民。又台灣一省，應於本約批准互換後，兩國立即各派大員至台灣，即於本約准互換兩個月內，交接清楚。」這是日本正式據有並統治台灣的公文書。

五月八日（陰曆四月十三日），清廷與日本在煙台換約，同時發布批准和約上諭，台灣終於割讓。

可憐的台灣人民，所有的生活方式都要改變了：

1. 開始講日本話。
2. 開始穿和服。
3. 開始將長辮毛剪掉（台灣人有的爲表明對滿清的盡忠，不肯剪掉長髮，不惜與日本人抗爭）。
4. 開始吃壽司、沙西米。

5.你一輩子存的錢都不能用了。

如果，住在台灣的人，不願當日本人，也不願被日本人統治可以嗎？答案是肯定的，你可以搬走去當外國人，如果你沒辦法離開台灣這塊土地，那你只有乖乖的當個日本人吧！

台灣人民被滿清封鎖二百一十二年（一六八四—一八九五），只有在一八八0年代後六年，劉銘傳在台主政期間，才有一系列的現代建設，如興建鐵路，舖設水陸電線，購買輪船，創建郵遞制度，興辦軍火工業，創辦新式學堂等，但在一八八0年以前，台灣如同被人丟棄在廢墟中的孤兒，要死、要活，隨你命吧！人一出生就活在弱肉強食的叢林裏，只有強者才有生存的權利。弱者只有做奴役或等著被人吃，這難道是人活的社會嗎？

十四、清末亂世中的一塊淨土

太平天國自一八五一年興兵以來，歷時十四年，烽火遍及東南十六省、長江下游江浙等省焚燒殺掠尤慘。一八六0年代初，該地不少「著名市鎮全成焦土」「連阡累陌、一片荊榛」「彌望白骨黃茅、炊煙斷絕」。

接著的一八七六—七九年間，華北山西、陝西、河南、河北、山東等省發生空前之旱災，僅死亡人數即高達一千萬人以上，慘況難以想像。因此，一八九0年前，台灣經濟社會之繁富情景，實已非內地許多地方，尤其是前述之華北與大西北等地所可比擬。故曾於一八八八年訪台之美國駐華公使田貝（Charles Denby），在其事後向美國國務院所呈之報告中，即認為台灣在、當時是中國最進步的一個省份。

劉銘傳　安徽合肥人，為台灣首任巡撫，推行新政，對台灣現代化貢獻很大，左圖為劉氏使用之官章。

布政使司衙門

一八八七年台灣建省，下置布政使司，次年，沈應奎在台北西門內建衙署，東西面寬達三十六間，南北三十二間，內有十八棟建築，均為錯綜蜿蜒之廳堂廡廊，規模宏大，是清代台灣最大之官廳。大門前有照壁及東西轅門，主廳為五開間之單簷燕尾式。第二門為儀門，內設吏戶禮兵刑工六部，官員之眷屬住宅亦建在衙署中。

圖為布政使司衙門署之籌防局，屋後旗杆即撫署所在地。籌防局係中日甲午戰爭時，由巡撫唐景崧所設。

台北府城

一八七五年，沈葆禎設台北府，建府城於艋舺與大稻埕之間，一八八四年完成。城廓呈南北長方形，周圍約四公里，城垣以堅石堆砌成牆，中實以沙土，城高一丈五尺，厚二尺，上可通行人馬，城外環以壕塹，並築有東西南北小南五個城樓，各建砲台，為當時台灣最完備之城垣建築，台北府城遂成台灣政治經濟文化之中心。

北門（承恩門）尚未拆除城牆時之北門，全以磚石建造，宛若一座砲台，是城內通往大稻埕主要孔道。城門附設外郭（俗稱甕門），門額刻有「巖疆鎖鑰」四字，城外建接官亭，為迎迓高官大吏之所。

東門（景福門）又稱照正門，此圖攝於一九〇四年，當時城牆已毀，正改做三線道路，昔日是通往錫口（今之松山）主要孔道。

小南門（重熙門）台北城有東西南北四個城門，因板橋地方人士，要求再開一個城門面向板橋，故建此門，為板橋林家捐建，當年係通往艋舺、枋橋（今之板橋）主要孔道。

南門（麗正門） 俗稱大南門，為通往梘尾（今之景美）、新店主要孔道，此圖攝於一九〇八年，日政府正驅使台灣人民拆除城牆，興建道路。日據時期，台北府城之城垣紛遭拆除，石塊改移做台北監獄圍牆，台北監獄遷離後，原址即現今台北金山南路電信局，在其後方仍可見到百餘年前建造台北城之堅石。南門城樓今已無存。

西門（寶成門） 或作寶城門，攝於一九〇五年，斯時城牆已沒，由人群及鐵軌顯示，西門地區相當熱鬧，是艋舺（今之萬華）商業中心地帶，日據時稱西門町。西門城樓今已無存。

台北城垣一隅 城垣是由堅石堆砌而成，上呈凹凸齒狀，方便槍枝射擊。劉銘傳時，城外鐵道係經大稻埕、台北橋到三重新莊桃園，日據時改沿台北西門城外，經萬華板橋到桃園。

劉銘傳魄力展新政

台灣首任巡撫劉銘傳，高瞻遠矚，為使台灣邁向現代化，曾推行多項新政，在百餘年前滿清時代，有此眼光與魄力，殊為難得。新政中，興建鐵路係重要項目，劉氏特別聘請英、德工程師，建造基隆至新竹段鐵路，全長二十六・八哩，工程費用一百三十萬兩，北部交通，一時稱便。

台北火車站，攝於一八九六年。清時稱鐵路車站為火車票房，台北火車票房位於河溝頭街，即今中興醫院院址。當年車站內有候車室、售票處，及倉庫、房舍等。

台北停車場一隅。一八九四年，基隆至新竹段通車，列車每日往返四次，大稻埕霞海城隍聖誕時加開班次，一年五節則停開。（淡水中學提供）

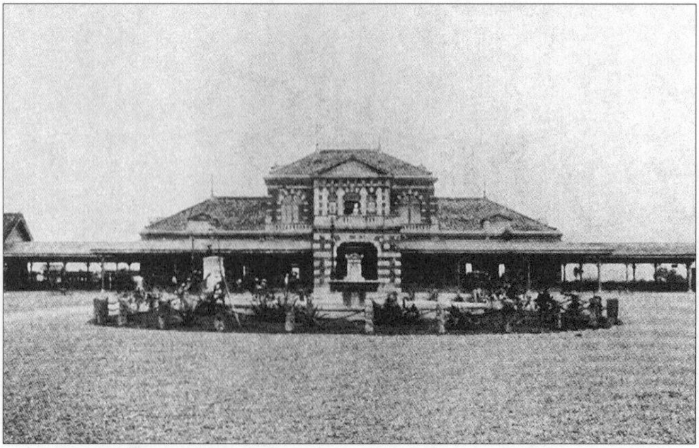

一九〇一年由日人所建之台北火車站。當時稱台北停車場，為兩層煉瓦石造樓房，規模宏偉，堪稱全台第一，斯時淡水線亦已完成，同時舉行啟用典禮，意義重大。

淡水河悠悠話當年

大漢溪（舊名大嵙崁溪）綿遠流長，於艋舺附近匯合新店溪後，始稱為淡水河，經關渡納基隆河再出淡水，最後流入台灣海峽，主流長約一百三十二公里。清時大陸船隻可上溯直抵三峽、大溪，後因河川淤淺，河港移設下游，乃有艋舺、大稻埕之繁榮。淡水河流經台北盆地，昔年譽之為「台北之母」。

劉銘傳興建基隆至新竹段鐵路後，於一八八九年建造橫跨淡水河之鐵路橋，因拙於經費，改造木橋，全長約五百二十一公尺，一八九七年河水氾濫，橋遭沖毀流失。

淡水河沿岸，竹筏、舢板船處處可見，日據時鐵路南段延建至高雄，圖中遠方所見，即橫越淡水河之鐵路橋，全長四百三十五公尺，工程浩大，號稱全台渡橋之冠。

淡水河岸之大稻埕碼頭，船桅林立，洋行矗立其間，台灣米茶等重要出口品，大都在此交易，當年光是「揀茶」婦工即有萬餘人，可見貿易興盛。惟台北府城建成後，大稻埕老市區遂漸沒落。

百餘年前台灣的城市風貌

由這些得之不易的世紀老照片中，我們可以一窺當年各個市鎮不同的街景，從無到有，從簡陋到繁華，都有一段感人的開發史。百餘年前的照片找得到，那麼三、四百年前的呢？那時台灣的市街未曾留下歷史圖象嗎？撫今追昔，正待吾輩加倍努力追尋，或可有新的發現。

大稻埕 傳因此地有一曬稻之大埕（庭）而得名。一八五一年起，台北一帶常有族群械鬥，同安人紛遷移至此。促成市街發達，淡水開港後，茶葉為出口大宗，此地又一躍成為茶葉再製中心，及貿易重鎮。

宜蘭 舊稱噶瑪蘭、蛤仔難，嘉慶十五年設噶瑪蘭廳，曾以莿竹、大芎樹圍成圓形城廓，有四個門，後再改成四個城樓。光緒初年時置宜蘭縣，對外客貨以海運為主，有定期航班。

新竹 昔日稱為竹塹，雍正十五年開始築城，後幾經擴增，周圍達八百六十丈，由磚瓦壁圍成圓形，城外有深廣溝渠，是北台灣最古老的舊都，此地向來風大，而有「竹風蘭雨」之説。

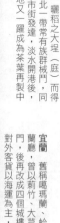

台中　位於台灣中部要區，光緒十一年曾選定為台灣省城，巡撫劉銘傳斥巨資興築，惜繼任者中止工事，遂改以台北為省城。日據初期，也曾以此地位置甚佳，而撥大量經費開發，惟因增殖緩慢，又中途喊停。

鹿港　為台灣中部輸出入港，與中國大陸船舶往來頻繁，一府二鹿三艋舺中，鹿即指此地，後因港口淤沙，大船不能停靠而漸沒落。市街兩側屋瓦相連，猶如隧道，人行其中，晴雨不須傘，晝夜應秉燭，可謂奇觀。

彰化　雍正元年築城，乾隆年間因亂事城毀，嘉慶二年時始漸次修復，改以磚塊砌城。此地原缺水，清時知縣胡應魁鑿古月井，水源始豐，日人據台三十五年後，再斥巨資鑿新月井，市區益見繁榮。

南投　位於台灣中部，東與原住民部落接壤，是台灣城市中，地理位置最高者。日據時，稱為南投街，有鐵路與台中相通，斯時所產陶器遠近馳名。

斗六　清時屬雲林縣。縣治原在林圯埔，但因其地常鬧水災，交通受阻，行政工作上有諸多不便，縣治遂遷至斗六，居民亦隨之增多，造就工商業之興隆。

嘉義　舊稱諸羅縣城，乾隆末年因遇亂事，縣城深陷重圍，幸經官兵義民奮勇抵抗而保全，清廷褒嘉其義勇，故稱「嘉義」。康熙二十五年後，據史籍記載，此地曾發生大地震十數次，建築物迭遭摧毀。

鹽水　為台灣古老市街之一，清初之諸羅縣治，原有在此設置之議。市內有天后宮，係康熙五十五年建造，歷史久遠。此地素以製糖業聞名，圖中所見戴笠挑簍者，即我勤勞刻苦之台灣先民。

台南　係台灣最古老、最發達的府城，數百年來即為政治、文化、經濟、交通中心，市區內商賈雲集，廟宇林立，昔年繁榮之盛況，堪稱全台第一，所謂一府二鹿三艋舺，此府即指台南府城。

高雄　位於台灣南方，在西部縱貫鐵路南端，是台灣南部唯一良港，日據時稱打狗港。港口船隻雲集，帆檣林立，市街工商業興盛繁華。

百餘年前的台灣農村　寧靜安詳

農舍之一　楓樹檳榔樹隨風搖曳，雞鴨牛豬羊徜徉池邊，幽靜絕塵，好一幅世外桃源，住的雖是茅草屋，但求能遮風蔽雨，三餐溫飽，余願足矣。

農舍之二　昔日農家房子，大都呈ㄇ字型，門前有曬穀場和池塘，「我家門前有小河，後面有山坡，山坡上面野花多，……」描述農家景色，誠哉斯言。

農舍之三　當初很少人能燒磚製瓦，因此房子是用土塊積疊建造，上覆以茅草，俗稱「土塊家屋」，這土塊是由泥土和稻草加水混合後凝固切塊而成，雖然簡陋，但尚稱堅固，而且冬暖夏涼，足可棲身。

休憩　工作累了，休息一下，大人小孩在一旁聊天，水牛則喝喝水，甚至泡個冷水澡，不亦快哉。

洗衣物　舊時很少有人家掘井汲水，因此日常使用的大都靠屋旁的溪水，婦人每天的例行家事之一，就是到溪邊或池畔洗滌衣物，夏天還好，冬天冷咧咧，雙手常凍得僵硬難受。

飼養家禽　養鴨人家，正在和鴨子們「對話」呢。雞鴨鵝家禽，性溫馴，易飼養，可自食或出售，台灣農村幾乎家家戶戶都有牠們的蹤影。

百餘年前台灣的耕作——刻苦耐勞，人定勝天

往昔台灣種植稻米，最需要引水灌溉，因此許多與水稻有關的耕作方式及特殊器具，遂應運而生。一百多年後的今天，我們仍可感受到台灣先民的聰明智慧與刻苦耐勞，不禁肅然起敬。

耙田（整田） 水牛在犁田後，必須再耙田除去雜草。牠原產於印度，後由廣東福建引入，性溫馴，能耐苦，很聽主人的話，農家常用來犁田、拉車。

打水（抽水） 農田比水源高時，須使用龍骨車（水車）打水，通常是一至四人，以雙腳踩踏，打水灌溉。

除草 插秧後，須經二至三次的除草，通常閩南人係採跪姿，以雙手運行清除稗草，客家婦女則採立姿，以雙腳除草，由於此一時期正逢夏日炎暑，故須撐傘遮蔽驕陽。

打穀（脫穀） 割稻後，須用打穀機將穀粒打落，然後再曬乾碾米。當時所謂的打穀機，構造相當簡單，是用一個大木桶，三面圍著麻布，桶內置小竹梯，以手抓稻禾往桶裡摔打，穀粒自然脫落。

曬穀、去雜 稻穀經烈日曝曬四、五天後，必須倒進風鼓機裡，以手搖動葉片，產生強風，將不實穀粒及雜物吹走淘汰。百年後的今天，台灣農村仍然有人使用風鼓機去雜。

搗米 稻穀經碾壓後而成糙米，去殼的糙米則置於臼中，以杵搗之，最後篩去米糠即得白米。所謂「始知盤中飧，粒粒皆辛苦」，當可得到明證。

百餘年前的台灣製糖業相當發達

自古以來，製糖業在台灣占舉足輕重之地位，一六二四年荷人占據時，糖已是主要出口貿易商品，其後更躍居台灣最大產業，日據時，日本國內所需之糖，全由台灣供給。

糖廍　看似燒木炭的「炭窖」，其實是舊式初步處理甘蔗的「糖廍」，台灣先民就是靠著這種方式和刻苦毅力，打下糖業的一片江山。

載運　一八九〇年代，載運甘蔗都靠水牛車隊，仔細看它的輪子，全由木頭組成，可說是一大特色。

製糖　甘蔗載到糖廍後，即進行壓搾、煎煉、煮沸、結晶……等過程，而製成粗糖（黑糖），製糖的主要動力，大都靠水牛。

百餘年前的台灣製茶葉　馳名世界

台灣出口大宗。烘焙製作的茶葉有很多類，其中以烏龍茶品種最優，包種茶亦有獨到之處，深受海內外人士的喜愛。

採茶　婦女腰間緊繫茶籠，以雙手採摘嫩葉數片後，再置於籠中。約過一段時間，會有專人來收集，並賣到製茶工廠。客家婦女採茶時，常聞山歌嘹唱，聲遍山野，俗謂之「採茶歌」。

製茶　茶葉經室外日乾後，再經室內之萎凋、釜炒、揉捻、乾燥……等手續，製成粗茶，粗茶須另經特殊處理變成「細葉」，方可飲用。

茶莊　舊日台北大稻埕為著名茶莊集中處，每天來此「選茶」者。據聞達一萬人以上，而選擇茶品的工作，大都由婦女擔任，她們可說是茶葉外銷的大功臣。

百餘年前台灣的樟腦——主要特產，世界第一

樟腦樹是台灣特有的植物，樟腦產量高居全球之首，是老天賜給台灣人最好的禮物，依據日據初期統計，腦灶總數五千六百多個，腦丁約一萬人。

腦寮　就是分離山樟腦（粗製樟腦）與腦油之場所，寮裡有蒸餾、冷卻……等設備。由於須同時顧及原料採集、水源、搬運等問題，因此在深山內，不易找到適合建造腦寮之場所。

削片　樟腦樹經砍伐後，將樹幹削成小片片，以方便蒸餾時抽出腦油，這工作，手腕手掌的力氣要很大。

蒸餾　樟腦樹削成木片，經蒸餾的手續，才能將山樟腦與腦油分離。圖為設在深山裡之蒸餾設備，可說是製造樟腦的第一個步驟。

冷卻　冷卻設備分為上下兩槽，冷卻後，可分成粗腦和腦油，搬運到專賣局台北樟腦工廠後，即精製成可供使用之樟腦。

百餘年前　台灣的製鹽／捕魚

據史書記載，清乾隆初年，漳泉移民將製鹽技術帶來台灣，南部西海岸是主要生產地，由於產量大，除供應本島所需，還可外銷。至於捕魚業，由於台島四面環海，是沿海居民主要生計之一。

鹽田　也就是俗稱的天日鹽，海水引入田中，經曝曬後即可變成粗鹽，再送到工廠則可製成細鹽。

鹽山　由於天日鹽產量甚豐，往往堆積如山，號稱鹽山。如逢雨天，就必須拿茅草、稻草等覆蓋。

捕魚　竹筏構造簡單，它只浮不沈，也不怕狂風巨浪，是捕魚最佳搭乘工具，如支架起帆布，又可做沿海運輸之用。

百餘年前 台灣的交通（陸上）

除基隆到新竹路段有火車行駛外，大部份地區交通都很不便利，往來幾乎全靠雙腳，至於官員胥吏、有錢人家，或老弱婦孺，則可搭坐轎子，在往昔，轎子可說是台灣陸上唯一的交通工具，它也因地形的不同，可分成三種。

轎子一（平地轎） 以竹、籐製作，四面有窗，由前方上下乘降，通常往來於村落之間，富貴人家才坐得起，新娘子亦可乘坐做為花轎。

轎子二（山地轎） 由籐椅子和兩根大竹子製成，上下方便，適合在山上狹隘小路使用，圖中所示，即有名的阿里山轎。

轎子三（台東轎） 台東地方，大多需要跋山涉水，轎子構造更為簡單，用竹片縛成座椅，加上一根大竹子，就將人扛著走。

百餘年前台灣的交通（水上）

通過河川窄小的兩岸，居民就地取材，搭建各式各樣的橋樑，包括竹橋、木橋等，而河川中下游較寬闊地方，以及台灣島近海沿岸，則製造形形色色的船隻，包括竹筏、木舟等。

竹筏　台灣特有的竹筏，通常可坐三、五人，是南部港灣間運搬客貨的主要交通工具，由於它不易沉沒，又可架帆順風而行，因此尚稱便利。

竹橋　這種橋在濁水溪上常可見到，構造相當獨特，使用的都是粗長的竹子，架成半月形後，再以籐條繫牢。不過它搖幌得很厲害，也易遭大水沖走。

渡舟　由圖可知，這種船隻構造相當簡單，卻是大河川及近海主要水上交通工具，可乘載一、二十人，圖攝於一八九〇年。

十五、當年桃太郎眼中的福爾摩沙

以台北是台灣最大城市，人口有四萬六千人，依日本衛生隊實地調查紀錄如下：「房屋四週或院子流出不清潔的污水，或各處積水成池沼，或居民和豬狗雜居，或雖往往有公廁設備而到處排泄糞便。唯市內據說和日人鑿井（劉銘傳時代）有關的噴水，以鐵管供應飲水，但桶器極為不潔，好像他們的頭腦和眼裏對不潔毫無認識。娼妓四處出沒，感染惡性梅毒已達第三期，侵及骨髓者市內甚多……」

這個紀錄報告和廿世紀國民黨佔據台灣及共產黨統治大陸，在環境衛生的清潔方面有什麼不一樣呢？

當時的台灣瘟疫非常猖獗，如霍亂、瘧疾、赤痢、傷寒、腸炎、腳氣症，死亡第一位是瘧疾即風土病，日軍登陸澎湖約六千零九十人，發生霍亂死亡達一千二百四十七人，而在台灣保持健康者僅及五分之一而已。

當時台灣人的教育程度之描述：

「……教育甚為落後。居民的學識極為淺薄，這也是當然的現象。因移民大部分是勞動階級和原為勞動階級的商人，他們為每天的生活所迫，沒有時間求知。

汲汲於追求和維持財富的商人，沒有多餘的精神用於學問。在大陸大家都很熟悉的讀書人（他們為文化而且靠文化而生存），在這裏沒有地位。

先民文化水準低落，何以致之

農民和苦力未受任何初步教育。商人會看書寫字，但知識程度只限於簿記或商業書信的讀寫，超越這個範圍的少之又少。

文學和藝術在對此抱有敵意的這個地方未曾生根，當然更談不上興隆。

……百分之九十的男子目不識丁。男子已經如此愚昧無知，所以女子的教育水準更低也不足為怪。」

再看看當時的一般社會狀況：二百五十萬人口中，吸食鴉片者，根據一九〇〇年（明治三十三年）的調查，還有一六九、〇六四人之多。

耕地面積四三一、八九二甲，所收地租八六〇、七〇六圓，其中稻作面積二十萬甲，收穫稻米一百五十萬石。其他的主要產物有年產八十萬擔（一擔六十公斤）的砂糖，出口一千三百萬斤的茶，十萬磅的樟腦。

鐵路有基隆新竹間的超窄軌鐵路六十二英哩，道路只有銜接村莊和村莊的村級道路，銜接市鎮和市鎮的縣級道路則一條也沒有，雖說有郵政，台北恒春間要費七天半時間……。

由日人以上的描述，已是滿清統治下全中國最進步的台灣省，竟仍然是如此不堪，不知要如何看待才好？這就是台灣沒有自己主權的悲哀。

燒龍船　祭祀拜拜，常有在海邊燒龍船的習俗，在屏東東港，則稱之為「燒王船」，屆時鑼鼓喧天，熱鬧非常，是當年農業社會民間舉行慶典後的壓軸好戲。

市集　這是嘉義朴子街市集景觀。朴子建有配天宮（供奉媽祖），與北港朝天宮齊名，每年農曆一月十五日元宵，有定期廟會市集，來自各地的產品在此交換買賣。

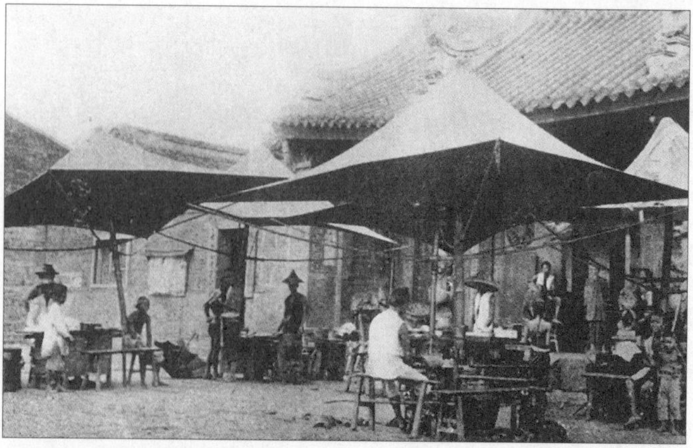

攤販　在熱鬧市街道路旁，以簡易方式搭起帳篷，擺幾張桌椅，就做起生意來，吃喝玩樂都有，它具有輕便性、流動性，但也容易造成髒亂，或成治安死角。

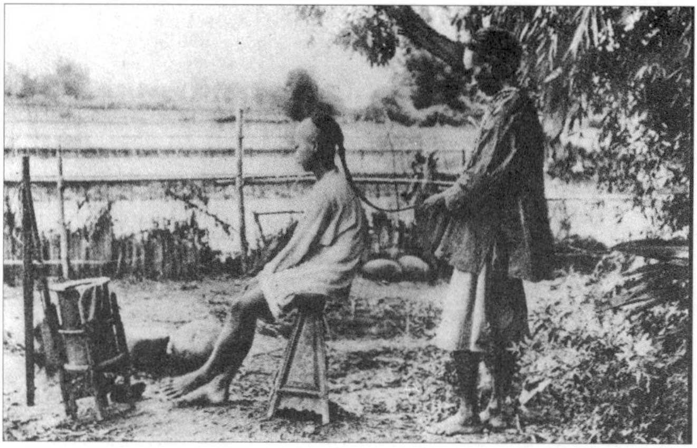

穿著　留辮子、穿長袖、打赤腳是台灣人由來已久之風俗，不過，隨著西班牙人、荷蘭人、鄭氏父子、清朝、日本人的統治，許多風俗習慣也常隨著改變。

理髮　舊日理髮，可在室內，也可在室外。百多年前的室外理髮，師傅準備簡單器具，一根扁擔、幾把椅子，就可展開「頂上功夫」。

吸食鴉片　一九〇八年日據初期，調查發現台灣吸食鴉片者達十二萬五千餘人，染上習慣後，身體虛弱即成廢人。另也有不少人吸煙，上流人士用水煙筒，勞動階層用煙管。

第五章　台灣主權的空檔期，台灣人民繼續爭取主權

滿清將台灣主權轉給日本人，日本雖擁有了台灣主權，但還未登上台灣島，還未發佈一條法令，還未實施他的統治權，在這段主權空檔期間，台灣人民做了什麼？

一、成立屬於滿清的台灣民主國

滿清將台灣割讓給日本，消息傳來，全台震驚，適有兩江總督兼南洋大臣張之洞之親信王之春正在巴黎停留，由巴黎電告張之洞，略以普法戰爭中，普向戰敗法國索取阿爾薩斯與洛林兩省，法即以該兩省人民不願歸普爲由拒絕案例，張之洞立即將之電告唐景崧，並謂「中國可援例，聽台灣民自便等語」。在一八九五年四月底，台地紳民在所呈血書中則引用當時國際公法中「割地須商居民能順從與否」之觀念，以尋求國際援助。

五月八日，中日雙方在山東煙台互換合約，中國將台灣割予日本已正式換約，割台難予挽回，於是唐景崧請來陳季同相助策劃外交事宜，陳氏畢業於福州船政學堂，精熟法語及政治法律，曾任中國駐法使館參贊及代理公使，五月二十一日，陳拜訪在淡水停泊之法國艦長，洽談保台乙事，次日法艦長拜訪唐景崧時云：「出兵相助恐力有不及，然台灣自立較易辦」，「爲中國爭回土地則難，爲台灣保民則易，必須台自立，有自立之權，法即全權來台定約」。

事後，陳氏即散播台灣將可因自治而獲得法國保護之消息，所以唐景崧於一八九五年五月二十五日以台地紳民名義成立台灣民主國爲策略，欲力挽台灣割讓予日，待避過此風頭，台灣

台灣民主國年號「永清」，國旗之設計為「藍地黃虎」，在在顯示其心存祖國（滿清）。

唐景崧是台灣民主國的總統，文人出身，日軍攻占基隆後，唐竟擅自離職，不戰而逃。

即重歸滿清，從唐景崧電文「遵奉正朔，遙作屏障」，「商結外援，圖復台灣」「……但有一線轉機，仍歸大清」中可知。

空有虛表，未見實名

台灣民主國雖微具西方民主國家外貌，然它既非革命產物，亦非獨立運動成果，其創建及支持者對當時台灣根深蒂固之近代封建社會與政治情況，並未謀求基本改革，也未主張諸如平等、個人權利與選舉等基本觀念，彼等祇是引入少數幾項政治上新名詞措施，例如設立總統府和一個相當於內閣之中央行政機構及成立議院而已。除此之外，所謂民主國政府無異建立於當時之清朝行政結構上，其官制與名稱悉如清制，即唐景崧奏報清廷及行文各省之公文，亦仍用開缺本銜及台灣巡撫關防，其年號爲「永清」，其國旗爲「藍地黃虎」，亦均顯示其與滿清密不可分之關係。

因此，台灣民主國之成立可說是當時在台官紳企圖

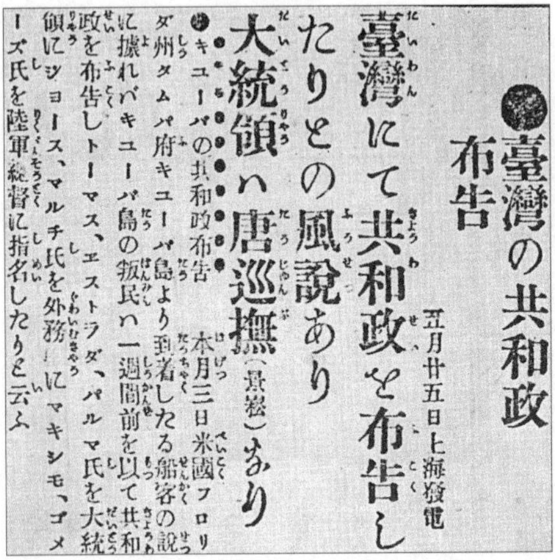

●臺灣の共和政布告

臺灣にて共和政を布告したりとの風說あり

五月廿五日上海發電

大統領ハ唐巡撫（景崧）なり

●キューバの共和政布告　本月三日米國フロリダ州タムパ府キューバ島より到着したる船客の說に據れバキューバ島の叛民ハ一週間前を以て共和政を布告しトーマス、エストラダ、パルマ氏を大統領にジョース、マルチ氏を外務にマキシモ、ゴメーズ氏を陸軍總督に指名したりと云ふ

馬關條約將台灣割讓給日本，台灣即布告「獨立」，成立了台灣民主國，日本報紙報導這一訊息。

從日本手中搶救台灣的一項外交設計，其目的在以台灣之利權作爲交換條件，俾引藉第三國插手干涉台灣問題，逼使日本放棄台灣。故此一訴諸第三國之干涉，企圖改變馬關條約割台條款之構想，是成立台灣民主國之一重要理念。根本不是真正追求台灣主權獨立，只是一種「歷史鬧劇而已」。

二、台灣民主國總統潛逃

日本於一八九五年五月二十九日下午二時開始登陸澳底，當時澳底由募集義勇二營駐防，成軍僅三日，聽日軍整齊行軍腳步聲，不戰而逃。

六月一日，日軍經過三貂嶺，當能久親王見該地高山聳立，雲霧瀰漫，窄徑如梯，形勢險絕，乃高嘆：「此地一卒當關，萬夫莫敵，淸兵若擲一營之眾，堅以抗拒，我軍必陷進退維谷之境，今棄之不守，實我軍之大幸也」。

當時台灣有位身經百戰，輝煌戰功，抗法名將劉永福，又有主持全國義勇團練的丘逢甲來輔助唐景崧，實

台灣近代史上，戰功彪炳的黑旗軍終極將領劉永福，曾多次與日軍交鋒，令敵人聞之膽寒。

抗日義軍統領丘逢甲，標舉民族大義，捍衛台灣主權，可惜孤臣無力，壯志未酬。內渡後有子取名「念台」，足見其愛國情操。

是台灣的大幸，無奈唐氏心胸狹窄，容不下劉永福等將才，在日軍進佔澎湖之際，兩人即意見不合，唐氏刻意將劉調離台北留駐台南，使日軍可似輕騎進台北城，毫無設防。

當日軍攻佔基隆，總指揮官俞明震及副手張兆速、李文奎等率潰兵奔回台北請唐總統往八堵坐鎮，作爲死守台北之計。文士出身的唐景崧不敢前往。於是李文奎馳入總統府大叫道：「獅球嶺已失陷，非大帥督戰，諸將不用命！」膽怯的唐景崧見其來勢洶洶就悚然而立，急將桌上的軍令架擲下說：「軍令俱在，好自爲之。」李文奎隨即低頭拾取軍令箭，但一抬頭已不見唐的蹤影了。唐某退入屏後即放棄民主國總統金印，只攜帶巡撫印，擅離職守，奔走滬尾（淡水）打算乘外國船溜之大吉了。於是台北隨即陷入可怕的無政府狀態。

六月四日晚，唐景崧奔逃淡水德商忌利士洋行（Tait）後經化妝躲往汽船亞士輪（Arthur），欲混隨難民離台，然該船爲岸上滿清駐軍散兵等所阻，事經交涉賄賂幾經折

騰，方於六月六日上午八時左右，在德國砲艇伊爾地士號（Iltis）護送下出海，唐景崧乃安然逃抵上海（亞士輪，即爲劉銘傳於一八八八年所購之駕時輪、鋼質、長約七十六公尺、時速約十五海浬，爲當時中國最快速汽船之一，從事台灣與大陸間之運輸，中日交接台灣時，台灣當局已將其移籍德國商行，懸掛德國國旗，民主國瓦解後，被呈繳兩江總督）；台紳義軍統領丘逢甲與提督林朝棟亦隨即相繼內渡。才成立十天的台灣民主國就隨著十日總統的逃走而夭折，遇到國家有難主宰國家命脈的大官們紛紛逃走，此自私自利是中國人當官要訣：「太平時貪污，戰爭時逃命」的最好寫照。

三、台北市民第一個交出台北主權

日軍已攻陷基隆，戰敗清兵紛紛奔向台北城，一時城中大亂，散兵亂民群起劫掠，屍橫遍野，道路不通，台北城陷入一片混亂，商人素來要求安定，唯有安定才能做生意，於是台北市商人聚會請日軍儘速入城鎮撫，大家寫好請願書，卻無人敢去投遞，此時辜顯榮自告奮勇。

六月七日凌晨，三木少佐率其三木大隊進入台北市街。

次日，近衛第一旅團長陸軍少將川村景明率軍入台北城。

十一日，近衛師團長北白川宮能久親王進駐台北城。

六月六日，台灣總督樺山資紀等一行乘橫濱輪抵基隆，十四日下午抵台北火車站，隨即於十七日下午二時在台北城外練兵場，舉行閱兵式，四時在巡撫衙署舉行總督府始政式，宣布開始統治台灣。

由於辜顯榮的開城引導，日軍未發一槍一彈，即進入台北城，一週後，總督樺山資紀宣布統治台灣。

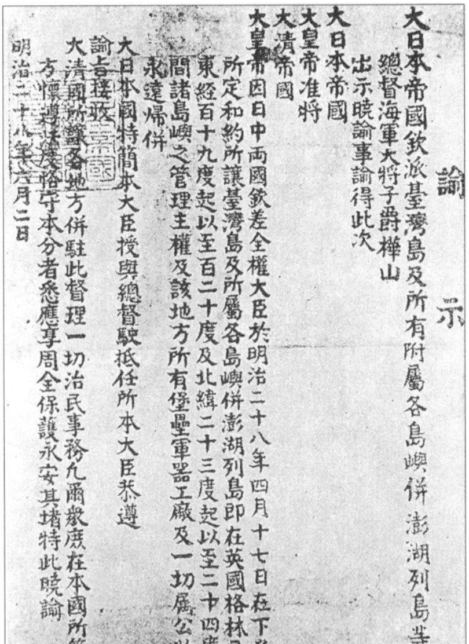

諭示

大日本帝國欽派臺灣島及所有附屬各島嶼併澎湖列島等
總督海軍大將子爵樺山
出示曉諭事諭得此次
大日本帝國
大皇帝准將
大清帝國
大皇帝因日中兩國欽差全權大臣於明治二十八年四月十七日在下之
所定和約所讓臺灣島及所屬各島嶼併澎湖列島即在英國格林尼
東經百十九度起以至百二十度及北緯二十三度起以至二十四度
間諸島嶼之管理主權及該地方所有堡壘軍器工廠及一切屬公物
永遠歸併
大日本國特簡本大臣授與總督駛抵任所本大臣恭遵
諭旨接政
大清國所讓各地方併駐此督理一切治民事務凡爾衆庶在本國所管
方懷遵法令恪守本分者悉應享周全保護永安其堵特此曉諭
明治二十八年六月二日

這是日本「接收台灣」、滿清「放棄台灣」的公告。一紙諭示，使得台灣人民從此展開一連串的抗日運動。

一八九五年五月二十九日，北白川宮師團長所率之近衛師團，由澳底登陸，隨即在海邊設營。後在嘉義染上熱病而死，但民間傳說係遭抗日志士所殺。

成立不過十天的台灣民主國，也有模有樣，右圖為民主國郵票，左圖為民主國「玉璽」。

四、台灣主權隨著領導中心移轉到台南

台灣民主國瓦解後，抗日領導中心乃轉至台南。六月底台南紳民再三推戴劉永福爲總統，並呈上「台灣民主國總統之印」，但均被劉永福拒絕，而在其與軍民歃血爲盟之盟約中，劉永福更是明明白白地表示其效忠滿清之赤誠稱「永福承天子命幫辦台防，聞和議已成，遂終朝隕泣」「改省爲國，民爲自主，仍隸清朝」「爲大清之臣，守大清之地，分內事也，萬死不辭」。

往後，劉永福以其孤忠與威望統領各路義軍（包括新楚軍、黑旗軍、台民義勇軍甚至匪首）抗日，在餉缺械舊或訓練不足之情況下，義軍以身報國，效死疆場，委屍骨於台地荒煙蔓草之間，從而遲滯日軍南進達四個月之久。直至十月中旬，日軍兵臨台南城下，兵窮食盡之最後關頭，劉永福方離台內渡，至此，台灣民主國正式宣告滅亡。

五、辜顯榮是利用或出賣台灣主權

辜顯榮，一八六六年生於鹿港，一九三七年卒，辜

氏於一八九五年六月七日陪日軍前哨軍隊進入台北城，就此登上台灣的歷史舞台。

有關他迎日軍進城，至今有人指爲賣台行爲，但持平而論，他手中並無一兵一卒去投靠日軍，而當時的台北城已陷入無政府狀態，日軍進城已是輕而易舉的事。

最值得爭論的是：他在一八九六年即獲日人所頒「勳六等」獎，及樟腦鴉片與菸葉專賣權，一八九九年獲台灣總督府食鹽專賣權，一九０二年獲二林鹿港地方官有地一千五百甲，一九０五年獲阿緱（高雄）地方官有地一萬甲及鹽田許可面積四百七十四甲，一九０七年在總督府強權撐腰下，強佔並控制彰化廳南靖埔莊、斗六廳麻園庄與旅瓜寮、嘉義廳潭底庄，其他頂寮庄連交厝、二林上堡竹頭仔庄與馬芝保崁仔腳庄等處之大田園，且仗勢吞併各處糖廍，而開始從事製糖業，亦即在短短的十二年間，辜顯榮搖身一變爲台灣第一之大地主及大財閥。

在歷史的驗證上，統治者給予被統治者這樣大的恩惠和優厚，被統治者非對統治者盡忠職守不可，而且必須唯唯諾諾，鞠躬哈腰，全心全意投統治者心中所好，處心積慮地奉獻出各種計謀，否則無法達到此境界。

當日軍擬攻嘉義城時，辜氏教日軍「嘉義人好義、好鬥，若要攻破嘉義，只能用大砲猛攻」，日軍依計用所有各砲陣，砲轟嘉義城，把嘉義炸得天崩地裂，當時守城黑旗軍，死傷無數。日軍攻城與黑旗軍踩在屍體上進行肉搏戰，終被攻破。

當時台灣人痛恨日本人，於是到處有殺日本人的義民軍，辜氏爲替日本人盡忠職守，甘爲效命驅馳，於是向日本提出實施保甲制度，以台制台的策略，即住民十戶爲一甲，十甲則成一

專賣局

原位於台北南門外之專賣局，有其歷史沿革。一八九五年，製藥所開始製造鴉片，斯時台灣吸食者計十二萬五千多人。一八九八年設鹽務局，當時年產量達一億萬斤，除部份內銷外，大都銷往中國大陸及其他國家；同年又設有樟腦局。一九〇一年，上述三單位統一成立專賣局。一九〇五年，煙草也加入專賣陣容。

短短十二年間，辜顯榮由一沒沒無聞之輩，竟在日人恩寵下，取得樟腦、鴉片、煙葉、食鹽之四大專賣權，後又插足製糖業，搖身一變成為台灣第一大地主及大財閥。

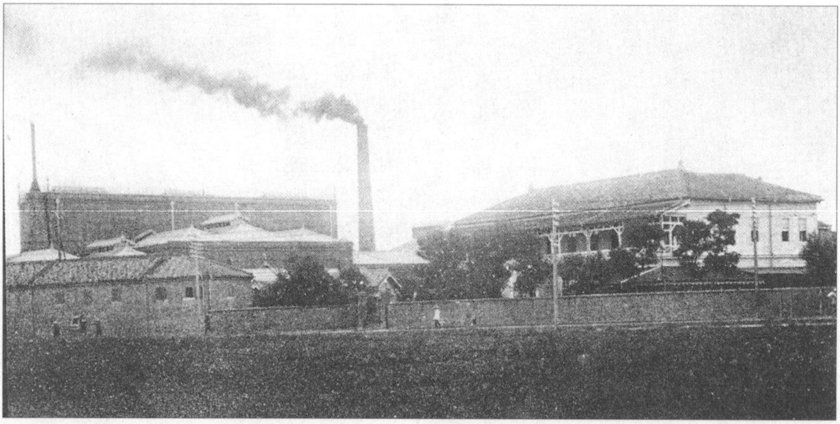

右邊為百餘年前之專賣局，左邊為樟腦工廠。

食鹽生產過剩，常放在野外，堆積如山（右圖），工人正在赤膊製作鴉片（左圖）。

日據時期專賣局煙草工廠，位於台北火車站後面，即前建成國中舊址。

位於樹林的製酒工廠，全採用台灣米、台灣水釀造，由於台灣水屬於「硬水」，所以釀成的酒，品質優良。

台灣製糖業發達，在世界上舉足輕重，圖為帝國製糖台中廠（當時全台共有十四社二十八家工廠），攝於一九三〇年，雖非百年前所建，但可窺知當時製糖工業鼎盛之一斑。

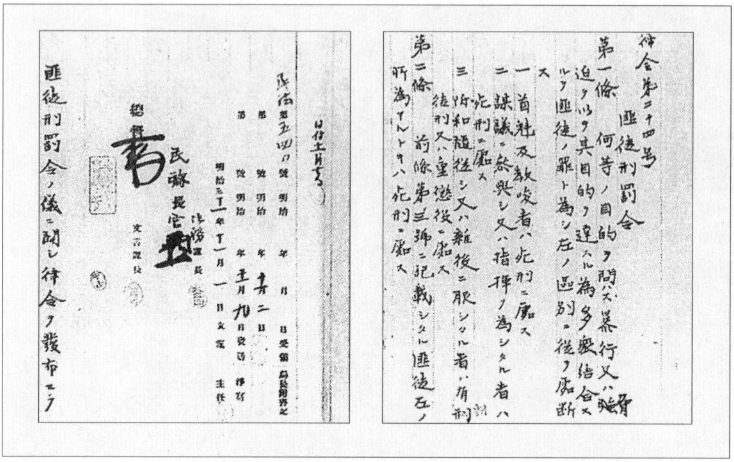
律令第二十四號
匪徒刑罰令
第一條 何等ノ目的ヲ問ハス暴行又ハ脅迫ヲ以テ其目的ヲ達スル為多衆結合スルヲ匪徒ノ罪ト為シ左ノ區別ニ從テ處斷ス
一 首魁及教唆者ハ死刑ニ處ス
二 謀議ニ參與シ又ハ指揮ヲ為シタル者ハ死刑ニ處ス
三 附和隨從シ又ハ雜役ニ服シタル者ハ有期徒刑又ハ重懲役ニ處ス
第二條 前條第三號ニ記載シタル匪徒左ノ所為アルトキハ死刑ニ處ス

總督
民政長官
匪徒刑罰令ノ儀ニ關シ律令ヲ發布セラ

一八九八年十一月，台灣總督府頒布「匪徒刑罰令」，台灣人風聲鶴唳，動輒被殺。

保，甲有甲長，保有保正，保甲內的居民行連坐法責任，共同阻止反抗日軍的勢力，同時徵集十七歲到五十歲間的居民，組成壯丁團，由警察發給武器，在警察訓練指揮下討伐義民軍。

由於此獻計，日本統治台灣的方式而有所改變，從原先以軍部爲中心的統治方式轉由文官統治，對於抗日的義民軍也從原先以軍隊討伐的政策轉變成以警察爲中心，進行軟硬兼施的招降政策，一八九八年十一月，總督府更頒佈匪徒刑罰令，不問抵抗官憲的舉動是「已遂」或「未遂」，一概處予死刑，可憐的台灣人命不值錢，動輒被殺。

義利忠奸，你我了然於胸

一九二三年十一月在日本統治當局蓄意的安排下，辜氏組成台灣公益會，並當起會長，在各大報紙刊登廣告，指林獻堂等人所領導的議會請願運動（台灣文化協會），並非真正台人的意願，其意在對抗台灣如火如荼

的民族運動，因爲其不是台灣人的本意，所以得不到島內大多數人的支持。

由於此廣告一登，被當時富有民族意識的台灣人，紛紛指責辜氏受台灣總督府特別照顧保護，享受特別權利，阿片、酒、煙草、鹽、糖，無一非日本政府所賞賜的，因辜顯榮是總督府之走狗，而能與總督府共謀剝削我民之自由與膏血。如此，走狗、漢奸之名因而遠播，當時民間流行的歌謠是：

辜顯榮比顏聖（甘地）　蕃薯簽比魚翅　破尿壺比玉器

此歌謠比喻貼切而傳神。

辜顯榮晚年正值中日關係惡劣時段，日本以船堅砲利的現代武器侵略中國，辜氏爲報效日本人，自己又身爲華人，因而擺出當仁不讓的態度，積極介入扮演斡旋魯仲連的角色。當時的中國正四分五裂，辜氏以送禮、捐輸資金接觸中國的重要人物包括蔣介石、馮玉祥、汪精衛、杜月笙、陳儀、陳炯明等，穿梭敦促中日親善的結果，自要呈報日本各大員，晉見層級最高的日本軍參謀總長，爲辜氏生前的顯達富貴劃下句點。

無獨有偶，目前台灣受制於中國，我們的總統無法像別國元首，自由自在來往於國際社會。當兩岸官方首度授權正式於新加坡會談時，台灣的代表正是辜顯榮的兒子辜振甫。後來，台灣與中國代表正式在北京會談時，和江澤民平起平坐，一來一往的也是辜振甫，我們只希望，當在談到攸關台灣主權議題時，辜振甫能效法他的父親對日本人盡忠職守的精神轉移來善待台灣全體人民，並以鞠躬盡瘁真誠的心來奉獻給台灣，則台灣人民幸甚！

六、強悍的台灣人民軍如何爭取台灣主權

根據翁佳音之台灣人民武裝抗日史研究，自一八九五年五月二十九日日軍登陸澳底以後，台灣人民武裝抗日的次數不下千百次，幾無一日不爲之，一次比一次壯闊，一次比一次慘烈，充分顯示台灣人「打死不退」的革命精神。

台灣人武裝抗日的情形，詳見**附錄二、附錄三、附錄四**。

革命，以武裝攻擊有統治權的政府，是要殺頭，要死人的，但是爲了不受日人壓榨欺凌，我們竟然發現我們的祖先們，似乎對於砍頭或賠掉生命不在乎，只要他們認爲這個統治他們的政府很賭爛，不夠資格，他們就有起而消滅之浩然正氣，其行爲真是令人佩服，其精神更是偉大，可是現在他們的子孫們，天天聽到中國人用恐嚇的口氣說：「台灣，你敢獨立，我就把你們打得稀巴爛」，「你們的子孫爲何都已偷偷地去換美金移民去了。」時代不同，真有天壤之別。

日人據台時，反抗從未停歇

台灣是個移民的社會，每個移民來到一個完全陌生的環境，爲求生存，只有依附祖籍居地相同的村落，同鄉自然親如骨肉，大家都可互相呼應協助，如現在的汐止，新莊、清水、梧棲、鹿港、北斗、及北港，在當時這些祖籍百分之九十以上都是泉州人，因而自然形成泉州莊。桃園市，羅東，宜蘭市、南投、斗六、西螺等其祖籍百分之九十以上是漳州人，自然形成

漳州莊。

新埔、關西、楊梅、竹東、苗栗、東勢、美濃等其祖籍百分之九十是廣東省，說客家話，因而形成客家莊。

移民因血緣關係凝結成群眾力量，有時族群漳州莊和泉州莊或客家莊或台灣原住民，都會因利害關係而發生械鬥，但當大家面對共同利益時，都能團結合作，共同抵抗共同的敵人。

除血緣關係外，台灣移民社會還有一個特別的現象，那就是集異姓之人，歃血而盟，結拜爲兄弟，以一人爲大哥以求患難相助。

這樣一個到處講血緣、講情感的社會，是個非法治的社會，這也可說，滿清佔據台灣，對台灣人的各種生活發展，根本放任不管，因而形成生活在一起的人，必須自己想辦法來參加各種結社，以求保身。在平時，每鄉都有練鄉勇，以維持治安，還有入山採伐樟木者，均自備有警備武力，這些都是反抗日軍的最基本力量，加上劉永福黑旗軍的勇猛善戰，自然而然那些人都憑著不肯受日本人管的台灣意識，在台灣的土地上流下自己一滴滴愛台灣的鮮血。還有日人佔據台灣，對台灣人的暴戾兇殘，對台人財產的搶奪劫佔等等。以下就是他們武裝抵抗日本所流下斑斑的革命血跡。

(一)日軍正式登陸澳底，開始受到台灣人民的抵抗

日軍在毫無抵抗下，就順利登陸了澳底，在五月三十一日，日軍先頭部隊與人民軍吳國華部眾相遇於瑞芳小粗坑附近，人民軍據地利以猛烈火力向日軍射擊，日軍傷亡頗

重，人民軍並乘勝追擊，後因人民軍發生內鬨，瑞芳小粗坑又被日軍佔領，九份、基隆相繼失守，最後台北城也陷入日軍手中。

六月十二日，日軍偵察隊，循鐵路線向新竹一帶偵察，抵達楊梅鎮，突遭姜紹祖、鍾石妹、胡嘉猷等所率大批人民軍之銳勢圍攻，日軍死傷七十餘人。（當時人民軍所使用的武器是大刀與長矛）。

日軍另支增援部隊亦遭人民軍襲擊而困於大溪鎮，得滿清記名提督余清勝（安徽省六安縣人）之協助，方脫困，七月初，余清勝再三請日方護送離台，不久余清勝率四百六十二人抵淡水，搭乘日方為他們所備船隻返回大陸，畢竟不是台灣人，何必為台灣這塊土地犧牲生命呢？余清勝在台應是大清大將軍，軍人不能戰死沙場，竟然暗中通敵並向日軍求降，實無軍中倫理也。

(二)台灣人民軍發動新竹抗日戰爭

由於日軍偵察隊及增援部隊，均被困在桃園，於是日軍於六月十九日再由步兵、騎兵、野戰砲兵、機關砲隊等組成千人自台北出發，當到達桃園平鎮鄉、楊梅、新竹湖口鄉等處，遭姜紹祖（新竹縣北埔鄉人，時年二十二歲）、胡嘉猷（安平人，清五品官）、鍾石妹（竹北豪商）、吳湯興（苗栗縣銅鑼鄉客家人、時年三十六歲）、徐驤（苗栗縣頭份鎮客家人秀才，時年三十八歲），所率人民軍猛烈攻擊，楊梅因戰火波及，到處起火，建築物焚毀大半，湖口二百餘戶店坊亦瞬息間俱成焦土。

台灣人素有「打死不退」的精神，人雖已被俘押往刑場，但仍展現堅毅不屈、視死如歸的男兒本色。（圖為ビゴー畫，「グラフィック」）

新竹城雖被日軍所攻陷，但城郊各莊鎮以及新竹與台北間之交通線，完全掌握在人民軍手裏，人民軍連番出沒於新竹沿道山間，破壞鐵路電線並隨時突擊駐守日軍，依竹越與三郎（台灣統治志）記載：「不論何時，只要我軍一被打敗，附近村民便立刻變成我們的敵人，每個人甚至年輕婦女都拿起武器來，一面呼喊著，一面投入戰鬥，我們對手非常頑強，一點也不怕死」。

由於日軍在北部受到人民軍激烈的抵抗，於是日軍只好放棄安平登陸及迅速南下的計劃，將支援南部之六千名日軍改調回北部支援。

㈢日軍在大溪展開屠殺

七月十七日約八百名日軍於台北縣三峽突遭數千客家人民軍群起攻擊，雙方展開激烈戰鬥，結果客家人民軍死者逾八百人被俘一百五十人以上，日軍則死約二百人，傷約八十人，而在大溪附近的日軍，亦遭人民軍圍攻突擊，結果日軍受重創，死傷不下二、三

在兵荒馬亂的年代，到處可見燒殺搶掠，這都是日軍犯台所造成的惡果。（「倫敦畫報」一八九五年元月號）

百人，於是日方決議，下令將大溪及其附近各地房屋全部予以燒毀，並在撤回台北的沿途，凡可以火焚者悉不留餘，皆付之一炬。大溪原爲四萬人左右之繁榮市街，歷此戰火洗劫後，其殘存者多數爲窮民，住無家屋，食無口糧，更無生機。

㈣三峽大屠殺，死屍遍地

七月二十二日，日軍集中在台所有部隊對三峽展開大掃蕩，是日火燒該地房屋，逢人便殺，將原繁榮的三峽市街一下變成滿目瘡痍之焦土，死屍滿地，慘不忍睹，大溪、土城亦成廢墟，數里內已無人煙，依記載日軍所殺無辜鄉民約一千人以上，所焚房屋達三千棟以上，彼時台北以南十里四方之地已荒廢，約有六萬人無家可歸，富者每日成群向中國內地逃亡，人生活在無主權的地方，就是自己的悲哀。

㈤台灣人民軍的屍首高掛尖筆山

尖筆山位於新竹市東南四十里處，標高五百四十二公尺，地勢險要，該地區駐守人民軍約七千人左右，

日軍殘酷暴虐，所到之處，猶如人間煉獄。台灣同胞雖已戰死氣絕，日軍仍將屍體當作活靶，練習刺殺。

八月八日晨，日軍動員兵力達一萬五千名，集中所有的鎗砲全力轟擊尖筆山，砲聲震動整個山谷，日軍佔領後，但見該區人民軍屍首不知幾凡，血已染成河，多少台灣的民族先烈爲這塊台灣土地奉獻、犧牲，後代的子孫們，你們知道嗎？在所有的屍體中，有位新楚軍統領藍翎副將楊載雲（湖北人）的屍體被移回頭份，葬於頭份山上，至今仍有台民虔奉，香火不絕，中國人能認同台灣，台灣人當然把他奉爲英雄、神明，可見台灣人心胸之寬闊。

㈥為奪得台灣主權日本再增援兵力

日軍受到台灣人強烈的抵抗圍堵，遂於八月六日頒佈台灣總督府臨時條例，將台灣改爲軍事統治，並調派駐在中國旅順及瀋陽部隊前來台灣支援（專供侵略的精銳部隊），再繼續捕殺台灣人民，可見台灣人民的抗日事件，確實使日本大感棘手，當時的日本議會甚至曾有將台灣出售英國的提議。台灣人民在沒有政府財力、武力的支援下，仍然能夠僅憑雙手和精神毅力

日軍正在掩埋台灣人民軍的屍體，由於雙方武力懸殊，抗日志士屍體遍地，慘不忍睹。

勇敢地對抗具有現代化武器和嚴格訓練的日本軍隊。雖然，每戰必是死屍擁塞街道，或遍佈荒野，但台灣人民還是繼續在作堅強的抵抗。

㈦苗栗失陷

八月十三日，日軍以壓倒性武力對苗栗作閃電式攻擊（日軍使用榴霰彈），當時有黑旗軍統領吳彭年親自督軍力戰，僅僅幾小時，日軍消耗砲彈五百六十四發，槍彈一萬八千餘粒。但由於黑旗軍與台灣人民軍的英勇抵抗，日軍在此役死傷二百七十三名（台灣人，有夠勇），日本在十四日佔領苗栗。

㈧台灣人民抗日戰爭最慘烈的八卦山大會戰

新竹、苗栗相繼被日軍佔領，大甲、清水、豐原、台中也無險可守，日軍輕而易舉地佔領了。

黑旗軍和台灣人民軍決定以八卦山及大肚溪爲天然防線，當時人民軍共有十六營，約五千人左右。

八月二十六日，台灣人民軍發現日軍到大肚溪北岸向八卦山偵察時，台灣人民軍馬上先發制人砲擊

一八九五年八月，北白川宮能久親王率軍砲轟八卦山頭，人民軍誓死奮戰，全力反擊，此役能久親王及其坐騎中彈受傷，士氣大挫。

日軍，使日軍山根少將中彈身亡，能久親王及其乘馬亦中彈受傷。

八月二十七日晚上，日軍全師團兵力議定全力先攻下八卦山，然後居高臨下取彰化，因此，八卦山成爲雙方攻守的焦點。

日軍於八月二十八日凌晨，涉水安然渡過大肚溪，於清晨五時半，對八卦山及彰化城發出總攻擊，以山砲十六門與機關砲九門密集轟擊，短短二、三小時消耗槍彈多達二萬八千餘粒，致使民家俱火，草木皆焚，死屍擁塞街道，僅彰化城東門一角，所積死屍約六百二十餘具，又凡遇強壯似反抗者或途中相遇者，皆被殺，黑旗軍統領吳彭年，人民軍統領吳湯興、李士炳、沈福山、湯仁貴皆戰死，台灣人民死傷無數。

㈨簡積華不共戴天之仇

簡積華係雲嘉地方人民軍團首，當日軍在辜顯榮引導下順勢佔領鹿港、北斗、斗六、斗南，在未進

台灣人民誓死不屈，使得日本政府不得不一再增派援兵來台，最高記錄，曾達陸軍總兵力三分之一，即五萬人，另軍伕達二萬六千人，足見戰事之慘烈，而其死傷數字依日本官方統計在三萬人左右。

嘉義大林鎮前，簡積華爲表示對日軍的誠意及善意，於是在道路兩旁宰豬羊以慰勞，但日軍並不領情，反令簡獻婦女二百名，當然爲簡所拒，於是日軍乃挾持簡返其家，並搜得婦女六十餘名，大肆姦淫，簡悲憤傷心至極，於是聯同黃榮邦、林義成，率人民軍數千人和黑旗軍共同併肩作戰，連續攻擊佔彰化城的日軍，使日軍傷亡慘重。

㈩徐驤死得其所

徐驤爲黑旗軍統領，與吳湯興、李士炳、沈福山、湯仁貴共同駐守八卦山與日軍大會戰，由於日軍用瘋猛、強烈密集的轟炸，吳、李、沈、湯皆已力戰而殉職，只有徐驤逃過一劫，可是他不跟別人一樣走鹿港回大陸，而是去拜訪劉永福，劉永福勸他轉回大陸，但他大聲地說：「我徐某早已把生死置之度外，我心意早已決和台灣這塊土地共存亡」。說完，即南下高屏地區招募人民軍，來日再和日軍一戰生死。

他到了屏東縣內埔，很快招募了七百三十餘人民

台北城淪陷後，全台反抗益趨激烈，日軍近衛師團不得不南下鎮壓，另外由日本本國增派前往台灣之第二師團，亦於一八九五年十月十一日黎明前，抵達屏東枋寮外海。

軍，立即率領這批南台灣硬頸北上（客家子弟實在太勇敢了）準備與日軍作一生死戰。

他所率領的人民軍在斗六與日軍對抗，又力戰於雲林，終因彈盡爲日軍所殺害，七百三十餘兵僅存二百七十餘人，爲了保台灣而轟轟烈烈地戰死，其愛台灣的高度情操，實我輩望塵莫及。

㈩吳得福死不瞑目

吳得福是三峽鎮人，因痛恨日軍在三峽一帶所實施非人道的焦土暴行，並探得日軍大舉南下，台北守衛單薄，於是他計劃暗殺總督樺山資紀，然後奪回台北城。

八月三十一日夜晚，吳得福召集所有幹部在台北大稻埕舉行秘密會議，但吳得福的策謀及動靜，早已有「不知廉恥的台灣人」密探告知日本的保良局，因而約有九名革命志士在台北東門外被當作土匪斬首。

事後，日本憲兵又在王祿烈士的家中搜出抗日人民軍的名冊，一共四十五名全部被日本人拘捕殺

日軍增援部隊第二師團登陸後，以第四聯隊作為前衛隊，立即整軍出發，向佳冬、東港推進。

光，白白地犧牲寶貴的生命。看到我們的年青人，不顧一切以自己寶貴的生命及血肉之軀，來保護台灣這塊土地，以免受異族的鐵蹄踐踏，真是令人又感動又悲憐。

(十一)日本人濫殺無辜，採無差別屠殺

由於人民軍頑強激烈的抵抗，日軍採用凌厲攻勢，如進攻雲林斗南時，所耗槍彈多達三萬四千八百發左右，在西螺及土庫地方，因人民軍採頑強激烈抵抗，日軍改用火攻，西螺市街幾乎化爲烏有，土庫市街亦燒成灰燼，在進攻嘉義時，集中各種槍砲，同時轟擊，把嘉義市炸得天崩地裂，守城的黑旗軍被炸得已潰不成軍。在日軍進城時，人民軍對付日軍只用長矛和大刀與日軍在城牆屍體上展開肉搏戰，真是神哭鬼泣，浩氣磅礴，台灣人爲什麼這樣可憐。外國人可以隨便帶著槍砲來屠殺你們，佔領你們每天生活的土地，天啊！這世界上有誰能來關懷台灣人的苦難呢？

十月十日，日軍另一增援兵力約一萬五千六百餘

名與前軍會合，所到之處，無不遭遇包含婦女在內的人民軍頑強抵抗而陷入苦戰中，於是日軍採用非人性的戰爭形態，在麻豆、佳里、東石港等地台灣人所住之處，不分男女老幼，一律予以濫殺，並化市街爲焦土，殘酷野蠻行爲令人髮指，可憐我台灣人民，天佑我台灣人民。

㈢台灣人民抵抗日軍最後一戰—長興庄之戰

日本第三支支援軍，兵力約一萬八千餘名，從枋寮登陸，但尚未登陸完畢，其先頭部隊卻在佳冬遭到台灣人民軍的強烈抵抗，台灣人民軍不但在佳冬跟日軍大戰，而且還在屏東市郊的長興庄（火燒庄）與日軍激戰，現依邱福盛老先生在其「六堆同胞孤軍抗日血淚史」描述雙方接戰的情形，他說：「前線蕭光明等副總理三人率領少數民兵以抗大敵。日軍桑波田原先以爲佳冬民眾會揭白旗迎他，乃率領大隊，鼓吹軍樂，得意洋洋的前來。殊不知勇敢的副總理，早已成竹在胸，待其傲極一時之際，一聲令下，大砲一開，火光迸裂，皆命中敵軍，雖是舊式大砲，威力卻奇猛，敵人在頃刻間，潰不成伍，偃仰僵仆，血流殷地，殆被消滅將半。人民軍兄弟大呼：『快哉！』旗開得勝，乘勝之餘，趕盡殺絕，欲一舉而殲滅敵人，於是將大石小石，充入砲管中射擊，見其效力非常，乃一而再，再而三，儘量充滿而射之，奈何天不護我，大砲由於不堪高熱，突然爆裂，壯士血肉四飛，甚至有肢骸高懸樹梢頂的。雖然大砲毀了，壯士們仍不氣餒，繼之以肉搏戰，前仆後繼，再接再厲。

這次慘烈的決鬥，留下了古戰場『步月樓』，今彈痕猶存，供人憑弔。」

此役，日軍戰死十五名，受傷五十六名，台灣人民軍真是勇猛善戰。

烈士人已杳，獨留步月樓

茲再根據邱福盛老先生所撰「六堆同胞孤軍抗日血淚史」，把佳冬失陷後我南部台灣義勇軍繼續抗日到底的經過情形敘述如下：

我義勇軍由邱鳳揚任大總理、林光福為副總理、鍾發春為總參謀，在佳冬之戰失利後即向北方轉進集聚新埤河，且戰且退，但絕不議和。又經過竹田、西勢、萬丹等地之戰後只剩最後牙城前堆長興庄了。此庄是大總理邱鳳揚之出生家園，四方來援之壯丁皆立了最後戰死的決心。

日軍桑波田隊長也從屏東出動了大軍，揚言要踩平僅餘的牙城。

十一月九日下午二時，敵軍由南方沿著溝壘侵進，我人民義勇軍則拒敵於郊外，激戰二小時敵軍不支而敗退。

十一月十日，敵將桑波田動員屏東附近大兵再次發動攻勢。上午九時以大野砲開始總攻擊，由三方包圍而來。大總理父子及房頭內一族之青年與義勇兄弟們，立即佈陣於竹頭土牛之下迎敵，激戰三小時，雙方都前仆後繼。義勇兄弟也越戰越勇，時及正午全庄無一不中彈，火海沸騰血肉如風雨，硝煙朦朧天日俱昏，不辨方向。老總理滿身灰沙一臉黑污奮勇指揮督戰準備以死殉國。其長子元奎及三子元添忽見老父身陷危境不忍老父曝屍沙場，於是急奔前，併力把父

親推往後方去，然後兩兄弟再奔前線刺殺敵人。然而就在此時忽然飛來一彈，正中元添大腹，撲地倒下陣亡了，時年僅十九歲。他率領的義勇兄弟殉難的也不下數十。

經過這場大廝殺，六堆能戰的兵卒所剩無幾，敵軍卻大舉來侵，全庄老幼婦孺只好逃往德協、四十份、番仔寮、新東勢一帶，敵人以砲火盲目的掃射，死傷者不計其數。這個神聖的牙城也被燒成光禿禿的焦土，堪稱寸草不留。於今長興庄被稱爲「火燒庄」，其來由也在此。

日軍占領台北城後，台灣人民展現不斷抗暴，不甘於被異族統治的大無畏精神。（「風俗畫報」）

陳中和與辜顯榮乃一丘之貉

日本侵台期間，台灣人民對日軍無不採取激烈的反抗行動，但當時南台灣有能通日語商人陳中和（現台灣南部富豪），乃毛遂自荐協助日軍，舉凡徵糧、「募役」、嚮導偵察、輜重運輸等無一不靠陳氏協助，故在日軍據台初期之殘酷征戰中，攀迎日軍惟恐不力者，北有辜顯榮，南有陳中和，他們保全身家性命，並發了國難財，榮華富貴不可一世，與那些立誓爲台灣保護神，與侵略者誓不兩立，雖痛遭日軍殺害，但其精神永爲台灣人所敬仰，其活得光明磊落，意氣風發，不必像那無恥的媚日分子，天天都仰賴著日人的鼻息過日子。他們的榮華富貴是靠著肯替當日本人的奴隸，而日本人利用台灣人的公共財產贈送給他們，所以，他們的財富應是屬於台灣人的公共財產。

七、台灣主權正式被日本奪取

台灣北路（台北、新竹一帶）及中部（台中、彰化一帶）失守後，台人唯一必須死守的只剩下南路（嘉義、台南、高屏一帶），現在嘉義，高屏均已被日軍佔領，日軍目前最大的目標就是向台南猛進，攻下台南城才算正式攻佔台灣，現在台南城已遭日軍三面包圍。

當時坐鎮台南，而遙控北、中部抵抗日軍的，正是聞名國際職業軍人劉永福，因鑑於日軍已逼進台南，且城中無糧，各軍饑譁，又彈藥已盡，已無法作持久戰，爲免台南城遭日軍血洗屠殺，因而決定不再抗拒日軍入台南城，於十月十九日乘英倫爹利士號（Thales）內渡廈門。

眾人獲悉劉永福已離去，人心頓時散亂，紳民爭相攜眷搭船離台，港口行李堆積如山，哀

哭之聲相繼不絕於耳，當天英國牧師宋忠堅（Fenrguso）帶士紳等十九人請日軍入城維持治安。

日軍於十一月十八日向日本大本營報告台灣已平定，並頒佈「台澎居民退去章程」，規定台灣居民在一八九七年五月八日前可自由決定去留，屆時仍留在台灣者則視為「大日本國臣民」，台灣正式列入日本版圖。

台灣人的奇蹟

台灣人在已無政府，又無外援，又訓練不足，所備武器落後，甚至餉缺機舊僅用長矛及大刀，竟敢頑強抵抗日本專作侵略他國的南進軍，其包括步兵、騎兵、砲兵、工兵及架橋隊、機關砲隊、彈藥隊、輜重兵隊、糧食隊、電信郵隊、衛生隊、憲兵甚至測圖人員，由於台灣人英勇的抵抗，致使日軍延遲接收台灣長達四月之久，並動員兩個半師團約五萬人兵力，外加軍伕約二萬六千人，馬匹約九千四百餘匹，依估計征台所動用陸軍兵力居然佔當時日本全國陸軍總兵力三分之一強，海軍方面則更是動員聯合艦隊半數以上的兵力，試想，我們的祖先是多麼神勇，明知其不可為而為，明知其不可能而前往，在此，我們以虔敬仰慕的心，來祭慰其以身報國，並委屍骨於台灣荒煙蔓草上之英靈們，他們就是我們子子孫孫效法的台灣魂，我們一直盼望台灣能出現一個偉大的政治家，能匯合全台灣人民的意志，引領台灣人民向世界各國大聲的說：「台灣人要自己有國家，台灣人要自己建立台灣國」、「我們絕不能辜負我們祖先們為台灣土地上滴下的每一滴革命鮮血　。」

第六章　台灣人民前仆後繼的抗日運動

日本軍隊佔領台灣只不過各大都市及連絡各大都市間的交通道路而已，至於全面的佔領還言之過早，尤其日本限制礦業及樟腦等開發與製造之嚴厲法令，以非日本國民不得經營重大工業之限制，藉機霸佔礦區及樟腦等，致使業主喪失原有權利，工人失業，困苦飢寒，只有紛紛加入抗日行列，再次日軍對許多地方進行慘無人道之無差別大屠殺與焦土政策，致使被殺害之家庭痛恨日軍，亦相繼投入抗日復仇的行列。

一、台灣人民台北大團結

日人在北部頒佈「砂金採取規則」，嚴禁北部砂金的自由採掘，改採許可制，以法令奪取礦權，這是對人民財產權及生存權的侵害，這是生爲殖民地人民的無奈，若有人照例前去採掘砂金，必遭殺害，此法令普遍引起北部地區的抗日事件。

林李成，三貂堡秀才，有資產並於金瓜石採金礦，對日人種種橫蠻壓迫及殺害台灣人的種種事實，義憤添膺，下決心起而抗日，因而結合各地抗日義士及地方有勢力者，計劃於一八九六年的新曆元旦，乘日人慶祝佔領台灣一年，防備鬆懈時，一舉奪回台北，於是各地方抗日英雄響應如下：

台北—陳秋菊、詹振

金包里（石門、金山、萬里一帶）—許紹文

北投—楊勢
宜蘭—林大北、林維新及林火旺
楊梅—蘇阿力、王貓研
大溪—簡玉和
關渡—簡大獅
淡水—林甫、蔡伯、蔡池
桃園—陳瑞茶、林涼

大家共同擁護胡嘉猷爲總指揮，這是抗日運動最有組織同時跨越各地域的大團結，聲勢浩大，大家靜靜地等待除暴那一天。

吃緊弄破碗

原秘密部署在山裏的林李成數百名人民軍，見到一小隊二十五名巡邏日軍，認爲有機可乘，一舉消滅日軍，爽雖爽，但這震天動地的秘密終於洩漏，日本人開始警覺加強戰備。

這一戰引起各地抗日人民軍風起雲湧地連鎖反應，於是，各地人民軍均無按照計劃作好聯絡，而是各自爲政，各地自行採取行動，因此團結一舉攻下台北的戰略計劃已化爲泡影。

一八九六年一月一日，天未明，胡嘉猷及陳秋菊，因無法集中抗日大軍，只率六百八十餘名小部隊來攻台北城（真勇敢，真神勇），當時台北城日軍密集，彈藥裝備一流，憑城發砲，城下人民軍怎能攻進城，作戰只一日就告失敗，日軍隨即在台北附近展開大屠殺。

二、宜蘭形同廢墟

宜蘭是抗日意識最旺盛的地方，人民軍首領林李成，林大北及林火旺把宜蘭附近村莊一一予以收復，並佔據各地警察局，直攻宜蘭市，眼看宜蘭收復在即，元月十二日日本增援部隊由蘇澳登陸進擊宜蘭，宜蘭因而解危，接著日軍毫無留情的大舉報復，到處搜捕人民軍，到處殺人放火，依統計被殺害多達一千五百餘名，被焚毀民房多達一萬戶以上，宜蘭平原大半變成廢墟，同時在台北、桃園、新竹、苗栗間亦實施大掃蕩，大屠殺，人民軍被日軍所殺害計二千八百三十一餘名。台灣人民實在可憐，沒有國，何能有家？

三、震撼國際的雲林大屠殺

一八九六年六月十三日，抗日志士襲擊距斗六警察署不遠之日本酒保，十四日，日軍搜捕小隊追拿進入大坪頂山區（台灣人民軍抗日據點又稱鐵國山），結果日軍死六人，餘者逃命而回並請求台中增援。

日軍增援部隊到達斗六，實施大搜捕，見人就殺，看到房屋就燒，施行慘無人道的滅種惡行，搜捕四天，在斗六市街被燒三百九十六戶，附近村落被燒三千八百九十九戶，住民被屠殺數目依台灣總督府警察沿革誌：「至於住民之被殺戮者，其數目不詳」，殺得太多，無法清楚交代。日軍屠殺四日後再返回台中。

再說「台灣人民於一八九七年五月八日前可自由決定去留，屆時仍留在台灣者則視為日本國臣民」，於是台灣革命軍就大舉散發宣傳文告，激發人民加入抗日行列，驅逐日本人的統治，

建立自己的國家。

在一八九六年六月十五日，雲林大坪頂區各派共組抗日組織，地點設在大坪頂（鐵國山），推柯鐵爲首領導繼續抗日。

由於日軍對斗六實施非人性的暴行，六月二十七日台灣人民軍開始大規模反擊，先收復南投縣竹山，再攻破斗六的防線，台灣人民殺氣騰騰地揮舞著鐮刀，大斧及木棍，人數愈來愈多，攻勢愈來愈凌厲，不久彰化以南及嘉義以北的台灣中部一帶終於光復了，這地帶看不到日本軍一兵一卒的蹤影，這時以嘉義縣大埔鄉爲根據地之抗日英雄黃國鎮也起而響應攻打嘉義市街。

但由於人民軍是臨時組織的，無作戰經驗，武器設備那能抵得上日本正規軍，七月十日日軍開始反擊，到七月十八日鐵國山被日軍攻陷，光復了二十日左右的中部台灣又全部陷入日本人手中。

於是日本人開始採取滅種政策，雲林一帶，凡是有人煙地方皆成肉山血河，民房皆毀，村莊成焦土，村民血肉飛散，雲林一帶頃刻間變作慘絕人寰之人間地獄，令人驟然有天柱將折，地維將裂之感。由於日軍在雲林的大規模濫殺無辜，被英國報紙以雲林大屠殺爲標題，報導於全世界而引起國際間的大震撼。

四、生為台灣人的大悲哀

台灣人反抗日軍太激烈，被捕人數太多，如依一般司法程序審理，必貽誤事機，日本人因而頒佈「臨時法院條例」，賦予台灣總督得於適宜地方開設臨時法庭，以一審爲終審，凡違抗

日本官吏或軍隊者，概依匪徒刑罰令，不問既遂或未遂均處死刑。這和國民黨來台時所頒佈之臨時條款以代替憲法有何兩樣，在這種法律下，要藉法律來殺人更容易，怪不得後代的台灣子孫，只會拚死命地賺錢，那管國家大事？等到有一天，台灣人已擁有自主權了，自己卻渾然不知，不知如何爭取？這不是更悲哀嗎？

如此血海深仇，竟有人還懷念皇軍

好一個可怕的一八九七年五月八日前台民可自由決定去留問題，日人就以國籍未定，或以不具「日本國籍」為由，將台灣人民所擁有的礦權、糖權、樟腦權、土地權或房屋權，一下子全部歸為日本人所有，這一法律規定使得台灣人頓成為一無所有，台灣人幾世紀所擁有的財產均一下子成為日本人所有，生為台灣人的悲哀，這時候最能體會。

依據一八九九年二月十六日，日人在眾議院質詢文稿稱有某鄉某村將幾十人、幾百人集於一堂之內一齊射殺。此種槍殺良民數十人之實情，新聞並無記載，在台灣卻已成為茶餘飯後之事。又在一八九九年十二月底，「日本新聞」亦報導台灣在政治上最令人寒心者，係匪徒刑罰令施行之結果，大多數受刑人的生命僅在一夕間即遭滅殺，其殘酷至甚。

五、笑裏藏刀的招降術

日本人殺台灣人殺得手軟，怎麼都是不怕死的台灣人，愈殺反抗愈多（後代的子孫們要多學習祖先們的英勇）。於一八九八年十一月十二日至二十三日出動軍隊、憲兵警察共同屠殺雲林一帶抗日分子，於十一月二十七日至十二月十四日屠殺嘉義附近黃國鎮抗日分子，於十二月

二十日至二十七日屠殺高雄及鳳山一帶抗日分子。三次討伐共殺害台灣人達二千零五十三人，傷者無法計算，民房全毀計五千七百八十三戶，日本人佔領台灣，等於天天在殺台灣人比賽。

歸順者沒有好下場

日本人發現台灣人不怕死，於是採取寬容之招降術，即對投降的抗日分子不但不予殺害，不追究往事，還提供金錢給予就業機會。如此不但省下龐大之討伐金，而且可乘機向投降者洽索其他反抗人的名單，以便掌握抗日陣容之詳細資料，這政策對台灣抗日人民軍發生很大迴響。

林火旺

第一位接受條件向日本歸順的是宜蘭抗日英雄林火旺，一八九八年七月二十日率眾七百餘名交出歸順誓約書向日歸順，後又反抗日 人而逃入山中，再組織抗日軍，於一九００年被捕殺害。

林李成

亦是北部抗日英雄，起義失敗即逃亡大陸，後潛回台北計劃再度起義，於一八九九年爲日軍所射殺。

簡大獅

繼林火旺向日 歸順，後又後悔，再度抗日，兵敗潛逃廈門，請求清廷庇護，清廷將其引交給日人，一九００年三月絞死台北監獄。

陳秋菊

一八九九年八 月上旬，陳秋菊率領一千三百餘名部下向日本歸順，歸順的條件是取得樟腦製造權，數年後成爲大富翁，不再造反。

柯鐵

原雲林縣鐵國山抗日基地首領簡義，於一八九六年十二月歸順日軍後，柯鐵以「奉天驅逐日寇，恢復台灣」，並繼用天運年號，自稱總統，繼續領導抗日軍，常給日軍予以重創，使日軍備嚐苦戰，纏戰半年後，日軍以步步爲營，迫柯鐵無法置身於雲林一帶，於是只有投靠嘉義溫水溪之黃國鎮。

後來日軍又南下攻打溫水溪的黃國鎮，黃、柯無法抵禦日軍猛烈攻勢，而各自逃入山中。

後來柯鐵再度率數百衆返回雲林，於一八九八年十一月十二日再度與日軍交戰，雙方激戰十二天後，開始停戰談判，經過多次談判，於一八九九年三月柯鐵接受歸順，總督府把歸順及列舉歸順的條件以公文書發給柯鐵。一八九九年末，日軍藉口柯鐵背約造反，攻打柯鐵的山城，於一九九九年二月九日含恨而死。

黃國鎮

是嘉義溫水溪之抗日英雄，自柯鐵投靠日軍，黃國鎮再遭受日軍追擊，黃遂逃入山中，經過一段時間，恢復抗日勢力後，日軍又於一八九八年十一月二十七日再度進攻，雙方交戰到十二月十四日才結束，日軍要求歸順，於一八九九年三月黃國鎮終於答應並率部衆下山從事開墾

及農業。

黃國鎮與日本人和平共存只維持二年半，日軍即藉機討伐，一九〇三年三月一代英豪黃國鎮含恨戰死。（欲加之罪，何患無詞）。

林少貓（林義成）

南部抗日英雄鄭吉生，是屏東縣枋寮鄉水底寮人，於一八九六年八月十三日在田寮庄（屬潮州管區）起義，屢吃敗仗，於一八九七年元月十日率林少貓等義眾六百餘名從東港進攻鳳山市，又吃了敗仗，於二月十一日因槍械走火誤傷了腿，不能行走，由擔架上不慎摔下而死。

林少貓承鄭吉生領導南部台灣軍繼續抗日，於一八九八年十二月二十八日率眾千餘人突擊潮州，殺死潮州辦務署長賴戶晉。

台灣軍光復潮州三日後，從各方面來的增援軍，聲勢浩大，突破防線，衝入潮州市街與台灣革命軍對抗，台灣軍死了八十餘名，日軍被殺十餘名。台灣軍不支逃入山中。十二月三十一日，日軍在潮州四周村莊開始大規模搜捕，到處焚燒民房，逮捕無辜被濫殺者約千餘名。

林少貓從潮州撤退後，再轉移攻擊恒春，恒春日守軍驚惶失措，攻防持續三日後，日援軍到恒春才解危，共殺死日軍十三名。

林少貓襲擊恒春日軍失敗後，日人透過陳中和並會同當地仕紳多名向林遊說勸降，但不為所動，日人再找林少貓岳父楊寶出面終於議和，日方給予高雄以南十二公里處近鳳山之後壁林（高

雄市小港區高松里）墾荒務農等十個條件，才接受歸順，其中最苛刻的是林少貓部下犯罪，日人不得進入搜捕，少貓所住地區內如有土匪則由其自行捕送官方，少貓部下外出時可攜帶軍器等。

林少貓住所形同一獨立王國，日本人怎能容忍，但日人爲先掌握林少貓的行蹤，並控制其勢力範圍，只有勉強簽下和議。

在一九〇二年五月二十八日，日人在完全掌握林少貓的情況下，調動所有南部憲兵，警察和軍隊，在毫無預警下，以現代武器轟擊後壁林，並突入搜捕和屠殺，將林少貓台灣人民軍一舉殲滅，被殺害人數達四百餘名以上（這是政治鬥爭課程不可不上的重要一課，台灣人就是太老實，不懂政治鬥爭，容易受騙，只要中國人擺出笑臉，說些好話，一下子就騙了台灣人的心）。

日人在一八九五年六月到一九〇二年六月長達七年持續之血腥屠殺下沒收民間槍枝六萬支，被判死刑有案者五百三十九人，被臨時屠殺者高達九千餘名，至此台灣的主要抗日勢力可說消滅殆盡，重大抗日事件亦告終止。

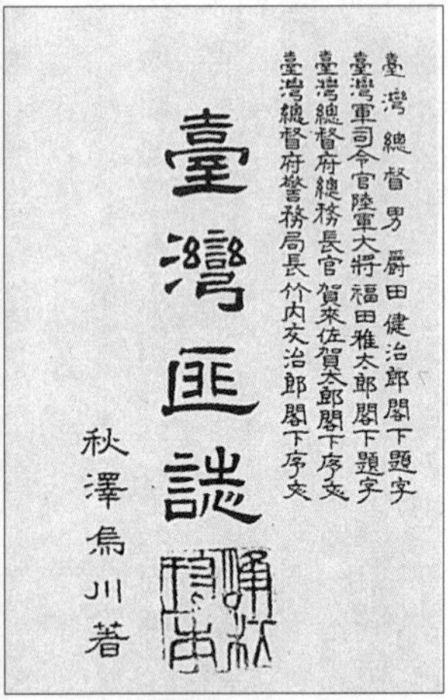
臺灣總督男爵田健治郎閣下題字
臺灣軍司令官陸軍大將福田雅太郎閣下題字
臺灣總督府總務長官賀來佐賀太郎閣下序文
臺灣總督府警務局長竹內友治郎閣下序文

臺灣匪誌

秋澤烏川著

日本殖民統治時期，台灣人前仆後繼的武裝抗日行動，都被歸入「匪」類，並有詳細記載。

第七章　台灣人民再度武裝向日本爭取台灣主權

台灣抗日革命軍雖已全部被日軍消滅，但台灣人民抗日意識仍極強烈，抗日運動仍前仆後繼，毫無忌憚，勇往直前。茲簡述其中比較著名的抗日運動：

一、蔡清琳武裝事件（北埔事件）

蔡清琳，今新竹縣峨眉鄉人，自封「復中興總裁」，並自稱已和中國軍隊取得連絡，不久中國軍隊即將登陸本島，應趕快起義，殺死日本人，先攻占北埔（今新竹縣北埔鄉），然後移師和中國軍隊會合，成功後，我們就是台灣的主人。

一九0七年十一月十五日清晨天未亮，蔡清琳聯合客家人及賽夏族原住民等率眾進攻北埔支廳，總計殺死北埔支廳長、郵局局長及警察等日本　官吏十八名，及其家族二十二名，日本居民十五名，北埔的日本人全被殺光。

日本總督府獲悉，極爲震驚，立即派守備隊及警察到北埔進行清鄉圍剿，是役日人大肆報復，逮捕二百餘人，彼等先遭慘絕人寰之刑求，再以鉛線穿掌綑綁再處決。生爲台灣人，何時才能過著不受外來人欺侮的日子呢？

二、林圮埔武裝事件（劉乾事件）

劉乾，今南投縣鹿谷鄉鹿谷村人，設佛堂向信徒灌輸反日思想。

林圮埔在今南投縣竹山鎮，這一帶約有一萬甲竹林，在清代是無主公地，只要繳納少許稅

金就可自由採伐，當地人多靠此林維生。但日人將該一大片竹林收爲官有林，並放領給日本大財閥三菱株式會社開採，並派駐警嚴禁居民砍伐，因而引發當地人憤憤不平。

劉乾，看反日抗暴的時機來臨，於是於一九一二年三月二十三日起義，率百餘人攻擊南投林圯埔支廳項林莊派出所，殺死警官，後因南投警察支援警力開到，革命軍全被殲滅。

三、土庫武裝事件（黃朝事件）

林圯埔事件後僅三月，嘉義廳打貓（今嘉義縣民雄）有傭工黃朝及黃老鉗二人，聞知中國革命消息成功，就計畫於一九一二年（民國元年、大正元年）五月上旬起義，驅逐日本人以建立台灣王國；以黃朝爲王，老鉗爲輔佐。他們身穿演戲用的王衣王冠並假託柯象（死於三十年前，衆信徒以爲成神者）的肉身木乃伊，宣傳迷信以達目的。

六月二十七日他們的「陰謀」被發覺而受逮捕。餘衆及平民被殺死者二百餘人。

四、六甲武裝事件（羅嗅頭事件）

羅嗅頭今台南縣白河鎮人，好讀書，稍通日語，善長拳術。自稱台灣皇帝，在山中隱奉佛神，借託神意宣傳反抗日人。一九一四年，有六甲中坑居民羅獅因盜竊嫌疑，偕其弟羅陳逃往山中投靠羅嗅頭，並準備七月起事。事爲六甲支廳偵察隊探悉，嘉義台南二廳派警察隊圍攻，羅嗅頭率羅獅等衆人逃入山中自殺。日警檢舉羅嗅頭餘衆，處死刑者八人，餘一百多人受到牽連。

五、東勢角武裝事件

領導人賴來，今台中縣豐原市圳寮里人，一九一一年曾與本案另一位要角謝石金（時年二十四歲）赴中國大陸上海滯留數月，當時正值中國反清革命運動，彼等親睹民國革命實況，歸台後遂懷台島革命思想，糾合同志於一九一三年十二月一日襲擊東勢角（台中縣東勢鎮）支廳，搶奪槍械彈藥，擬募集同志出葫蘆墩（台中縣豐原市），進擊台中而後逐次收復台灣全島歸屬中國。本案為日人迅速平息，事後共二十二人判刑，其中賴來及謝石金等十三人為死刑。

六、大湖武裝事件

領導人張火爐，二十九歲，今台中市西屯區阿厝里人，圖以中國之黃興為指揮官征伐台灣，殺戮日人，收回台灣歸復中國。惟因事機不密，該組織成員黃炳貴等於一九一三年十一月被捕，張火爐本人則於被捕遣送途中，在高雄港自船中投港自盡，另有二十一人判刑。這些人雖很壯烈，但寧為中國奴，不求自主，正是台灣人的悲哀。

七、南投武裝事件

領導人陳阿榮，三十歲，今台中縣新社鄉中和村人，贊同當時盛行於台灣之革命主義，募集同志組織革命黨，擬伺機在台灣中部起事，襲擊官衙，殺戮日人，進而請求中國革命黨應援，以排除日本在台統治權，收復台灣歸屬中國。惟本案於起事前即破獲，共二十九人被叛刑，其中陳阿榮為死刑。

八、羅福星武裝事件

羅福星別名東亞，廣東鎮平縣客家人，一八八六年生於印尼雅加達，具荷蘭人與印尼人血

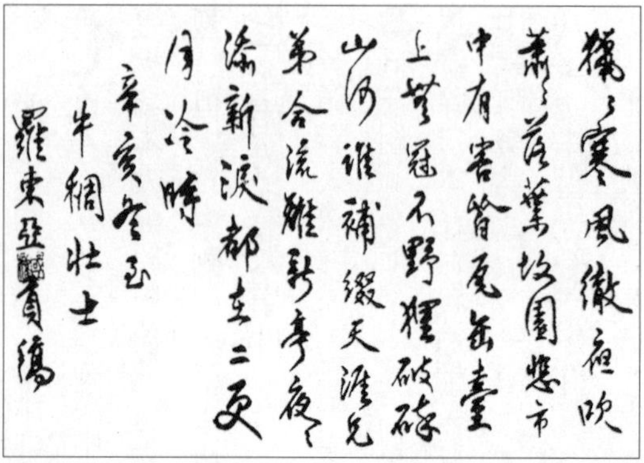

羅福星烈士係廣東鎮平縣客家人，曾參加黃花岡之役，一九一三年來台，召募九萬五千多名同志共同抗日，因事機不密，被日軍逮捕處以絞刑，同案被牽連者不計其數。羅福星詩書俱佳，曾在南洋當過教師。

統，面貌酷似西方人，一九０三年曾隨祖父來台就讀於苗栗公學校，一九０七年全家返回廣東，回鄉後當過小學教員並加入中國同盟會。

後來，他到新加坡及印尼巴達維亞當華僑小學教員並從事革命宣傳工作，由於能說一口流利英語，故在南洋時便和胡漢民等革命志士取得密切連絡。

一九一一年參加三二九黃花岡之役，幸免於難，一九一二年十二月十八日羅福星再度來台，向台灣同胞宣傳革命思想，企圖驅逐日本人以光復台灣，並將台灣歸屬中國，他招募同志的範圍以苗栗地方爲中心，廣及桃園、台北、基隆、台中、彰化及台南，準備於一九一三年七、八月以後，以苗栗爲中心伺機起義，結果募集會員多達九萬五千多名，可見當時日本人統治台灣所實施的各種暴政，已引起台灣人普遍的不滿，何況當時中國人推翻五千年的帝王專制，建立亞洲第一個民主共和國，更令在日帝鐵蹄呻吟下的台灣人既興奮又嚮往羨慕，從此台灣人把中國視爲自己祖國的幻想，更是一日比一日強烈。

一九一三年十月初，新竹廳大湖支廳的六支槍械被竊，日警就在大湖、三叉河兩支廳逮捕了十一名嫌疑犯，其中就有吳頌賢、葉永傳兩名革命黨員。他們在日警嚴刑拷打下，終於洩漏了機密，這一革命團體，就這樣被發覺了。於是日本憲警立即展開大規模嚴厲搜查。有一位巡查補叫做邱義質，他表面僞裝忠於日本，但老早就跟羅福星結拜兄弟加入了革命黨，因此他立即通知羅福星機密被發覺，並給他旅費叫他暫時遠走高飛避風險。然而邱義質的「臥底」終被日警發覺，在十月廿七日的第一次搜捕中，他跟其他二百九十六名革命黨員一起被捕並被判刑。其中被判死刑的就有羅福星來台最先結識的黃光樞、江亮能、謝德香、傅清風及黃員敬五位幹部，而羅福星雖因缺席仍被判死刑。

這次逮捕，羅福星幸虧成了「漏網之魚」。他看情勢緊張就跟部下周齋仔偷偷跑到淡水支廳，躲藏今淡水鎮義山里農民李稻穗家裡，準備坐船偷渡回中國，但卻在淡水被陳金枝及其舅李熞山向日警告密，而於十二月十九日清晨兩點被捕，於一九一四年三月三日在台北監獄被處絞刑。此案計被判死刑者六人，十五年徒刑者六人，十二年徒刑者八人，九年徒刑者二十五人，七年徒刑者四十三人，五年徒刑者一百三十五人，四年半徒刑者三人，無罪者三十三人，不起訴者一百五十三人，共四百一十二人，這就是在極權專制的政權統治下，人民即使沒有革命的行動，只有革命的思想也要判死刑。

九、余清芳武裝事件（西來庵事件、噍吧哖事件）

台灣人民不願受日本人的奴役統治，以武裝來革日本人的命，其規模最大、犧牲人數最多

的就是在一九一五年七月九日在台南發生，因首要人物是余清芳也稱余清芳事件，因策劃革命地點在台南市西來庵王爺廟又稱西來庵事件，又武裝抗日地點在噍吧哖（現今台南縣玉井鄉玉井村）又稱噍吧哖事件。

㈠首先介紹三位武裝革命的領導人

1.余清芳

一八七九年十一月十六日生於今屏東市，後跟父母遷居於今高雄縣路竹鄉下寮村，六、七歲時就讀私塾。日軍侵台時十七歲，即投身武裝抗日革命，失敗後幫傭爲生，並研修日語。

一九〇二年，廿三歲時，擔任日警巡查補，服務於台南、鳳山、阿公店等地，經常出入齋堂。一九〇九年，三十歲時因反日言論，被送至台東管訓近三年。獲釋後曾任生命保險推銷員，奔走各地廣結善緣。一九一四年在台南市東港街開設福春碾米廠，並經常出入台南市的西來庵王爺廟，因而結識西來庵掌管蘇有志及鄭利記，由於蘇、鄭兩人均有極強烈的抗日思想，於是余清芳即計劃以西來庵爲抗日基地，以修建廟宇的名義，廣行募款，以爲反日行動的經費。

2.羅俊

一八五四年生於今雲林縣虎尾鎮，幼就讀書塾、天資聰慧、習得相法並兼學醫，曾任書塾教師，四十一歲曾任日本保良局書記。一九〇〇年投身抗日軍行列，事敗偷渡大陸，一

九〇六年潛返台灣，因家境大變，三子俱歿，妻女改嫁，產業又被侄輩侵佔，遂再密渡大陸歷遊各地，眼見辛亥革命成功，感慨良多。一九一四年年底，他返台籌謀革命，在台中一帶，積極佈置。雖然年齡已過六十，但看在余清芳的眼裡，他仍然體壯神清，而且充滿革命志士的氣概。

3. **江定**

一八六六年生於今台南縣南化鄉玉山林，在當地聲望甚高，日本據台，曾擔任區長。

一八九九年與同庄庄民發生衝突並擊斃對方，被日警以殺人罪通緝，乘隙脫逃，走隱山中。

一九〇一年建立根據地於後堀仔山中，今台南縣南化鄉與高雄縣甲仙鄉及內門鄉交界處，是個天險要塞，召集甲仙埔的隘勇及六甲地方抗日義民數十人，出沒在嘉義後大埔地區，以游擊戰術和日警周旋，令日人極感頭痛。經十多年的經營，義民愈來愈多。終形成一股龐大的抗日力量。

㈡英雄有緣相見猶未晚—余清芳和羅俊的會晤

一九一四年八月，有台南人陳全，偷渡廈門，尋訪羅俊，告以余清芳在台南忙於籌備革命事情，並勸誘他返台共謀大事。羅俊大喜，余清芳獲悉羅俊返台，立即派親信張重三前往台中廳訪晤羅俊。

一九一五年二月某夜，余清芳、羅俊兩魁首，終會晤於台南市福春碾米廠內余宅一密室。

志同道合的兩魁首，交談甚歡並很快就獲得協議：以南北呼應的策略來革日本人的命；余清芳負責南部，羅俊負責北部。軍資金由余清芳利用西來庵，以「建醮」（祭典）名義籌募。黨員則由雙方在各地加緊拉攏，以神符爲黨證。

㈢余清芳和江定的會晤

余清芳早就想跟江定晤面，互相聯繫，共謀大業。余清芳碰巧有一位同志林吉，家住堀仔山麓的南庄（今南化鄉南化）興化寮。於是經由林吉安排，余清芳和江定兩巨頭也終於一九一五年三月中旬某夜，在林吉家會晤，高論他們的計謀。他們的協議是：余清芳擔任台灣革命軍的主將，江定擔任副將；時常保持連繫，伺機起義。

㈣革命消息走漏，只有拚

一九一五年四月，日方獲悉外面盛傳，中國軍隊要打台灣，於是便暗中調查僑居台灣的大陸人以及跟大陸人有來往的台灣人，並暗中檢查認爲有嫌疑的書信往來，結果查出余清芳、羅俊等人要發動革命，於是台灣總督立即下令各地警察在同一時刻開始全台大搜捕。

同年五月余清芳之反日組織終爲日人偵知，日警除逮捕其重要成員羅俊（六十歲）外，並大肆搜尋余清芳及其得力同志江定：余清芳以大明慈悲國大元帥名義對同志揭出驅日告示，兵分三路向日本人開火。（革命先烈心中還是無法以台灣獨立建國來昭告全台人民）。

一九一五年七月六日，一路革命軍由江定之子江憐率領進攻今台南縣南化鄉北寮村，由於日軍早有準備，兩軍激戰結果，互有傷亡，日本巡查被殺死，江憐不幸陣亡。革命軍旋退入

今高雄縣甲仙鄉。

革命軍探悉今高雄縣甲仙鄉警備薄弱，於是七月九日上午四時許，天未明，由余清芳率革命軍蜂擁突攻入支廳，殺死巡查及日人六人，並劫取步槍三枝彈藥五百發，不久革命軍向支廳後方小山退走。

另一支以江定爲首的革命軍於一九一五年七月八日下午八時分途攻擊今杉林鄉集來村、甲仙鄉大田村、三民鄉三民村、甲仙鄉小林村各派出所，殺死巡查及家屬共二十二人，任務完成退回後堀仔山中根據地。

(五) 火燒南庄派出所

余清芳於革命軍返回堀仔山後，決定再襲擊台南廳噍吧哖支廳管轄下的南庄（今台南縣南化鄉南化村）警察派出所。一九一五年八月二日晚十一時三十分，三百餘名革命軍從東北山麓一擁而下襲擊南庄派出所，由於防守堅固，有多數日警開槍抵抗，於是余清芳，江定決定用火攻，由住家徵來煤油，分裝汽水瓶，點火後從派出所玻璃窗或屋頂上擲入屋內，該所立即燃燒，火光沖天，在所內所有日警及家屬均被燒死，若衝出屋外，馬上被革命軍斬殺，南庄派出所全毀，一片灰燼，革命軍全勝撤回基地。

(六) 噍吧哖之役

一九一五年八月五日上午五點革命軍傾全力襲擊噍吧哖（今台南縣玉井鄉玉井村），革命軍均裸著上半身，腰帶神符，手拿刀槍、竹棍，利用虎頭山腳通往噍吧哖的數條小溪，勇往

福春碾米廠位於台南市婦媽街，是噍吧哖事件中，南北兩大首領南部余清芳、中部羅俊常見面密議之場所。

向前衝，日警各分隊雖受過訓練並擁有精良武器，但在革命軍猛攻之下，已陷入苦戰，革命軍因武器低劣，進攻常被阻止，於是上午八時進攻，十時暫停，下午三時又再進攻，五時撤退，下午六時再進攻，晚七時三十分撤退。

八月六日晨五時十分革命軍又開始進攻，虎頭山頂搖著大白旗飄揚指揮作戰，暗示前進的大鼓聲，咚咚咚地響又急，使日警心驚肉跳，到了上午十時許，各路革命軍聚集已超過千餘人，就在這噍吧哖垂手可得的千鈞一髮之際，日本正規軍增援，日軍步兵中隊立即加入抵禦步陣，山砲中隊立即佈設砲列，砲彈齊發猛烈轟擊。日軍以精銳大砲，可憐的革命軍只能用身體去抵禦，交戰一小時左右，革命軍已潰不成軍，放棄陣地，分散退入深山。是役革命軍留下三百餘具屍體，被捕者不計其數。

於是，日軍開始圍山，作地毯式大搜索。搜索隊所過的地方，民房全被燒毀，抗日志士或被集體逮捕或被屠殺或被迫跳崖自殺；一般平民被誤殺的不計其數。南庄（今南化村）及菁埔寮庄（今南化鄉西埔村）全部人民均被認

為是匪徒，因此所有男女老幼全部皆逃亡，行蹤不明。

(七)余清芳被捕

余清芳不幸敗退後，率同志二百餘人，向東方中央山脈方面逃走，最後身邊只剩下誓同生死的同志十一人，後有三人再脫逃。

八月二十一日，余清芳等八人自密林山中抵達曾文溪支流。是夜十二時，背鎗泳渡對岸。適在該處設有保甲民警戒所。他們一上岸就用鎗口威脅保甲民，保甲民立即假裝投降，對余清芳說：「民等有眼無珠，竟想拿捕天下有名的余先生，請恕罪。讓民等將先生引導至一安全地方，為瞞日警耳目，請暫時隱藏鎗械。」余等不察，竟聽保甲民擺佈，解除武裝，將槍枝子彈等予以隱藏，一方面脫衣烘乾，一方面接受獻茶獻飯。保甲民等出其不意，向他們猛撲加以逮捕，一行八人當場被擒。這正是八月二十二日凌晨二時之事。嗚呼哀哉，台灣人民敵我無法分辨，認賊作父，我一代英雄卻落入自己同胞的手中，毫無代價的交給統治他的敵人。看了真叫人「吐血」。

(八)日人大開殺戒

余清芳與其戰友一行八人終在八月二十二日被捕，三天後即開始公開審判，至十月三十日終結，被告共一千九百五十七人，其中八百六十六名被判死刑，後因日本國會對台灣總督處置失宜，慘殺過甚乙事頗有議論。台灣總督安東貞美乃藉大正天皇登極所頒佈之赦令，宣佈減刑而將死刑改為無期徒刑，但當時已有九十五名死刑犯被處決。而余清芳、羅俊等殉難烈

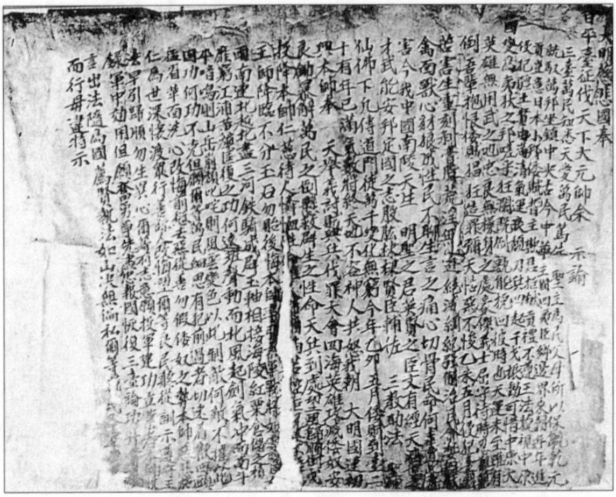
大明慈悲國奉旨平臺征伐天下大元帥余 示諭

台灣革命軍主將余清芳，曾以「大明慈悲國」大元帥名義，發布抗日檄文，內容可歌可泣，震撼人心。

士臨刑前從容就義之狀，甚至連日人亦不禁讚云「及至宣佈執行死刑之際，毫無留戀不捨之狀，首魁以下數十人，皆從容登上絞首台」。

余清芳等被捕判刑後，同志江定及其部下數百人則退入山區據險不屈，日人乃改以勸降方式，並動員地方仕紳招降，江定等二百七十二人乃於次年（一九一六）四月下旬陸續出降，俟誘降工作完成後，日人乃出其不意地於五月十八日逮捕江定等五十六人，無罪放回約二百餘人，檢察官雖聲稱不予起訴，惟彼等被捕後均未見回家，據傳全部被日警所坑殺。

日軍警復定下誘殺計劃，高懸安撫招牌，倡言歸降者免死，以招徠在逃民眾，待大多數莊民回鄉後，乃以欲分別善惡爲詞，命莊中壯丁攜鋤具全數整列郊野掘壕，待壕成列排開用機槍掃射，然後悉葬於自掘壕內，據傳當時被害者至少有數千人之多。

十、霧社革命事件—爭生存、爭尊嚴的戰爭

台灣抗日史上最後、最慘烈悲壯、最勇敢的一場革

右圖：一代英雄余清芳。左圖：抗日革命軍領袖羅俊。

余清芳坐在黃包車上，由日警從噍吧哖支廳解往台南監獄。

余清芳等抗日志士，頭部均覆蓋簍子，在日警重重戒備下，由台南監獄解往法院出庭。

霧社原本是與世無爭的世外桃源，孰料日後竟發生慘烈悲壯的抗日「霧社事件」，震驚全世界。（本書有關霧社事件相關照片，取材自：佐藤政藏「第一、第二台灣霧社事件誌」、井出季和太「台灣治績志」、戴國煇「台灣霧社蜂起事件」。

命戰爭，就是發生在純真、善良、慓悍、善鬥的台灣原住民泰雅族所住的霧社。

日本統治台灣，日警均以一等優秀國民而鄙視台灣居民，尤其對原住民更常以傲慢，殘暴的態度相待，日本在理番時期，爲了建築道路，興建派出所，學校或舖設電話線，常強制原住民服勞役，此不但耽誤農忙期及狩獵期，其工資只給平地人的一半，明顯地壓榨其勞力，同時又監工嚴厲動輒以「偷懶、妨害公務或企圖抗日」爲藉口，摑耳光，出惡言，拳腳交加，更甚的以極刑就地正法，毀屋，沒收刀，弓箭或槍枝，日本人如此兇惡、暴戾，已埋下原住民心中永無法磨滅的怒火。

㈠霧社革命事件之爆發

當一九三0年八月霧社小學宿舍工程開工時，霧社分駐所決定從駭坡社後山西仔希克處採伐樹木做爲建築材料，但西仔希克不但是馬駭坡社之狩獵地，亦是霧社番族祖先發源之聖地。日本人不尊重原住民的信仰並毫無顧忌地侵犯了他們祖先的聖

地，這等於在毀滅他們全族的生存空間，侮辱他們的祖先等於向他們宣戰，是可忍孰不可忍？因而爆發了原住民爲爭取生存及維護尊嚴的革命運動。

一九三0年十月二十七日是台灣神社大祭典，霧社地區亦照例舉行一年一度之盛大運動會，霧社小學校之日籍兒童、霧社公學校和八所番童教育所之漢族與當地原住民兒童亦皆參加。當天，除日籍兒童之家長參加外，該地各機關首長、高能郡郡守以下亦應邀列席，而列席運動會時，大部份警察均不攜帶武器。

當天早晨八時左右將舉行升旗典禮之一剎那，霧社原住民襲入會場，一舉殺戮參加運動會

霧社事件主要領導人莫那魯道酋長（中），與兩位部落首領合影。莫那魯道曾率泰雅族人與日軍作殊死戰，幾乎使族人瀕臨滅種，其抗暴精神威震山河。

花岡一郎（上圖）和花岡二郎（下圖）兩兄弟，也是霧社事件中英勇成仁的革命烈士。

霧社事件爆發後，日軍不斷增援，並成立前進指揮部，在日本國旗飄揚中，部隊正在等候指揮官下達命令。

之日本學生與家長共八十餘人，這真是天衣無縫的出擊，把日本人全殺光，並乘勢襲擊霧社分駐所。莫那魯道本人亦率眾至荷哥社與其次子會合，彼等沿途襲擊各派出所，搶奪日警槍枝和子彈，切斷電話線，並破壞警察通信系統；綜計參與此次抗日事件之霧社山地原住民共六社，約壯丁三百名，總共殺死一百三十四名日本人，革命軍不但光復了霧社，並準備向眉溪及埔里進攻。

㈡日軍違背國際公法用毒瓦斯彈毒死我們的同胞

霧社革命消息，首先傳到埔里，十月二十八日晨革命軍攻陷眉溪，二十八日午台中警察部隊與台南州警察增援部隊先後向眉溪進攻，將革命軍堵住。

三十日軍方出動部隊，集結來自台中、台南、台北、花蓮及宜蘭部隊計步兵五百二十二名，山砲兵七十四名，飛機三架，還有協助軍隊擔任後勤者共七百五十名，總共日軍出動警察約一千四百名，軍隊約一千三百名，於三十日晚九時由日本台灣司令部以公報正式向軍

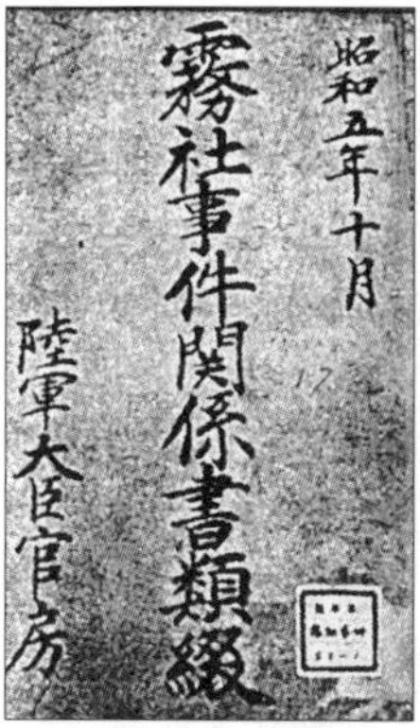

昭和五年十月
霧社事件関係書類綴
陸軍大臣官房

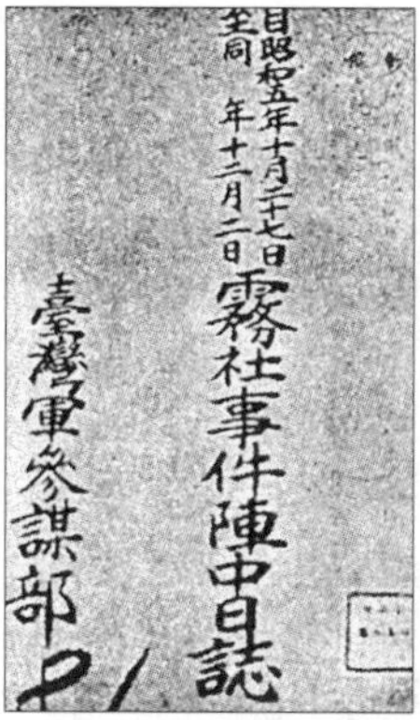

自昭和五年十月二十七日
至同　年十二月二日
霧社事件陣中日誌
臺灣軍參謀部

霧社事件震驚中外，在官方文獻中可知當時激烈的戰鬥情況。

日軍以現代化精銳武器，向原住民猛烈攻擊，但原住民視死如歸，勇敢奮戰，甚至奪取日軍二支機關槍，造成日軍追究責任問題。

日軍砲兵部隊，對原住民部落轟擊，面對熾烈砲火，台灣先民不屈不撓，抵抗到底。

這是第二次霧社事件，在日警陰謀指使下，某部落殺害泰雅族一百零一人，首級聚成一堆。

隊發佈，採取軍事行動鎮壓的命令，三十一日上午八時，全線發動攻擊，用山砲猛轟擊，由於日軍擁有先進武器，原住民怎是對手，因而節節敗退，在死傷慘重下，終於放棄進攻霧社，退守到斷崖絕壁，樹林隱翳，地形險要，能容納一千人的天然山洞—馬駭坡岩窟內。革命軍全數躲進岩窟內，日軍大砲轟擊及飛機不斷地投下各種炸彈，均無法攻陷，真使日軍束手無策。革命軍與日軍雙方僵持到十一月十九日，日本終於違背國際公法，對躲在岩窟的革命軍使用毒瓦斯彈（用青酸製之糜爛性毒瓦斯），由是革命軍全部死於毒氣共六百四十四名。

反抗日人之泰雅族霧社六村總人口一千二百三十七名，參加抗暴壯丁已死六百四十四名，剩下散落在六村的婦孺老幼共五百九十三名，日本人將此五百九十三名驅迫集中在西拖和羅多大兩社，暗中發給陶珠亞部落八十支步槍和彈藥，於一九三一年四月二十五日清晨，促使泰雅族的仇敵陶珠亞部落進行襲擊，共殺死二百九十

台灣光復後，政府當局建立霧社事件紀念碑，以表達對抗日志士犧牲殉難的追思。

壯烈成仁的莫那魯道酋長，其骨骸及所使用之槍械，一九七三年存於台灣大學考古人類學系陳列室，現在埋葬在霧社紀念碑內。

不甘受日人屈辱，集體上吊自殺，在霧社事件中寫下悲壯的一頁。

軀成仁。

五名，劫後餘生只留下二百九十八名，泰雅族幾瀕臨滅種。

霧社精神不死，台灣英靈永在

霧社革命事件，以一個僅有一千多餘人口的小部落，膽敢不畏強權，奮起反抗當時世界上最強大的日本帝國，並利用天然地形堅持近一個月，其表現出來的英勇不屈，視死如歸，可歌可泣，壯烈犧牲精神，是真正的台灣民族英魂，該英勇革命事蹟，永遠活在台灣人民的心中，想起中國軍隊，在中日戰爭中，只聽到日軍整齊的行軍腳步聲就紛紛逃竄，趕快找個掩體躲起來，躲到四川的深山裡形成強烈的對比。

依記載，霧社事件之一的馬駭坡社，在當時是台灣幾十幾百個原住民社中之模範番社，該社不但教育進步而且產業發達，凡由日本眾議院派到台灣視察之人，都由總督府安排引導遊覽霧社之馬駭坡社，又整個霧社地區原住民是當時全台灣原住民中最開明者，與平地街市之往來頻繁（註：霧社抗日事件發起人莫那魯道於一九一一年二十九歲時，日方曾施懷柔政策送其赴日本觀光），對平地繁榮與日本政府武力均應相當瞭解，他們也明白其無論如何反抗，亦無法戰勝日本。儘管情勢如此，然他們等仍發動此次抗日事件，實係忍無可忍，由此可以想像霧社原住民被迫出此下策之悲壯心境。此事件，因而導致無辜日人被殺，連新歸順之皇民亦遭滅族命運，故日人認為霧社事件是日本國殖民地史上之大污點，亦為昭和時代一大不幸悲慘事件，亦為台灣人在沒有自己國家的保護下，任外人來宰割屠殺的悲劇，至此吾人心中的悲傷終日難消。

一九四三年十一月二十二日至二十六日，舉行第一次開羅會議，中美英三國領袖參加，會中討論日本須歸還侵占中國之領土—台灣、澎湖，以及朝鮮半島獨立等問題。本圖攝於十一月二十五日，與會領袖們聚集一堂，前排坐者，左起為蔣介石、羅斯福、邱吉爾、宋美齡（蔣夫人）。

第八章　台灣的主權被中國來的國民黨騙了

一、歷史的真相

一八九五年四月十七日大清帝國與日本簽訂馬關條約，永久割讓台灣全島及所有附屬各島嶼，日本依條約擁有台灣的主權。

第二次世界大戰期間，一九四三年十一月二十一日至二十六日，中、美、英三國政府首腦在埃及首都開羅召開會議，會商加強對日作戰及戰後對日本的處理，於十二月一日開羅宣言中表示「台灣澎湖這些日本從清朝取得的地區必須歸還中國」。

一九四五年七月二十五日中美英三國首腦復在波茨坦舉行會議，於二十六日重申敦促日本無條件投降，該公告第八項說「開羅宣言之條件必將實施，而日本之主權必將限於本州、北海道、九州、四國及吾人所決定其他小島之內」。（後蘇聯又參加）

一九四五年八月六日和八月九日，兩顆威力無窮的原

子彈，分別在廣島、長崎上空爆炸，粉碎了日本軍閥征服世界的夢想，八月十五日，日本天皇裕仁透過無線電廣播宣讀投降詔書，於是聯軍統帥麥克阿瑟發布「一般命令第一號」，同盟國中國戰區派代表來台灣接受日本受降儀式，十月十七日在美國軍艦、飛機護衛下，首批中國軍隊四萬八千人登陸台灣，十月二十五日中國戰區台灣省受降代表陳儀正式接收台灣。（中國軍隊是由聯軍護送來台接收，可見其應受聯軍指揮）

一九四五年八月六日上午八時十五分，美第一顆原子彈投下廣島，瞬間即將廣島炸成廢墟，造成十多萬人死亡。

八月九日，第二顆原子彈投下長崎，爆炸發生的原子雲，上升到天空一萬公尺高。

一九四五年八月十五日，日本報紙刊出接受無條件投降消息，以及天皇的「終戰詔書」，詔書中並未提及戰爭失敗等字眼。

一九四六年九月二十九日，日本天皇拜會聯軍統帥麥克阿瑟將軍。一向自詡為人間活神的日本天皇，竟然訪問「敵人」，這在日人心中，造成莫大的挫敗與打擊。

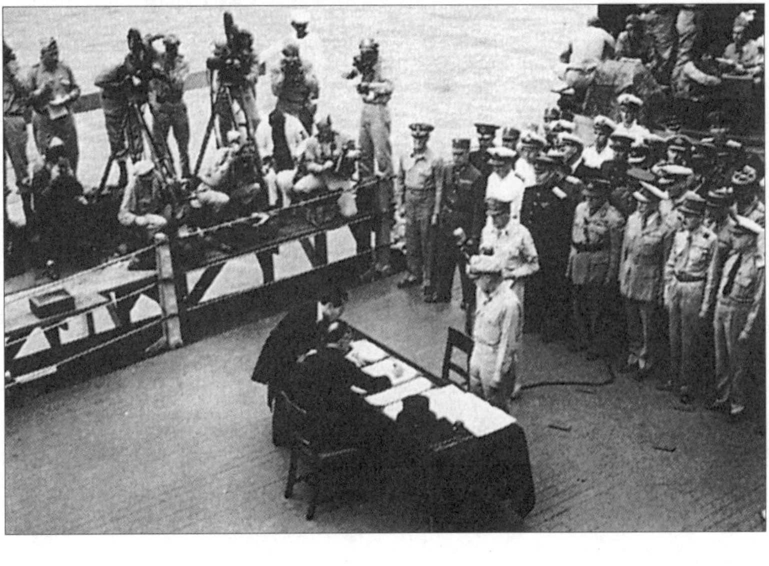

一九四五年九月二日，聯軍統帥麥克阿瑟將軍，與聯合國九個國家的代表，在密蘇里號艦上，接受日本投降，二次大戰於焉結束。

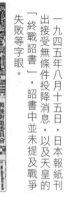

末代台灣總督安藤利吉，在台北中山堂簽署投降書，結束日本對台灣五十年的統治。

二、國民黨僞造文獻奪取台灣主權

國民黨對台灣人民的公告如下：

一九四三年十二月一日中美英三國首領簽署的開羅宣言說：「三國之宗旨，在剝奪日本自一九一四年第一次世界大戰開始以後在太平洋所奪得或占領之一切島嶼，在使日本所竊取於中國之領土，例如滿洲、台灣澎湖列島等，歸還中國。日本亦將被逐出於其以武力或貪欲所攫取之所有土地。……」由於開羅會議的決定，中國收復台灣、澎湖得到了美英兩國的共同保證。

一九四五年七月二十六日，中美英三個簽署的波茨坦公告又重申：「開羅宣言之條件必將實施」這樣，台灣、澎湖必須交還中國，復由中美英三國以聯合公告的方式正式通知日本。

一九四五年十月二十五日中國政府派遣陳儀爲受降代表接受日本在台灣的受降儀式，並發出「第一號命令書」給日本投降代表，正式接收台灣，然後陳儀代表中國政府宣告：「自即日起，台灣及澎湖島已正式重入中

一九四五年十月二十五日，台灣民眾聚集在台北中山堂受降典禮會場，興高采烈慶祝台灣「光復」。

國版圖，所有一切土地、人民、政事皆已置於中國主權之下」，並正式發文公告，至此，台灣、澎湖重歸中國主權管轄之下。並定十月二十五日爲台灣光復節。

三、國民黨的騙術被揭穿

依據最近文獻查證：決定台灣、澎湖主權交還中國的開羅會議及波茨坦會議，三國首領根本沒有簽署，只是一般會議共識的新聞稿，對主權的歸屬沒有約束力，又該宣言、公告只是一種宣示而已，不是像條約具備有法律的約束力。所以大家都知道沒有簽字的文告有效嗎？

又依國際法規定，以處分第三者的權益爲標的物時，必須有權益人參與，否則無效，日本是台灣合法的統治者，在沒有日本人的參與之下，中美英當然無權處分日本人的標的物「台灣主權」，怪不得一九五一年九月四日的舊金山和約和一九五二年四月二十八日國民黨和日本所簽訂的和平條約，僅規定日本放棄台澎的主權，而沒有規定還給任何國家。這就是表示台灣和澎湖

等日本所放棄的領土，將來應由住民全體公投決定歸屬，這又證明台灣主權歸還中國的文獻是僞造的，是假的。

國民黨集團霸佔台灣主權是以中美英三國首領共同簽署開羅宣言及波茨坦宣言爲依據，並以戰勝國的姿態來接管台灣，把受降儀式變成主權移轉儀式，這就是國民黨集團霸佔台灣的世紀大騙局。台灣人已被國民黨集團在台騙吃騙喝，享盡榮華富貴五十年，台灣人知道自己被騙了，要團結，應同心一致不要放棄自己的權益，不要只管賺錢，大家要起來，要爭氣，一齊來公投爭取自己的主權。

四、台灣人對中國的枉想

因日本人統治者的封鎖，絕大多數台灣同胞都不了解當時的中國社會詳情，事實上，當時的中國有大規模的軍閥割據內戰，戰火蔓延於中國各省，尤在一九二0年適逢山西，陝西、河南、河北及山東五省嚴重旱災，死亡人數達五十萬眾，又日本於一九三七至一九四五年發動侵華戰爭，大肆屠殺，掠奪與破壞，老百姓苦得不得了，窮得連褲子都沒得穿，連鹽都買不到，除大都市外，到處看不到學校、郵局、醫院這類公共設施，甚至連一間商店都沒有，看不到警察，更看不到一條公路，一具民用電話、電燈、一張報紙，甚至一張廣告牌，但台灣人把中國，把國民黨視爲孫中山的繼承者，抗日英雄，收復失土的功臣，台灣人萬萬沒有料到當時的國民黨就是偷竊、貪婪、掠奪、腐敗、惡毒的象徵，當台灣人興高彩烈地歡迎國民黨來接管台灣時，國民黨帶給台灣的就是公開的種族歧視、劫奪、嚴酷管制和血淋淋的殺戮。

台灣人純真憨厚，容易被蒙蔽欺騙

台灣人因長時間受日本次殖民地統治的苦痛，一旦台灣的社會菁英看到中國革命成功，並建立民主共和國就夢想著、企盼著偉大的祖國─中國，來拯救台灣的苦難，如能回到祖國的懷抱更是大勢所趨，因而一批又一批的台灣青年，冒著生命的危險，把中國當作革命的搖籃，利用中國的強大來光復台灣。（台灣人，自己老是不想辦法建立自己的國家，這種建國的偉大工程，怎能仰賴別人，以前依靠中國，結果發生二二八大屠殺，現在又想依賴美國，結果又會發生怎樣呢？爲什麼不好好地檢驗台灣歷史，仰賴別人的下場？）

五、台灣與中國有血的淵源

一九一二年十二月十八日羅福星革命事件，的確受中國黃花岡起義的影響。

一九一三年八月在台同盟會老會員翁俊明計劃赴北京暗殺袁世凱，方法是將醫學校培養的細菌放入當時僅供達官貴人飲用的自來水中。孫中山雖嘉其志卻阻其行，但翁不聽勸阻，依舊成行，結果病菌雖散放了，卻未發生效力，翁只得返回台灣。

一九一四年十一月，翁俊明等在台北平樂酒家召開同盟會台灣分會的會員大會，到會成員七十六人。會議引起日本警、特的注意，在惡劣的政治環境下，同盟會台灣分會被迫解散。

一九二0年一月，留日台灣學生在「中國五四運動」的推動和影響下，在東京創立新民會，會長林獻堂，副會長蔡惠如，會員有林呈祿、羅萬俥、吳三連、郭國基、蔡培火、謝春木等百餘人。該會成立後，在林獻堂領導下發動請願運動，要求日本廢除歧視台胞的「六三法

新民會係一九二〇年一月在東京成立，百餘位成員都是台籍菁英。會長是林獻堂（二排左五），副會長為蔡惠如（二排左四）。

案」，並在東京出版《台灣青年》，由蔡培火負責編輯，同時派副會長蔡惠如和會員彭華英回祖國，與國民黨密切聯絡。

一九二一年十月，林獻堂、蔣渭水、蔡培火、王敏川等成立台灣文化協會。該會以研究學術的名義，弘揚中華民族的燦爛文化。該協會後因具有中國共產黨身分的台灣青年加入，引發協會的思想路線紛爭，會員間意見分歧，僅相處即敵視若仇人，衝突尖銳化之結果導致協會分裂成台灣民眾黨、台灣工友總聯盟、新文化協會、台灣農民組合，後來這些團體又因爭奪主導權問題，再分裂爲台灣勞動互助社、台灣地方自治聯盟，除此之外，當時的台灣社會運動，還出現許許多多、大大小小規模互異的組織或團體，一時之間，台灣人民已完全忘了自己現正置身於日本人統治下的可憐奴隸，更完全忘了，大家應該一致同心努力「抗日」，一時之間，台灣人民忽然顯得揚眉吐氣，意氣風發，每個人都自認是個了不起的大人物，是英雄，是老大，誰也聽不進誰

台北張家與彰化甘家聯姻，中坐者為新郎張秀哲（即張月澄）、新娘甘寶釵，男儐相右為台灣第一位博士杜聰明，左為台灣革命第一人蔣渭水。

的意見，大家在紛歧爭吵的情況下，只贏得一句諷刺的名言：「台灣人只懂得拿扁擔」、「台灣人只會拿有刺的竹子去刺自己同胞的眼睛」，這些各黨各派的喧嚷聲，終在日本帝國主義的高壓政策下，一一消失無踪，這的確又是台灣人的另一個悲哀：「台灣人放尿攪沙𣍐結推」。

一九二一年留學中國的台灣學生已有上千人，爲了抗日，他們分別組織或參加下列各種團體，如北京台灣青年會、上海台灣青年會、平社、台灣自治協會廈門尚志社、閩南台灣學生聯合會、廣東台灣學生聯合會（後改台灣革命青年團），以上各團體以台灣革命青年團活動最爲劇烈，該團主張：「台灣的民族是中國的民族，台灣的土地是中國的土地」，當時該團自任爲外交部長的張月澄（台北市人，廣東嶺南大學學生）在廣東民國日報發表一篇「台灣痛史」——一個台灣人告訴中國同胞書，轟動一時，也震驚日本政府，於是派人嚴加監視思想偏激的抗日台灣留學生，張月澄最後被日本上海總領

事館逮捕回台判刑。

一九二五年，孫中山逝世的消息傳到台灣，台北、台中、彰化等地均組織了大規模的追悼會。台灣文化協會在其開設的文化講座召開追悼會，有五千多群眾冒雨參加。

一九二九年台灣各黨派派員前往南京參加孫中山的奉安大典，蔣介石領導的南京政府害怕刺激日本，予以拒絕。同年南京政府向台灣派出總領事，這實際上等於承認日本對台灣的占領。從此國民黨中斷了與台灣民族主義組織的聯繫。

抗日戰爭爆發以後，南京政府與日本的關係發生實質性變化，對台灣問題的立場又轉趨強硬。一九三八年四月一日，蔣介石發表講話，宣稱「以解救台灣的人民爲職志，必須使台灣同胞恢復自由，才能鞏固中華民國的國防，奠定東亞和平的基礎」。這番話已隱約顯示出要以光復台灣作爲對日抗戰的重要目標。政治是現實的，幾年前蔣介石連看到台灣人都怕日本人會有不良反應，現在卻施口惠要光復台灣，解救台灣同胞，但世事難料，再過幾年，蔣介石集團到處逃跑流浪，只有台灣人給他溫暖的窩，享受著一生從沒有過的幸福，衝著蔣介石要光復台灣的誓言，當時，很多台灣愛國青年，衝破日本警察的封鎖，回到祖國，參加抗戰，這些青年後來分別加入了國民黨和共產黨兩大陣營。其中追隨國民黨的那一部份，曾經組織了六個團體：台灣民族革命總同盟、台灣革命黨、台灣青年革命黨、台灣獨立革命黨、台灣國民革命黨、台灣光復團。

一九四一年，在國民黨中央組織部的斡旋下，上述六個團體合組爲台灣革命同盟會。該會

國民黨軍隊在基隆登陸。

成立後，曾先後編輯出版《新台灣》、《台灣問題叢書》、《台灣民生報》等報刊書籍，一方面向中國介紹台灣的情況，另一方面激勵在大陸的台灣人爲收復台灣而奮鬥。

同年，國民黨首次在香港成立台灣黨部籌備處，翁俊明任籌備處主任。一九四三年四月，國民黨台灣省黨部正式成立，翁俊明爲首任主委，謝東閔爲執行委員兼宣傳科長。主要幹部還有丘念台、陳棟等。

國民黨台灣省黨部以漳州爲工作據點，出版《台灣研究資料》，以供重慶政府決定對日作戰方略的參考。該部還派出人員潛入台灣，散發反日傳單，秘密發展組織。

一九四五年八月十五日日本宣佈無條件投降，八月二十九日國民黨政府宣佈，任命陳儀爲台灣省行政長官兼警備司令，準備接收台灣。

廬山真面目竟如此，夫復何言

一九四五年十月十七日國民黨部隊在基隆登陸，他

台灣人民熱烈歡慶抗戰勝利，重回祖國懷抱，到處張燈結綵，喜氣洋洋。圖為慶祝台灣光復大遊行的女學生隊伍。

們身穿髒舊的軍衣與草鞋，斜戴著皺軍帽，揹著髒棉被、大飯鍋和破雨傘草蓆，臉色黃中泛白，推推擠擠地下船登岸，和排列兩側軍容整齊的投降日軍，形成強烈的對比，台灣歡迎民眾大出意外，個個目瞪口呆，想不通「英勇的國軍」這樣的狼狽模樣，但台灣民眾仍然熱烈的歡迎。接著，登陸部隊乘火車進入台北，三十萬市民夾道歡呼，並高唱《歡迎國軍歌》，其詞曰：「台灣今日慶昇平，仰見青天白日清，哈哈！到處歡迎，到處歡聲。六百萬民同歡樂，壺漿簞食表歡迎」。

翌日，台北市學生和市民上萬人舉行環市大遊行，歡慶回歸祖國。全省上下，喜氣洋洋，到處張燈結綵，爆竹喧天。很多家庭舉行祭祖儀式，涕淚交流地向上蒼報喜。這種熱鬧感人的場面，通霄達旦，連續了數日。

六、國民黨對台灣的劫奪

來台灣的中國軍隊及接收人員，本是奉同盟國聯軍統帥的命令來接收日本投降事宜，沒想到中國軍隊登陸台灣，把接收當接管、霸佔，台灣從此陷入永無天日的

地牢。

國民黨到台灣不設省政府，而設行政長官公署，行政長官獨攬行政、立法、司法三權，並兼省警備司令，這等於是照搬了日本治台的總督制，只不過是在稱呼上把總督改稱為行政長官而已。

一九四六年五月成立了全省臨時參議會，其成員多為當局聘請或指定，並未經過人民選舉。其職能只是供當局諮詢，而沒有通常民意機構所具備的立法權、問政權、選舉權。較之日據時期為籠絡台人而建立的「地方自治制度」和「評議會」等，新的「參議會」猶更不及。

國民黨認為台灣人受日本奴化教育太深，又不懂中文，故不宜做官。在行政長官公署九個處的十八個正副處長中，只有兩個是台灣人，擔任縣、市長者，絕大多數是所謂「半山」。台灣人因中國有「唐山」之稱，故稱大陸人為阿山，稱台籍人為阿海，台籍人曾到過大陸求學或工作再返回台灣者，則稱為「半山」。

國民黨從日本人手中接收過來的各金融機構和大、中企業，也均由大陸人掌權。經濟待遇方面，凡大陸人與台籍人做同樣工作，前者工薪高出後者甚多，並享有後者不能享有的其他補助。

同時，國民黨派遣大量特務到台，其中有些原籍台灣，如軍統的林頂立、侯朝宗（後改名為劉啓光）、王民寧、蘇紹文等。這些特務與原來日本特務機關雇用的台籍爪牙合流，再吸收一些新人，合組成一張嚴密的大網，將台灣民衆罩在其中。

從一九四五年十月到一九四七年二月，國民黨共接收日本駐台的機關財產、企業財產、個人財產一百一十億元舊台幣。

從一九四六年七月起，開始接收日資企業和日、台合資企業的廠房設備，包括糖業、鋁業、礦業、電力、石油、化工等各行業的壟斷性大公司，合計被接收企業共八百六十多家，資本總額占全省工業資本總額的百分之八十以上。

台灣中等資本以上的金融機構也全部落入國民黨之手，如台灣銀行、台灣儲蓄銀行（接收後併入台灣銀行）、台灣商工銀行（後改爲台灣第一商業銀行）、華南銀行、日本勸業銀行台灣分行（後改爲台灣土地銀行）、三和銀行台灣分行（接收後併入台灣銀行）、台灣產業金庫（後改爲台灣省合作金庫）、無盡株式會社（後改爲台灣合會儲蓄股份公司）等金融機構，統統由官方接辦或改爲名義上的官民合辦。此外，國民黨還接收了各市、縣百分之三十的房屋和占全省耕作面積百分之二十以上的土地。（這是國民黨黨營事業的由來，國庫、黨庫實在無法區分）

這些企業、銀行、房屋和土地，有很大一部分是日本侵略者從台灣同胞手中野蠻地強搶強佔去的，國民黨若能酌情分還一部分給原主，可能有助於鞏固其統治。但驕狂的接收大員們，搜刮唯恐不狠，豈容台灣人分享其「勝利果實」？結果是國民黨照單全收，台灣人無緣置喙。這一來國民黨輕易地取代日本，掌握了台灣的經濟命脈，但也招致台灣人民的不滿，種下動亂的根苗。因接收人員徹夜不眠地竄改日本人留下的帳簿，或者乾脆夥同親友把各項物質或值錢

東西搬走，然後放把火將相關帳冊焚毀湮滅證據。

如果國民黨能妥善經營接收來的日產，使經濟迅速恢復和發展，台灣同胞的不滿也可能逐漸化解。但是，國民黨派到台灣的幹部，清廉而有能力者固有，以權謀私、貪贓枉法者更多。如任省專賣局長的任維鈞，被人在報上揭發出有證據的貪污就有五百萬元之多。省紙業有限公司總經理李卓芝，把價值數千萬元的機器廉價拍賣，暗中派代理人以四十萬元的低價買下。後來李卓芝改調台北市專賣局長，接任者發現此事，要李作出交代，李行賄五萬元，接任者不買帳，將賄款與控告信一併呈送上級。因為李卓芝的岳父是行政長官公署秘書長葛敬恩，結果此案不了了之。台灣貿易局局長于文溪，被國民黨中央清查團議定犯貪污罪，移送法院，但「錢能通神」，不久即從獄中放出。又如台北縣長陸桂祥，被人指控貪污舊台幣五億元，陸桂祥則反咬對方貪污台幣六十四萬，雙方各在報上揭出證據，驚動全國。以上諸案，僅是幾個較大的例子，當時報上所揭露的盜竊公物和貪污案件尚有很多，未被揭露者更不知有多少。

國民黨比日本鬼子還糟糕

惡毒的國民黨集團，把中國五千多年的惡質貪污文化移植到純樸忠厚的台灣來。怪不得美國總統杜魯門說：「國民黨像強盜，走到那裏，搶到那裏，跑到那裏，爛到那裏。」

由於官吏昏瞶，貪污盛行，台灣各「國營」企業或歇業，或減產，沒有一家能達到日據時期的水平。而這些「國營」企業都是從日本人手中接收來的壟斷性大企業，它們的生產下降，

直接導致經濟形勢的惡化，官營企業一場糊塗，民營企業也陷於困境，當時接收各國營企業的國民黨官吏，專業知識水平太低劣，只知貪污一途，無法讓工廠或企業繼續營運，經濟怎能不惡化？

國民黨到台後實行專賣制度，菸、酒、樟腦、鹽、火柴等統統由官辦的專賣局經售，甚至連毛筆、文具、教科書等都由省教育處主辦的台灣書店專賣，各機關團體、各學校若不從該店買文具書籍，會計處不予報銷。對印刷業也實行統制，各機關團體、各學校想印點東西，若不到工礦處所辦的台灣印刷公司去印刷，會計處也不予報銷，這就是明顯的貪污制度。

還有貿易局、運銷局、燃料調劑委員會等官方機構，硬性收購蔗糖、紙張、肥料、煤等重要物資，其定價往往僅及大陸同類產品市價的十分之一。如煤的收購價爲每噸五百元台幣，當時合法幣一千七百五十元，而大陸每噸煤的價格是十萬元法幣，貿易局等機構就利用這種巨大差價，廉價收購台灣物資，運往大陸謀取暴利。爲了保持其獨占性，一切進出台灣島貿易均由上述機構壟斷，民間企業不得經營。

國共內戰期間，中國大陸物資極度匱乏，因此新光復的台灣省所生產的物資，如果出售到上海等市場，轉手之間即可獲取暴利。於是，中央政府和台灣省行政長官公署，便狼狽聯手汲取台灣的資源、米糖及儲存的軍需品。這種搶奪台灣公共財物的統治者和強盜土匪流氓有何分別。

台灣產糖世界聞名，國民黨接收後，大量將台灣的食糖輸往中國大陸，高價賣出，支援內

戰。一九四六年台糖總產量爲八萬零六百五十六公噸，其中配售上海市場即達四萬五千九百二十五公噸；台灣僅得三千三百九十九公噸，佔總產量的百分之四點二。到了一九四七年總產量僅四萬一千七百六十三公噸銷到上海的量卻是此數的一點五倍，高達十萬七千七百九十五公噸，庫存量爲之一空，使產糖聞名的台灣無糖可食。此外，資源委員會還將十五萬噸台糖無償運至中國大陸。台糖在這種狀況下，缺乏再生產的資本，只好靠台灣銀行加印鈔票，貸款四十億台幣，約佔一九四七年台幣發行總額一百七十一億三千三百萬的四分之一。台灣在物資匱乏的情況下，又濫發貨幣，導致極嚴重的通貨膨脹。

一九四五年十二月九日，長官公署公布「台灣省徵購米穀懲罰辦法」，強制收購米糧。於是一年二、三收的台灣也面臨無米可食的窘境。十二月二十四日，糧食飆漲，台南白米一斗漲到一百元。一九四六年一月十五日，聯合國善後救濟總署台省分署長錢宗起談及在南部視察時，恒春一帶因爲米糧不足，貧民以檳榔葉充饑，一九四六年二月十七日，台灣米價已飆漲四百倍，怎麼活？征收稅金比日本統治時期上漲了八十八倍，怎麼活？

這種專賣制度，剝奪了民間企業的經商自由，致使大批企業破產，商店關門，從而極大激化了台灣民眾與國民黨政權的矛盾。

到一九四六年底，台灣官營、民營工廠，已有百分之九十停工；當年全省發電量僅爲日據時期的五分之一；糖產量下降到不足十萬噸，低於日據時期的十六分之一；煤和鳳梨罐頭等傳統大宗產品的產量，均不到日據時期的六分之一。

由於工廠倒閉或開工不足，造成大批工人失業。據一九四六年十一月統計，台灣失業勞動者已達八十萬，佔全島人口的百分之十以上。

到一九四七年，物價也已經漲了五倍。但是，如此之高的漲幅，比起大陸天文數字式的通貨膨脹，仍算是小巫見大巫。當時台幣與法幣取固定匯率，即一元台幣換三十元法幣，於是貪官污吏、不法奸商和黑社會分子，便從各種渠道把等於廢紙的法幣運到台灣，兌換成台幣，再在台灣套購物資，運回大陸高價售出。這樣官方搜刮，奸商走私，使得台灣物資更加匱乏，一向大量出產大米的台灣竟連黑市都沒有米，人民無米爲炊，很多家庭已靠吃薯根度日。就在這種基本生活物資極端匱乏及巨大的通貨膨脹壓力下，生活沒有保障、工作沒有尊嚴，當時的台

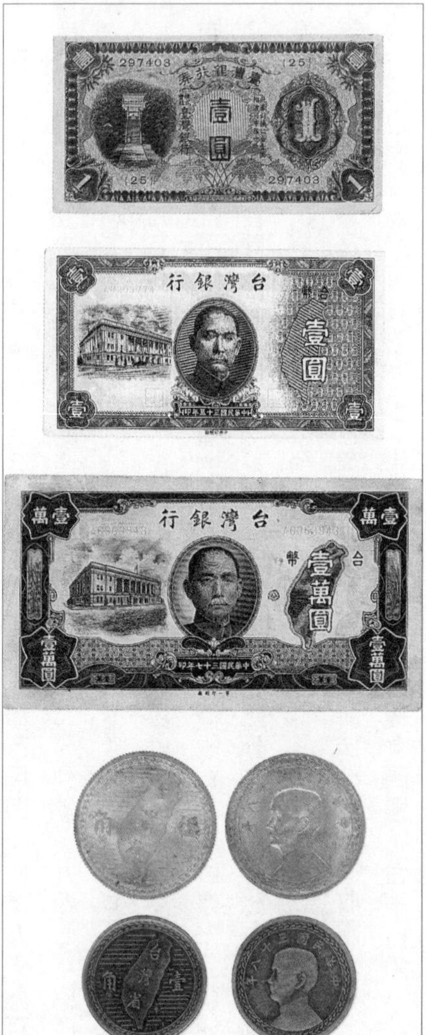

一頁台灣鈔票滄桑史，道盡多少台灣人的辛酸與淚水。光復初期，一元日幣改換一元舊台幣，後來幣值大貶，財政窘困，僅僅三、四年間，四萬元舊台幣，卻只換得一元新台幣，舊鈔賤如糞土，老百姓叫苦連天。

灣社會充滿怨氣，終於在二二八事變中找到了火山口。（從前面的實例就可以確實了解國民黨這個政權是多麼邪惡、惡毒）

七、國民黨軍隊太叫人失望

國民黨派來的接收軍隊，其駐軍紀律蕩然無存，其敗壞之程度已經到了罄竹難書的地步，他們如同搶匪，四處橫行，致使郊外地方不能安寧，小孩不敢外遊，婦女不敢獨行，依當時負責全台憲兵勤務調度的憲兵第四團團長高維民在他的著作「台灣光復初時的軍紀」一書中這樣描述：

「當時台胞普遍都騎腳踏車，譬如到郵局辦事，都把車停在郵局前面的車架裡，那些兵一看沒鎖，也沒人看，騎了就走。」

「那時候沒鐵門，也沒有圍牆，士兵一看屋裡沒人，跑進去就拿東西。」

「他們習慣坐車不買票，搭火車不走正門，從柵欄上就跳進去；上車也不走車門，從車窗跳進跳出。」

「該軍一少校參謀吃飯時，對女招待動手動腳，惹起反感，乃開槍示威。」

當時的軍隊，一般百姓都稱爲「賊仔兵」。這種稱呼，其實還算客氣。除了偷竊之外，「賊仔兵」耍賴、威脅、詐欺、恐嚇、調戲、搶劫、殺人……無所不爲。

軍警動輒開槍滋事的案件，在當時屢見不鮮，每天報紙都有軍警持槍逞凶、搶婚乃至姦污婦女的報導，甚至有高層警官穿著制服當街打劫。

《民報》曾經在社論上不客氣地指摘：「由內地來的同胞，常結黨成群，各處劫奪財物」……上海的《大公報》也指出：「國軍在台紀律很差，滋生是非，甚失人望。」

還有更好笑的事實，賊仔兵看到屋子裏只要水龍頭開關轉一下，水就來，於是就去買來水龍頭往牆上打洞一插，開了半天，水都沒來，於是將水龍頭拿回商店，起了爭執，打了老板一個耳光說：「你怎能將壞的東西賣給我？」

八、希望破滅

渴望新時代來臨、對新政權充滿幻想與熱情的台灣人，目睹了祖國帶來的貪污、腐化、蠻橫和經濟大恐慌，才猛然發覺自己熱烈歡迎的竟是一群口蜜腹劍的新殖民統治階層，逐漸從「回歸祖國懷抱」的迷夢中驚醒。

陳儀政府以征服者的姿態施行集軍閥、特務、貪污、低效率於一身的殖民統治，使得台灣人在終戰之後受盡掠劫、剝削、摧殘。

當時，台灣社會流傳著一首打油詩：「台灣光復歡天喜地，貪官污吏花天酒地，警察蠻橫無天無地，人民痛苦烏天暗地」，由此不難想像台灣人心中的憤怒與絕望。

到了一九四六年底，台灣民間已經開始有人用「豬官」、「豬標」、「豬」等侮辱性字眼稱呼中國人。

九、台灣人民的怒火——二二八抗暴運動

一九四七年二月二十七日傍晚，台北專賣局的武裝緝私員和警察當街逞凶，將一名賣「私

台北專賣局（即今之公賣局）的緝私員和警察，因在街上將一名賣煙的婦女打傷，一發不可收拾，竟衍變成日後的二二八事件。

煙」的婦女毒打受傷，引起民憤。緝私警察又開槍射殺一位無辜的圍觀者，使群眾忍無可忍。

二月二十八日，台北全市罷工、罷課、罷市，民眾上街遊行示威，高喊「打倒陳儀商店專賣局」、「打倒貿易局」、「實施台灣高度自治」等口號，漸漸地，群眾的憤怒情緒控制不住，遊行示威轉化爲暴力行動。群眾衝入警察局、派出所。搶到槍枝武裝自己，繼而火燒專賣局，包圍台灣行政長官公署。國民黨軍警開槍鎮壓，事態愈演愈烈。憤怒的群眾占領了廣播電台，號召全省人民起來反抗國民黨的暴政。台灣各地廣大群眾紛起響應。鬥爭風暴迅速蔓延全省，許多地方組成以工人、農民和青年學生爲主的武裝隊伍，攻打蔣軍兵營、據點、倉庫、飛機場，占領縣、市政府辦公場所，搗毀國民黨黨部，逮捕和懲辦特務黨棍。幾日間，全省除重兵把守的基隆、高雄兩要塞和少數軍政單位外，均被起事人民所控制。

十、台灣人民忘了要獨立建國

抗暴的火花正蔓延整個台灣島，到處都傳來殺豬聲，而此刻正是國共內戰鬥爭最高潮，大陸的國民黨軍團絕無法抽調半隻兵馬來台支援，而當時駐守台灣的軍、警、憲、特各種兵力，大約只有一萬名左右，如果當時台灣出現一位果斷又堅毅的領袖，呼籲全台團結一致，將受過日本訓練有素的軍人及民兵組織成義勇軍，勇擒陳儀，嚴守基隆、高雄港要塞，不讓中國兵進入，同時向全世界宣佈獨立建國，此正是千載難逢的好機會，可是當時我們的所謂領袖們都是半山，竟然躬著腰，委曲求全地去求魔王說「我們只是拜託您爲我們改革而已」，把本來全台人民所奪回的主權又雙手恭奉給魔王，還拜託魔王說：「請存收好」。嗚呼！哀哉！台灣人呀！台灣人！你何時才能獨立？何時才能挺起腰來？

十一、台灣人民依賴求人的下場

㈠二月二十八日北市參議會求見陳儀

二十七日下午三時左右，陳儀認爲事態嚴重，緊急發佈戒嚴令：「自廿八日起，台北市區宣佈臨時戒嚴，禁止聚眾集會，如有不法之徒企圖暴動擾亂治安者，定予嚴懲。」

戒嚴令一下達，全副武裝的軍、憲、警傾巢而出，坐上四面架著機關槍的卡車在街道上巡邏，一見到群眾就開槍掃射。原本已陷入緊張狀態的台北市，此時更瀰漫著濃烈的火藥味與血腥味。一批在郵政總局聚集的群眾首當其衝，在軍警開槍掃射下，十數人傷亡。

正當台灣人民慘遭屠殺之時，台北市參議會在中山堂召開緊急會議，公推省參議會議長黃朝琴陪同四名市參議員，前往長官公署請願，要求嚴懲凶犯、取消專賣局、禁止警員帶

槍值勤。但是，陳儀的答覆極爲含糊。

(二)二月二十八日晚參議會向台民廣播

當晚七點半，台灣警備總司令部參謀長柯遠芬、省參議會議長黃朝琴、台北市參議會議長周延壽、國大代表謝娥等四人對台北市民廣播，希望民眾冷靜、遵守秩序。

其中，謝娥在廣播中聲稱：「林江邁只受輕傷，軍隊也未在公署廣場前開槍，而是民眾相互推擠踐踩，以致若干人受輕重傷……。」由於民眾認爲謝娥的說詞與事實差距太大，當晚她所開設的醫院慘遭搗毀。

二二八事變後，謝娥以最高票當選台灣區立法委員。競選期間，謝娥一再澄清表示，當時她係誤信公署秘書長葛敬恩的言詞，而做出錯誤的廣播，她「不知道政府官員會說謊」。台灣民眾不知爛好人或不明是非！

(三)三月一日第二次參議會求見陳儀

三月一日，一群民眾包圍北門旁邊的「鐵路管理委員會」，遭到機關槍瘋狂掃射，十八個人被擊斃，四十多人受輕重傷，情勢更加惡化。

這天上午，台北市參議會邀集了台籍國大代表、省參議員、國民參政員在中山堂召開大會，他們都是半山，成立「緝菸血案調查委員會」，並推派省參議會長黃朝琴、市參議會議長周延壽、省參議員王添燈、國民參政員林忠等人代表，再次謁見陳儀，提出五項要求：

1.即時解除戒嚴令。
2.立刻釋放被捕者。
3.禁止軍警開槍。
4.官民共組處理委員會。
5.陳儀向全省廣播解釋。

陳儀對這五項要求一一接受，惟獨不許聚眾示威及停工罷課。此外，陳儀認爲該組織應改名爲「二二八處理委員會」，較爲妥當。

(四)三月一日下午五時陳儀第一次向台民廣播

當天下午五點，陳儀第一次就「二二八事件」相關事宜進行廣播。主要內容有：

1.誤傷人命的查緝員已交法院審辦，一死一傷者已優厚撫恤（死者陳文溪廿萬元，傷者林江邁五萬元）。
2.自午夜十二時解除戒嚴，但不准集會、遊行、停工、罷課，不許有毆打或擾亂治安的行爲。
3.暴動被捕者可由父兄、里鄰長聯名具保後釋放。
4.指定民政處長周一鶚、警務處長胡福相、農林處長趙連芳、工礦處長包可永、交通處長任顯群等五人，代表公署參加「二二八事件處理委員會」。

(五)陳儀的騙術

根據警總參謀長柯遠芬的日記透露，陳儀早在事件爆發當晚就急電南京中央政府，指稱「奸匪勾結流氓，乘專賣局查緝私菸機會聚眾暴動，傷害外省籍人員」，並在三月二日第一次電請蔣介石派兵渡台鎮壓。

由此不難得知，陳儀的廣播不過是為了拖延時間而不得不然的表面動作。

雖然陳儀用廣播宣佈解除戒嚴，但是，晚間十二點過後，槍聲仍然不絕於耳，憲警仍然固守交通要道與政府機關，武裝巡邏部隊仍然滿街呼嘯，原本駐防鳳山的軍隊也在陳儀秘密電召下，迅速往台北前進，恐怖氣氛並未稍有緩和。

㈥三月二日

三月二日上午九時，「二二八處理委員會」在中山堂開會，並決定變更該會組織，擴大參與人員，由商會、工會、學會、民眾、政治建設協會各選出代表參加；官方除了原先五名代表之外，再增列警備總部參謀長柯遠芬和憲兵第四團團長張慕陶；主席周延壽也建議納入省內各國民參政員、參議員、國大代表。

由於當天會議進行之時，街道上仍然槍聲大作，因此第二天的擴大會議便決議：軍隊應於三月三日下午六時撤回軍營，地方治安由憲警和學生、青年組織服務隊維持。

㈦三月三日忠義服務隊

三月三日下午四時，在台北市長游彌堅主持下，「忠義服務隊」正式成立，由許德輝擔任隊長，主要成員大都是來自台灣大學、法商學院、師範學院、延平學院的青年學生。

誰也沒想到，這些被委以維護治安重任的青年學生們，數天之後便成爲國民黨軍隊首波鎭壓、屠殺對象，一一淪爲槍下亡魂。

二二八事件平息後，柯遠芬曾經透露，「忠義服務隊」隊長許德輝本身是軍統局（情報局前身）台北站站長，也是警備總司令部調查室所屬的「行動隊」台北大隊長。

在許德輝掩護下，軍隊、特務紛紛換上警裝，混入忠義服務隊，假藉維持治安之名，公然進行勒索、搶劫、分化，使得民眾的痛苦、恐懼更加深一層。

另一方面，軍統局在台最高特務頭子林頂立則奉命組織「義勇總隊」，指揮特務「分化奸僞」，並且暗中銷定「二二八處理委員會」成員及其他社會各階層的活躍份子，從事跟監、綁架、挑撥、暗殺……等恐怖行動。

後來，柯遠芬承認，不論是許德輝負責的「忠義服務隊」或林頂立組織的「義勇總隊」，事實上都是警總的外圍組織。

(八)太天真的二二八事件處理委員會

二二八事件爆發之際，由於國民黨疲於應付國共內戰，駐台兵力薄弱，警總參謀長柯遠芬和陳儀研商後，決定「以群眾的力量對抗群眾」，乃計劃利用蔣渭川領導的「政治建設協會」出面削弱「二二八事件處理委員會」力量。爲此，陳儀除了派情治人員滲透、監控「處理委員會」外，並數次召見蔣渭川密商。

在陳儀、柯遠芬、蔣渭川計劃、運作下，三月三日，商會、工會、學生、民眾及「建設

協會」五方面選出的「二二八事件處理委員會」代表，蔣渭川幾乎掌握了半數。主席周延壽有意稀釋蔣渭川的勢力，裁決所有參議員均加入「處委會」，如此播下了派系紛爭。

這樣陷入紛爭的「二二八事件處理委員會」，功效自然大打折扣，各方人馬爲了爭奪主導權，甚至在開會時正面叫罵。在陳儀有計劃的敷衍、應付之下，大部分爲了權勢而爭風吃醋的「處理委員」們，也天真地高估了自己的政治影響力。

(九)陳儀又施詐計

由於陳儀對「二二八事件處理委員會」提出的種種要求言聽計從，並且數次廣播安撫民心，此外也開始接見各界請願代表聽納建言，並且強調要把各位代表的建言歸納成冊，以作施政參考，以致所有建言都要寫上姓名、詳細地址以及個人經歷，台灣人的天真、忠厚就是如此，大家努力寫建言，希望用別人的手來建立自己的國家，結果這個建言單就是二二八的殺身符，是必殺黑名單，很多台灣的菁英就在夜晚的家中被他自己寫的住址拘捕失蹤。

(十)三月五日

到了三月五日，台北市的秩序大半恢復，商店開始營業，對外交通順暢，罷工、罷課的情況也有明顯改善，民眾盲目毆打大陸人的情況大爲減少，治安逐漸好轉。

(十一)二二八事件處理委員會，不知危機四伏

此時，「二二八事件處理委員會」的議事重點，也從平息事件、料理善後，轉移到以

「改革台灣省政治」爲目標，發展成政治改革團體，各縣市「處理委員會」紛紛成立，逐步架空了陳儀政府的權力。

陳儀迫於局勢不得不然的低姿態，更使得「處理委員會」氣勢愈來愈高漲，各方派系爲了爭奪權力，場內場外明爭暗鬥、相互傾軋，渾不知本身危機四伏。

三月五日下午，「處委會」通過陳逸松與李萬居草擬的七條政治改革綱領，重點爲：

1.公署秘書長、各處長及法制委員會，半數應由本省人充任。

2.公營事業由本省人負責經營。

3.立刻實施縣市長民選。

4.專賣制度撤銷，只保留菸酒部分。

5.貿易局、宣傳委員會廢除。

6.人民享有言論、出版、集會自由。

7.保障人民生命財產安全。

然而，在此同時，每天必須發送兩份電文呈報動亂演變情形的中統局台灣調查統計室，卻以十萬火急電文報告遠在南京的蔣介石，謊稱「參加暴動者多屬前日軍徵用之海外回來浪人，全省約計十二萬人」，建議派遣三師勁旅赴台戡亂，指稱台灣局勢已演變至「叛國奪權階段」，蔣介石聞訊怒不可抑，立即電令國民黨軍廿一師師長劉雨卿：「師屬各部立即準備赴台，限於三月八日前抵達」。

㈩三月六日

三月六日，陳儀又向全省廣播，表示「欣然接受」處委會所提的政治改革綱領，希望省民信賴政府、靜待處理。但是，事實上，陳儀當日即向蔣介石電傳一份「二二八事件報告」。陳儀在報告中指出，二二八事件「顯係有計劃、有組織的叛亂行為」，他並主張「對於奸黨亂徒，須以武力消滅，不能容其存在」，要求蔣介石抽派兩師軍隊渡台「消滅叛亂」。

由此可見陳儀等文武官員的陰險惡毒，一方面與台灣民眾虛與委蛇，並一再保證不會電召軍隊來台，一方面卻對二二八事件的起因與經過加油添醋，力促蔣介石出兵，造成各地菁英日後紛紛遭到逮捕和殺害。

「二二八事件處理委員會」於三月六日下午選出林獻堂等十七名常務委員後，又開始進行人多嘴雜的議事，會場秩序愈來愈混亂。

㈫三月七日

三月七日，正當該委員會宣傳組長王添燈提出「卅二條處理大綱」交付大會討論之時，國民黨軍廿一師師長劉雨卿也專程從南京搭乘美齡號專機飛抵松山機場，隨即匆匆前赴台灣長官公署晉見陳儀。

劉雨卿向陳儀報告說：「廿一師軍隊和憲兵第四團第三營已分別從上海和福州出發，預計八日下午前可抵達基隆港。」

㈬台灣人看人臉色的下場

陳儀確定大軍即將壓境，便有恃無恐地露出猙獰面目。當天下午四點，黃朝琴、王添燈等人將三十二條「處理大綱」面呈陳儀，陳儀接過後連看都不看，便斷然嚴厲拒絕。當時的情景，《楊亮功年錄》描述如下：

「陳儀於公署四樓接見黃朝琴等，批閱綱要敘文未畢，忽赫震怒，將文件擲地三尺以外，遂離座，遙聞厲聲，毫無禮貌而去，眾皆相顧失色。」

陳儀的態度與先前有若一百八十度轉變，許多人政治嗅覺敏銳的已意識到大難即將臨頭，連夜登報聲明推翻「三十二條處理大綱」，企圖撇清自救，這也顯示「二二八處理委員會」成員複雜，政治動機互異。

㈤相信中國人「生命保證」的代價

三月七日夜晚，陳儀下令台北市所有軍隊秘密集中待命，俟國民黨大軍一到便以武力「清除奸匪叛徒」。

三月八日一早，台北街頭盛傳國民黨大軍即將登岸展開屠殺報復，一時風聲鶴唳，民心惶惑不安；「處理委員會」則派出四名代表前赴長官公署向陳儀表示不再提任何要求。為了遮掩事實，憲兵團長張慕陶則於中午時分親赴中山堂，對「處理委員會」委員聲稱：「本人以生命保證，中央絕不對台灣用兵。」

張慕陶的「生命保證」擺明了睜眼說瞎話，當時，廿一師已經靠近基隆外海，夜晚便登岸，對基隆進行全市大屠殺。然而，大部分的「處理委員會」委員卻聽信了張慕陶的言

詞，對於殺劫臨身渾然不知。這就像現在的中共保證香港「馬照跑，舞照跳」的謊言。

㈥下達無區別屠殺令

有了軍隊作後盾，陳儀再也不理會「處理委員會」。

三月八日夜晚，陳儀下令軍隊對「奸匪」進行總攻擊，並密電基隆要塞司令史宏熹派出憲兵部隊「徒步向台北搜索速進，限拂曉前到達旭町總部，以便內外夾攻，消滅暴徒」。

歷史傷痕，永難磨滅

三月九日清晨，陳儀下令台北戒嚴，全面「搜捕奸暴」。

到了三月十日，陳儀進而下令解散「處理委員會」，並捕殺重要幹部；「卅二條處理大綱」也成了「反抗中央、背叛國家」的罪證，淪為大屠殺的藉口。

一場悽慘無比的人間大悲劇，從此開始。

莊嘉農在《憤怒的台灣》這麼寫道：「三月八日蔣家軍開到後，由基隆殺起，殺到屏東，足足殺了半個月，其中，台北、基隆、嘉義、高雄殺得最淋漓……。」

就這樣台灣的菁英在國民黨軍隊毫無理由下，被屠殺五萬餘名，已突破台灣史外來政權屠殺台人的紀錄。

第九章　台灣的主權台灣人沒權利討論

一、美國主張台灣主權未定

㈠一九五0美國杜魯門總統已對腐敗無能的蔣政權喪失信心，認爲其貪污腐敗專制昏庸全世界無出其左右。這是宣佈國民黨死亡證書的理由亦暗示如何辦理後事。因爲國民黨走到那裡就搶到那裏，跑到那裏就爛到那裡。美國準備從台灣撤僑而台灣很快將被共產黨統治。

㈡一九五0年六月二十五日朝鮮戰爭突然爆發，美國於二十七日操縱聯合國大會通過出兵援助南朝鮮的議案，同時下令美國第七艦隊，阻止共黨渡海攻台，爲蔣家政權撐起保護傘（南北韓戰爭，救了國民黨的命），連帶對國民黨提出兩個附加條件：1.台澎地位未定，2.台海中立化。

1.台澎地位未定論：

(1)早在一九四六年美國駐台澎新聞處長卡度，多次散布台灣地位未定論，主張讓聯合國託管台灣。

(2)一九四七年八月美國特使魏德邁到台灣考察，在他的給國務院報告中說：「台灣人民願意接受美國領導和聯合國的託管。台灣人民不願支持搖搖欲墜，貪污腐敗無能的國民黨」。

(3)一九四九年四月美國國務院發言人麥德莫宣稱：「台灣之最後處置須俟締結對日和約再定」。十月國務院又發言：「國民黨政權應把軍隊調到海南島，台灣則交聯合國託管」。

(4)一九四九年六月麥克阿瑟正式向國民黨提出希望把台灣交盟軍總部或聯合國代管，被國民

黨當局拒絕。（從這點可看出國民黨以開羅宣言來騙台灣人民並霸佔台灣島。）

2.台海中立化

⑴一九五0年六月二十六日美國向台灣方面提出備忘錄，提出美國將向台灣海峽派出第七艦隊，但並不是應「中華民國政府」的邀請協防台灣，而是美國視台灣海峽爲歸屬未定海域，美國在這片水域擁有「單獨或集體自衛的權利」。台灣及台灣海峽的未來地位，將由對日和約決定，而且美國此次出兵是以聯合國集體反侵略的方式，是打著「國際行動」的旗號，只有把台灣海峽說成是「地位未定」，美國才能以「保護戰略補給線」爲名，在這片水域要求自衛權利，如用「協防」，便從國際行動變爲美國和「中華民國」的雙邊行動，而第七艦隊駛入台灣海峽的性質也就成了干涉中國內政，這同美國宣佈的立場相悖，故難以接受。

⑵美國要求台灣當局承認「台海中立化」，即美國一方面用優勢海軍力量遏阻中國在台灣海峽用武，但另一方面也要求台灣當局停止對大陸的軍事襲擊。杜勒斯聲稱，第七艦隊駛入台灣海峽，是爲了保證這片「未定海域」的安寧，也就是確保朝鮮戰場上「聯合國軍」的海上運輸線，國共雙方誰在這片水域上用武，都將破壞安寧。（國民黨的反攻大陸在一九五0年代已被美國嚇止，是喊給台灣人民聽的）。

人為刀俎，我為魚肉

3.台灣未來地位的決定必須等待太平洋和平與安全的恢復，對日和約的簽定，或由聯合國予以考慮。這就是使「台灣地位未定論」和「台海中立化」成爲美國官方對台灣問題的基本原則。

一九五0年六月二十八日，台灣「外長」葉公超發表聲明，表示對美國的建議「原則上接受」，但做兩點保留：①「台灣係中國領土的一部分，乃爲各國所公認，美國政府在其備忘錄中向中國所爲之上項提議，當不影響開羅會議關於台灣未來地位之決定，亦不影響中國對於台灣的主權；②「中華民國」決不放棄反攻大陸的總原則，雖暫時同意「台灣中立」，仍保留「採取其他步驟抵抗共產威脅」的權力。（國民黨主張台灣係中國領土的一部分，造成今日永無法撇清中國對台灣也享有主權的主張）。

(4)八月二十九日，杜魯門發表了美國對台灣問題的政策聲明，除重彈「台灣地位未定」和「台海中立化」的老調外，進而表示要把台灣問題交聯合國討論。

爲此，國民黨方面向美國交涉，希望美國自動收回提案，並表示不惜使用否決權以阻止聯大討論所謂「台灣地位」。在雙方談判中，杜勒斯警告顧維鈞說：「如果中國政府（指台灣當局）強烈反對美國對台灣的立場而意欲與美國爭論，則更增加美國的困難而有礙美國確保台灣不爲中共所占領及維持中國政府（指台灣當局）的國際地位」。這個緊箍咒一念，台灣當局只得讓步，默許聯大討論台灣地位問題。

(5)在國民黨政權強烈的反對下，適英國提出「無限期延遲討論台灣地位案」，在聯大獲得

通過，台灣也鬆了一口氣，否則的話，號稱代表中國的台灣當局，坐擁聯大否決權，卻聽任別人討論台灣領土歸屬問題，這是多麼尷尬羞辱的場面。

二、舊金山和約的台灣主權未定

㈠朝鮮戰爭的爆發，使美國急於解脫日本，使日本成爲東亞反共包圍圈的中心堡壘。爲此，美國於一九五0年十月開始積極活動，準備在舊金山聚集各對日作戰國簽訂對日和約，繼而解除對日本的軍事管制，使日本重歸國際社會。

十月二十日，杜勒斯會見顧維鈞，告知美國預定之對日和約七原則，其中涉及台灣及澎湖列島地位問題，規定將來要由「英、蘇、中、美四國決定」。這顯然是否認《開羅宣言》和《波茨坦公告》的效力，爲此，顧維鈞提出嚴肅質問。

杜勒斯解釋道，美國第七艦隊駛入台灣海峽，即因這一地區「地位未定」，如果對日和約規定了台澎屬於中國，美國也就失去了在這一帶部署兵力的依據。當美國真正對日媾和時，卻又想把「台灣地位問題」「凍結」起來。

㈡台灣當局明知「凍結」之說是嚴重侵犯中國主權，但爲了給第七艦隊提供「協防」依據，終於被迫向美國低頭。十二月十九日，顧維鈞奉命轉告杜勒斯，台灣方面已同意在和約中不寫明日本將台澎權力歸還中國，只寫明日本放棄對台澎的權力即可。一九五一年一月二十二日，台灣當局以書面文件，正式通知美國同意締結對日和約。三月美國把和約草案的初稿分別送交五十三個國家，台灣當局在美國眼中是代表中國的，自然也得到一份。

㈢經過一番仔細的研究，台灣當局發現和約草案有一個「差別待遇」問題，即台灣和澎湖的地位問題，只寫了日本放棄一切權力而未寫明日本將這些權力交還中國；而南庫頁島、千島群島等島嶼，則寫明了日本將這些權力交還蘇聯。這樣，就露出歧視「中華民國」的傾向。

㈣因此，台灣當局向美國提出：或者在草案中加進「日本把台澎一切權力歸還中國」的條文，或者刪去「日本把南庫頁島、千島群島一切權力歸還蘇聯」的條文，否則，台灣方面不便在和約上簽字。

㈤正當雙方相持不下之際，已同中華人民共和國邦交的英國於一九五一年四月中旬提出應讓北京代表而非台北代表參加對日和約。五月和六月，蘇聯兩次提議，主張美，英，蘇，中（中華人民共和國）舉行四國外長會議，爲對日和約作準備。英、蘇兩國，均強烈反對台灣代表參加對日和約，而美國則強烈反對中華人民共和國代表參加對日和約。

六月中旬，杜勒斯飛往倫敦，與英國達成妥協。六月十五日，美國把與英國商定的妥協方案通知台灣當局，其要點爲中國的兩個政權都不參加此次簽約，另由日本自主決定與中國那個政權簽約。

㈥中國是抗日時間最長，蒙受損失最嚴重的國家，而美國的這一提案，卻把中華民國排除在對日和約之外，甚至讓戰敗國日本來選擇中國的政權之一爲媾和對手，這是對中華民國的粗暴侮辱，因此遭到台灣當局的聲討。

㈦一九五一年九月四日，對日參戰的五十五國的五十一國代表，與日本代表在舊金山簽訂和

約，且和約中只提到日本放棄台灣及澎湖列島的一切權力而未規定台灣屬於誰，所以蘇聯、波蘭和捷克拒絕在和約上簽字。

㈧美國在知道蘇聯肯定不會簽字後，把草案中「日本將南庫頁島、千島群島交還蘇聯」的字樣刪去，從而向台灣送了一份順水人情。到九月八日，除蘇、波、捷外的四十八個與會國代表簽署了舊金山和約。

司馬昭之心路人皆知

㈨和約簽定後，美國壓迫日本和台灣締約，日本則希望先觀望一段時間再行決定，日本雖極「敬重」國民黨「政府」，「惜者目前領土僅台灣耳」，並表示日本「深恐」與台灣當局訂立雙邊和約後，「勢將引起中國大陸國民對日本之仇視」。吉田茂並說：「如果中國要我國在上海設置駐外事務所，作爲通商，我們可以設置」。

㈩吉田茂的講話引起台灣當局的驚恐。十月三十一日，台灣當局「外長」葉公超約見美國駐台「大使」蘭欽，表示蔣方認爲：「吉田茂的言詞，已構成對於自由世界的一項挑釁行爲」。十二月十日，美國派特使杜勒斯飛往東京向吉田茂施加壓力，因日本當時在政治、軍事、經濟等方面均需仰仗美國，而舊金山和約也有待美國國會最後批准，故吉田茂最終作出讓步，於十二月二十四日致函杜勒斯，表示日本將同「中華民國」締約。

㈪一九五二年二月二十日，日台雙方代表在台北開始締約談判，台灣當局代表提出八點要

求，日方對其中三點提出異議。這三點成爲談判中爭執的焦點。

第一點，台灣當局堅持條約必須適用於中國全部領土。即必須是完整和約而非有限和約。日本堅持條約「應適用於現在中華民國政府控制之下，或將來在其控制之下之全部領土」。台灣當局認爲這句話中的「或」字有「二者擇一」之意，要求改爲「及」字，日本方面反對。最後，在文件附錄中註明雙方認爲正文中的「或」字有「及」的意思，於是台灣當局認爲這樣可算日本已承認「中華民國」對於中國大陸的主權，不再提出異議。

第二點，台灣當局要求日本寫明將台灣、澎湖一切權力交還「中華民國政府」。日本方面只肯寫明「放棄權力」，而不願寫明「交還中國」，在美國大使蘭欽的干涉下，台灣當局放棄原議。

第三點，台灣當局提出應在條文中規定「中華民國」有向日本索賠的權力。日方答稱：的確應向中國賠償戰爭損失，但受日本侵略的原中國大陸人民，而中國大陸現在是由共產黨控制，故日本不準備同台灣方面討論這個問題。最後，台灣方面以「自動放棄賠償」下台。

㈢四月二十八日，日本與台灣當局簽訂了所謂「和平條約」。同日，美國國會正式批准舊金山和約，日本被正式許可回歸國際社會。《日台和約》的簽訂，標誌著美國終於建立了一條北起南朝鮮，中經日本、台灣，南至菲律賓的太平洋防禦圈，台灣處在這個防禦圈的中心環節，其在美國世界戰略中的地位隨之上升。在付出了默 許美國宣傳「台澎地位未定」和搞「台海中立化」的代價後，台灣當局被正式接納爲資本主義陣營的一員。因之，它也借助美國保住了在聯合國的

席位和與多數資本主義國家的外交關係，從而可以把更多精力用來整頓內部。

「日台和約」的簽訂，自始至終有美國在後牽線。經三方認可之最後文本，在「台灣地位」問題上仍留下「伏筆」，即未讓日本寫明已將台澎一切權力歸還中國，並僅將台灣稱之為「現在中華民國控制之下（的領土）」，而在國際法中，「控制」與「擁有主權」是兩個截然不同的概念，日本承認台灣當局「控制」台澎地區的事實，並不意味它同時承認中國對台澎地區擁有主權。於是，所謂「台澎地區地位未定論」仍可照樣存在。

三、兩個中國的構想對台灣主權的主張

六十年代初，「兩個中國」一度被美國輿論界和學術界當作時髦，許多人都希望在這方面扮演重要角色，他們提出種種方案，其中最值得重視，最有代表性的是「康隆報告」、「中台國方案」和「宗主國方案」。

㈠康隆報告

是美國一個擁有眾多學術人才的名叫康隆學社（Conlon Associates）的民間機構，應美國國會參議院外交委員會之請，於一九五九年九月一日正式提出的一份美國外交政策的研究報告。他們建議美國對華政策採取八項措施：①取消對中國大陸的禁運令；②贊成中華人民共和國加入聯合國；③設置「台灣共和國」，台灣本地人民希望與大陸分開，可採取公民投票的方式決定；④提議中國、印度、日本為聯合國永久常任理事國會員，台灣為大會普通會員；⑤重向台灣的「國民政府」聲明美國協防台灣之義務照舊不變；⑥台灣的軍隊退出金門、馬祖，居民留去自

擇；⑦「台灣共和國」成立後，其「國民」願回大陸者，美國應予「協助解決」；⑧美國承認中華人民共和國並與之通商；「康隆報告」中沒一處提到「中華民國」的國號，被台灣文人指責爲「有『活埋』我中華民國」，該報告發表後，台灣上下惶惑驚恐，亂成一團，很多人以爲這是美國對台政策將有重大轉變的信號。

㈡中台國方案

1.一九六〇年美國總統候選人甘乃迪的外交顧問鮑爾斯（Crester Bowles），發表一篇題爲重新考慮中國問題，中台國方案即由此出籠，「中台國方案」的要點是：①美國壓迫台灣從金、馬撤兵，並鼓勵金、馬等沿海島嶼中立化；②美國繼續承擔保護台灣的義務，且由聯合國負責保證台灣的安全；③美國承認中共政權，並向後者表明它在台灣的軍事設施，目的不在鼓勵國民黨反攻大陸；④台灣成立獨立的中台國（Sino-Formosa Nation），它的政體，最後必須徵得人民的同意。

2.當時共和黨總統候選人尼克森稱：在任何地方我不讓給中共一寸土地；主張協防金馬，並指責甘乃迪放棄金門、馬祖的政策是「走向戰爭與投降，或兩者都是」，後又進而升級爲「鼓勵侵略者」。而更具諷刺意味的是，當時被台灣當局寄以厚望卻終於落選的尼克森，卻在十年後成了第一位訪問中華人民共和國的美國總統，並將台灣主權出賣給中國。

㈢宗主權方案

一九六一年一月，美國的中國問題專家費正清提出「宗主權」方案，要意爲美國承認中華人

民共和國政府，也承認台灣的獨立，兩個政權同時參加聯合國；所謂「宗主權」方案是在「兩個中國」的方案難以得逞時衍生出來的變種，其形式是從「兩個中國」變爲「一個半中國」，這一方案承認中華人民共和國對台灣擁有宗主權，並否認台灣當局對大陸擁有宗主權，這都觸到了國民黨的痛處，當然要予以反對。美國副國務卿鮑威爾還提出所謂「分享方案」，即由中華人民共和國政府擁有聯合國大會席位，而讓台灣當局保留聯大安理會席位。鮑威爾是美國高級官員中鼓吹「兩個中國」最有力者，上述各種「兩個中國」方案，大多由他在幕後推動。

㈣兩個中國的結論

1.針對美國的陰謀，蔣介石、陳誠等親自出面，利用各種場合和方式，多次指責「兩個中國」是「國際姑息主義者」的陰謀，台灣「絕對不接受」，絕對不會爲任何方面的私見所動搖。台灣的「立法委員」和「國大代表」，也紛紛發言，指出「兩個中國」是對中華民族的侮辱，註定失敗。受國民黨控制的「華僑救國聯合會」，也在海外組織華僑示威運動，反對美國搞「兩個中國」。

2.而所謂「兩個中國」方案，其前題是否認台灣當局對中國大陸擁有主權，同時承認中華人民共和國政府代表中國。

3.中共政府一貫堅決反對「台灣獨立」，反對「兩個中國」或「一中一台」。如果當時中共政府不堅持「一個中國」的立場，台灣當局即使叫得再兇，美國也能迫使它就範。最終，可能採用上述方案中的某一種或某方案的變種，從而使中華人民共和國既能進入聯合國和

得到西方國家的外交承認，又能使台灣當局繼續保持一個「主權國家」的國際人格。但是當中共政府斷然對美國的各種「兩個中國」方案說「不」的時候，這些方案就統統成爲一廂情願的夢想，成爲毫無實際的廢話。（美國爲什麼只聽中共的聲音？）

4.美國在兜售「兩個中國」碰壁的情況下，決定變換戰術，同意討論中國代表權問題，但將此問題列爲重要問題，須經三分之二以上成員國同意方可通過接納中華人民共和國，驅逐台灣當局的提案。換言之，美國只需有超過三分之一的票數，即可阻止中華人民共和國恢復在聯大的席位。一九六一年十一月十五日，「聯大」以六十一票對三十四票通過美國提出的「重要問題案」，從而爲保住台灣當局在聯大的席位貼上一道護身符。中共被排斥於聯合國之外的問題，則遲至十年之後方告解決。

5.值得注意的是「重要問題」案的成立，本質上的重點不在絕對反對中共進入聯合國，而是堅持中共進入聯合國不得排除中華民國在聯合國的席位。假定當時蘇俄和中共不堅持「排我納共」案，聯合國內的兩個中國代表恐早已成爲事實。

四、新的門戶開放政策

(一)反共成為泡影

1.一九六一年十二月二十五日，蔣介石對出席「國大」年會的「國代」們宣布，一九六二年將是「反攻成敗決定年」。該屆「國大」年會通過了三十七項提案，其中最重要者爲「促請政府儘速反攻大陸案」。該案正式提出修改　美蔣「共同防禦條約」，以便台灣方面擺

脫美國對「反攻大陸」的羈絆。

2.一九六二年元旦，蔣介石發表「告全國軍民同胞書」，聲稱：「我們國軍對反攻作戰，已經有了充　分準備，隨時可以開始行動」，並宣布「國民革命反攻復國的總決戰即將來臨」，台灣和大陸的反共分子「共同行動的時間，都已經來到了」。

3.二月六日，美國向台灣方面提出，未經雙方磋商，台灣飛機不應飛越中國大陸，因台灣飛機爲美國提供，若由此引起緊張局勢，美國將難負推卸的責任。

4.四月八日，英國「星期日泰晤士報」發出消息，說美國不但不同意台灣當局關於在今年大規模反攻的計劃，而且拒絕向台灣再增派或增售轟炸機和戰鬥機。

四月十一日，香港「真報」報導：蔣介石已下手諭，成立了一個「最高五人小組　」，又名「反攻行動委員會」，由蔣介石親任「主任委員」，一旦「反攻」開始，這個機構將成爲最高指揮機關。

5.一九六二年六月二十三日，美國與中共在華　沙舉行第一百一十一輪會談，美國大使卡伯特很爽快地說：美國絕不會支持蔣介石發動對中國大陸的進攻。蔣介石對美國承擔了義務，未經美國同意，蔣介石不得對中國大陸發動進攻。在分手時，卡伯特又說：「如果蔣介石要行動，我們兩家聯合起來制止他　。」

6.十月九日，蔣介石發表聲明，稱「反攻大陸」是國民黨「政府」的「絕對主義」。二十八日，蔣介石接見美國記者，說他將不顧盟邦「根據政治或其他理由的阻止」，只要時機成

熟，立刻開始反攻。

7.然而，蔣介石畢竟早已輸光了本錢，沒有美國在背後撐腰，他絕不敢再孤注一擲。因此，一九六二年一月，台灣當局的「反攻」叫嚷雖甚囂塵上，卻始終只是「但聽樓梯響，不見人下來」。

形勢比人強，英雄變狗熊

8.到一九六三年初，蔣介石接到情報，說毛澤東和劉少奇的矛盾已趨激化，中蘇矛盾也愈演愈烈，如中國受到攻擊，蘇聯很可能袖手旁觀。一九六二年十月至十一月，中印邊界爆發了大規模武裝衝突，在越南戰場上，中美兩國的間接對抗也有升級趨勢。這些因素，促使蔣介石再次打算反攻大陸。

9.二月十九日，陳誠在「立法院」作施政報告，叫囂「不因任何阻力改變反攻大陸」的「基本國策」，聲稱「現在是復國希望最大的時期」。

10.三月十二日，陳誠又在「立法院」答覆質詢時宣稱：「反攻大陸是我們自己的事，我們當然盼望盟國的支持，但是我們不牽連盟國。我們一面要忍氣，一面要爭氣」。

四月二十二日，蔣介石又對美國「華盛頓每日新聞」記者吹噓，說蔣軍「一旦反攻，三至五年內可底定全國」。

這時，美國又站出來，向蔣介石兜頭潑上一瓢涼水。五月二十二日，美國總統甘乃迪宣

布，若「中華民國」發動「反攻大陸」，將涉及美國，美國已向台灣聲明，在他們發動此項行動之前，應先同美國進行磋商。六月二十三日，甘乃迪再次重申：「磋商的確涉及美國的實際問題。」美國並通過多種渠道向台灣當局暗示，如蔣方不與美磋商便擅自行動，將危及美蔣「共同防禦條約」。

11.由於美國的一再反對，使蔣介石的「反攻大陸」滿天雷霆，到頭來只下幾滴雨點即煙消雲散。

12.蔣介石考慮到：(1)獨立「反攻」勝算不大；(2)一旦「反攻」，可能促成中共內爭消弭，一致對外，故最終宣布，只要大陸上有一派共產黨人呼籲台灣援助，「國軍」便馬上反攻，這番說辭不過是自找台階下而已。

此時此刻絕大多數國民黨人均已明白「反攻」的支票是永遠兌現不了了，蔣介石也感到再唱這個調子等於是自我嘲諷，於是漸漸地在內部講話、會議文件、公開文章以至報紙宣傳中收起「反攻」，代之以「光復」，這個使美蔣雙方爭吵多年的反攻問題，就這樣達成了結局。

(二)美國新的門戶開放政策

1.美國之所以一直阻撓台灣當局反攻，除了害怕由此會導致世界戰略格局的巨變，使美國陷身於中國人民戰爭泥潭而無法自拔，更重要的是它看到了新中國的力量，特別是看出來中國共產黨人並不是蘇聯的馴服工具，因此萌生了與中國改善關係的願望，開始調整其對華

政策。

2. 一九六三年十一月十三日，美國負責遠東事務的助理國務卿伊斯曼「以美國中國的政策再肯定」爲題發表演講，宣布：「未來中共領袖們的態度如何變化，我們不知道，但是假如我可以改寫我們過去的「經典」的話，今天我們追求一種對中共的門戶開放政策，我們決心對未來改變與中共關係的任何可能性保持門戶開放，而不會拒絕我們於自由世界以及於中國人民均有裨益的任何進展，但我們也決不出賣我們自己及盟邦的利益去滿足中共領袖的野心。」

3. 從此，新的「門戶開放政策」即在「不出賣我們自己及盟邦（即台灣）的利益」的前題下，盡力改善與北京的關係，便公開成爲美國對華政策的重要原則。這一「門戶開放」政策，說穿了不過是「兩個中國」的翻版，其前題仍是同時承認北京和台北兩個政權均代表中國。當時美國的政界人士和中國問題專家在對「新門戶開放政策」的解釋上分爲保守派和自由派。

(1)保守派：以詹森總統等當權人物爲代表，提出先看到北京有改善關係的具體表示後再進一步。

(2)自由派：以伊斯曼等具體負責遠東事務的國務院官員和費正清等中國問題專家爲代表。認爲美國先採主動，以便影響和推動中國共產黨人改變態度。

他們在與中國改善關係這一總目標上並無分歧，從另一角度來看，同是主張「兩個中

國」，保守派偏向於維護「中華民國」的權益，而自由派則重視早日打開與中華人民共和國之間的僵局。

五、日本發明政經分離政策，瓜分台灣主權

美國的盟國中，要求與中國改善關係的呼聲也越來越高。早在一九六一年九月，日本自民黨元老松村謙三訪中國大陸，與周恩來總理達成民間貿易的「政治三原則」和「貿易三原則」。一九六二年十一月，廖承志與日本的高琦達之助簽定「貿易覺書（備忘錄）」，到一九六三年，與中國有貿易的日本商社已達到兩百多家。這種貿易衝破了美國對中國的「圍堵孤立」政策，自然引起台灣當局的不斷抗議，但日本政府均以「無法干涉民間通商自由」為由，以「這是依循政治經濟分離原則的貿易」爲理由，拒絕讓步。一九六三 年九 月十九日，池田對美國政府發表講話，批評台灣的「反攻大陸」政策「沒有依據近乎幻想」。此話被台灣當局視爲一種公開的侮辱。

六、中法建交奠定斷交模式，台灣主權又被孤立

一九六四年一月二十七日，戴高樂領導的法國政府同中國政府簽署建交聯合公報：「（兩國政府）已經在共同協議決定建立外交關係，爲達此目的，兩國政府並已同意在三個月內互派大使。」這是朝鮮戰爭以來，第一個重要的西方國家承認中國，因此被認爲是中共外交的重大突破。

㈠中法建交公報的特點，在於中國並未堅持讓法國政府在宣布建交的同時，宣布斷絕與「中華民國」的「外交」關係，外交界和新聞界人士對此紛紛猜測，以爲中國已放棄反對「兩個中

國」的立場。

按照蔣介石所謂「漢賊不兩立」的反共方針，既然法國已承認北京政權，則儘管法國政府未主動要求與「中華民國」斷絕「外交」關係，台灣方面也應主動與其斷絕「外交」關係，這樣才能與台灣當局所標榜的反對「兩個中國」的立場相一致。

其實，中法建交公報雖未涉及法國與「中華民國」斷絕「外交」關係問題，但中法雙方事實上對此已有默契，之所以要安排三個月後互派大使，就是爲給法國政府留出緩衝時間，以便讓法國政府安排台灣當局的「外交使節」「體面」地撤離。

㈡中法建交的這種範例，後來成爲中國與很多國家建交的模式，即只在建交公報上寫明某某國家承認中華人民共和國政府爲中國唯一合法政府，而不寫明該國與台灣當局斷絕「外交」關係。而台灣方面則在建交公報發表後，照例發表一通抗議聲明，宣布與該國斷交。不明內情的人都以爲這表明台灣當局堅決反對「兩個中國」甚至國民黨內的一些人也暗中埋怨蔣介石這種「漢賊不兩立」的政策過於僵化，殊不知早在中法建交時，已是有例在先。

七、上海聯合公報，台灣主權正式被美國出賣

㈠美國以談判代替對抗

1.一九六四年十月十六日，中國第一顆原子彈試爆成功。從此任何人不能再忽視中國的國際地位。這朵蘑菇雲也迫使美國不得不尋求與中國的第一步接觸。

2.到一九六五年，聯合國內的形式也朝著不利於美蔣的方向演化，贊成接納中國。驅逐台灣

提案的國家與反對該項提案的國家達成平局（四十七比四十七另有二十個國家棄權），贊成「重要問題案」（即需經三分之二以上國家通過方可接納中國驅逐台灣當局）的國家一九六一年的六十一國降爲五十六國，而反對這一個不合理提案的國家則從三十四國升爲四十九國，也就是說，這時美蔣手中共有七票的優勢，只要這點優勢喪失，「重要問題案」不能通過，則中共將穩獲半數以上支持而恢復在聯大的合法席位。

3. 「圍堵孤立」政策爲當年杜勒斯所訂，其前提是認爲中共政權難以持久，故美國要聯絡其盟國對中國「圍堵孤立」，使之自生自滅。同時，繼續支持國民黨政權爲代表中國的「唯一合法政府」，但是，中國共產黨領導的新中國非但沒有「自生自滅」，反而蒸蒸日上，欣欣向榮，並在世界上得到越來越多的國家的支持和欽佩。這一鐵的事實，雄辯地說明了美國的「圍堵孤立」毫無實效。因此，提出應以「圍堵而不孤立」的政策取而代之美國的雙重代表權主張。

4. 按照美國當時的邏輯，「支持中華民國在聯合國之席位」，並不等於「反對中共進入聯合國」，即同時讓北京和台北都擁有聯大席位，而在兩個中國政府共存的前提下美國自然不願再強調「中華民國」爲「代表全中國的唯一合法政府」。這股世界性的潮流，逐漸地朝向中華人民共和國這一邊傾斜。這是無法改變的歷史事實。

5. 一九六八年十一月，尼克森當選美國第三十七屆總統。在邁向總統寶座的進程中，尼克森盱衡時局，發現美國再也無力扮演「國際警察」的角色，面對蘇聯咄咄逼人的擴張態勢，

尼克森認爲美蘇爭奪焦點在歐洲和中東，爲此美國必須及早從越南戰爭的泥潭中抽身，並謀求改善與中華人民共和國的關係。當時美國風起雲湧的反戰運動和學生運動，也逼迫任何美國的執政者朝這一方面努力。

6.季辛吉仔細研究過美國衛星情報，一九六一年三月，在中國東北邊境的珍寶島事件及四月至五月的新疆邊境發生武裝衝突，都是蘇聯對中國侵略的意圖。

7.美國也意識到，蘇聯對中國的軍事壓力，可能促使中國緩和對美國的敵視，這將有利於美國從越南戰爭中脫身；而中國把蘇聯的百萬大軍牽制住，亦可減輕美國在歐洲所受到的壓力。基於這種認識，季辛吉向尼克森提出報告，認爲美國應當抓住這一戰略良機，盡快與中國改善關係，尼克森批示「這正是我們的目標」。

8.尼克森於一九六九年八月利用秘密外交，以「巴基斯坦渠道和羅馬尼亞渠道」將美國的意向告示北京，並將北京的反應也依這渠道告示美國。

9.一九七0年二月，尼克森向國會提出一份報告，其中提到「中國人民是偉大的富有生命力的人民，他們不應繼續孤立於國際大家庭之外……我們採取能力所及的步驟來改善同北京的實際上的關係，這肯定是對我們有益的，同時也有利於亞洲和世界的和平與穩定。」這番話被尼克森稱爲「對中國主動的第一個認真的公開步驟。」從此，在公開場合，美國對中國的政策，已從"圍堵而不孤立"變成"以談判代替對抗"。

(二)看人臉色的國民黨外交政策

1.面對中美關係改善的種種跡象，台灣當局憂心忡忡，曾數次通過「外交」途徑向美國提出抗議，或以發表聲明的方式表示不滿，但美國均置之不理。而且，自尼克森執政之後，改變了前任政府向台灣當局通報華沙會談內容的做法。中美兩國大使談些什麼，自然是台灣當局至為關心問題，過去都是由美國事先主動向台灣方面通報，並反覆聲明「決不背著台灣與中國談判任何影響『中華民國』權益的事情」。但自一九七0年二月的第一三五次會談起，美國便不再事先通報談判內容，當台灣官員詢問時，美國官員則含糊其辭或避而不答。

在這種形勢下，蔣經國以「行政院副院長」的身分赴美訪問，他行前與蔣介石長談數次，共準備了十多個問題，欲到華府去摸美國的底牌。

2.四月二十日，蔣經國抵達華盛頓。二十二日，與季辛吉舉行會談。蔣經國向季辛吉詢問美國計劃向中國「讓步」到什麼程度，季辛吉顧左右而言他，反問蔣經國對把中美大使級會談的地點從華沙轉到北京或華盛頓有何意見，蔣經國表示堅決反對。

3.二十三日，蔣經國與尼克森會談，主要討論遠東局勢。他重申台灣在遠東「反共前線」的重要性，要組織台灣、南越、南朝鮮、泰國的集體防衛體系，並要求美國支持及領導這一體系。尼克森只是禮貌地傾聽，而未作任何承諾。蔣經國邀請尼克森以總統名義到台灣作正式訪問，尼克森未置可否。

4.至於蔣經國提出的其他幾個問題，如要求美國售與尖端武器，要求美國表態反對「台

獨」，要求美國重申支持「中華民國」在聯大代表權……等等，美方均哼哼哈哈，不作肯定答覆。由於雙方無法談攏，最後連一份聯合公報或聯合聲明都沒有發表，蔣經國落得空手而歸。

蔣經國訪美期間，正值中國第一顆人造衛星發射成功，美國報刊競相報導，對蔣經國的到來卻提都不提。四月二十四日，「台獨」分子黃文雄、鄭自財在紐約布拉薩大酒店門前刺殺蔣經國未遂，方使他成爲美國的新聞人物。

㈢尼克森震憾

1. 一九七一年四月，中國邀請在日本參加世界乒乓球錦標賽的美國隊訪問中國，被稱爲乒乓球外交。

2. 經過季辛吉不斷地努力，七月十五日，尼克森和周恩來在華盛頓和北京同時宣佈一項公報，要意爲：中華人民共和國政府邀請尼克森總統於一九七二年五月以前的適當時間訪問中國，尼克森總統愉快地接受了這一邀請。念完公報之後，尼克森又做了簡短說明，聲稱；「我們謀求同中華人民共和國建立新的關係的行動不會以犧牲我們老朋友的利益代價。」這一「變」會變的如此劇烈，尼克森竟會親自出馬訪問北京。須知在美國歷史上，還沒有一位總統訪問過與本國沒有外交關係的國家，更何況這個國家長期以來一直是美國的敵人。同時尼克森又是堅決反共的總統。

3. 台灣上下對尼克森總統將訪中國 而感到的驚愕，被今日的台灣學者稱爲「尼克森震撼」，

這場震撼不僅直接導致台灣「外交」的空前危機，預示著台灣當局在國際上將陷於日趨孤立的地位，而且引發台灣官員和民眾的心理危機，逼迫他們重新建構對世界局勢，對遠東局勢，對中國局勢以至對國共兩黨的認識，這種重新認識對後來台灣內部政治的發展亦發生深刻的影響。因此，當時的台灣駐美「大使」沈劍虹後來寫道：得到尼克森將訪中共的消息時，「有幾分鐘時間我震驚得說不出話來。我簡直不能相信方才聽到的話是真的」。「像我一樣，台北方面對這消息也是難以置信」。至於台灣的普通民眾，聽到這消息後更是猶聞晴天霹靂，他們聽慣了台灣當局關於美國如何堅決反共，如何支持「中華民國」的宣傳，一向認爲美國是台灣安全的最可靠的保證，他們也聽慣了台灣對共產黨的誣蔑，誤認爲大陸是一團黑暗的不毛之地。既然如此，爲什麼美國總統在多年不到台灣之後，忽然要跑到北京去呢？

台灣算老幾，誰管你死活

尼克森一宣布要訪中國，沈劍虹即奉命向美國國務院提出強烈抗議。他陳述台灣方面在聽到這一消息時「是如何的憤怒、困惑和震驚」，並指責美國一方面向台北保證友誼和繼續支持，另 一方面又背著台灣與中共「勾搭」，簡直是一大諷刺。（這是美國以本國利益所施行的雙邊外交）。

㈣中華民國退出聯合國

1. 一九七一年四月尼克森派遣資深外交官墨菲，到台北對蔣介石表示美國的立場，在加拿大與中國建交後，又有很多國家已經或準備同中國建交，再把中國排除在聯合國之外實無可能，故美國政府同意中華人民共和國加入聯和國同時保留「中華民國“在聯大的席位，至於安理會席位，美國亦將努力使之繼續爲「中華民國」占有；在這種情況下，中國有可能拒絕入會，如此則「中華民國」在聯大席位至少在一定時期內不會改變。

2. 蔣介石聽後，思慮再三，最後同意遵照美國的計劃行事。但他提出三點保留：⑴希望美國再運用一次「重要問題案」，以嘗試完全把中共排除在聯大之外的可能性；⑵希望美國不要作爲「雙重代表權」提案的簽署國，但台灣方面不反對美國推動友邦國家提出此項提案；⑶台灣在安理事會的席位必須維持不變，美國在必要時應爲此行使否決權。

3. 以蔣介石對墨菲的答覆看，實際上已放棄反對「兩個中國」的立場，或者說台灣當局已不反對「兩個中國」，但又寄希望於北京反對「兩個中國」，而由台灣當局坐享其成。但在公開場合，台灣方面仍表示堅決反對「兩個中國」。

4. 一九七一年七月十九日，美國國務卿羅杰斯接見沈劍虹，他表示在尼克森宣佈訪中國之後，情勢已有變化，經美國對北大西洋公約組織國家的初步探詢，除非讓中國得到安理會席位，否則「雙重代表權」方案決難通過。美國同意再提一次「重要問題案」，但很可能無法獲得過半數支持。事已至此，美國能做的，只剩下維持「中華民國」在聯合國大會的席位。由於這番表態與四月間墨菲對蔣介石的許諾有較大出入，故台灣當局感到又一次受

美國愚弄。

5. 一九七一年八月二日，羅杰斯發表聲明，公開拋出「雙重代表權」方案，同時表明美國仍將提出「重要問題案」，而把驅逐「中華民國」出會是重要問題。而接納中華人民共和國入會不是重要問題，這種說法不同於美國過去對「重要問題」的解釋。

6. 關於安理會席位問題，羅杰斯拒絕回答美國將支持台灣，只說「我們將依多數國家的意見」，明眼人皆知，這不過是委婉地表示美國將支持把安理會席位交給中華人民共和國。

7. 美國這種表態，使台灣當局陷入進退兩難之境。當初蔣介石所作的三點保留，要求美國不公開表示接納中共和要求美國不惜使用否決權以保住「中華民國」的安理會席位這兩點，已被美國拒絕，而要求美國再提出一次「重要問題案」，卻是將驅逐「中華民國」出會爲重要問題。可憐的台灣當局，已經面臨著寄人籬下的悲劇下場。

8. 一九七一年八月二十日，中華人民共和國外交部發表聲明；「中華人民共和國堅決反對『台灣獨立』的陰謀，只要在聯合國裡出現『兩個中國』、『一中一台』、『台灣地位未定』或其他類似情況，中華人民共和國政府就堅決不同聯合國發生任何關係。中國政府的這一嚴正立場是不可動搖的」。

9. 十月二十五日第二十六屆聯合國大會表決中國代表權問題如下：

(1) 先表決美國等十九個國家提出的「重要問題」。該案以五十九票反對，五十五票贊成，十五票棄權，二票缺席被否決。表決結果：中華民國退出聯合國。

(2)大會表決阿爾巴尼亞等二十三個國家提出的，要求恢復中華人民共和國在聯合國的一切合法權利，和立即把蔣介石團體的代表，從聯合國及其所屬一切機構中驅逐出去的提案。

表決結果：該案以七十六票贊成，三十五票反對，十七票棄權三票缺席的壓倒多數通過。中華人民共和國取得在聯合國的合法地位。次日蔣介石大言不慚地聲稱：歷史能證明——中華民國退出聯合國實際上就是聯合國毀滅的宣告。

(五)上海聯合公報

一九七二年二月二十七日，周恩來和尼克森在上海簽署聯合公報，雙方以「各談各話」的型式，分別陳述了彼此對有關問題的不同主張，同時也寫明了雙方的一致之處。

1.中國政府宣稱：「台灣問題是阻礙中美兩國關係正常化的主要問題；中華人民共和國是中國的唯一合法政府；台灣是中國的一省，早已歸還祖國，『解放』台灣是中國內政，別國無權干涉；美國武裝力量和軍事設施必須從台灣撤走。中國政府堅決反對任何旨在製造『一中一台』，『一個中國兩個政府』，『兩個中國』，『台灣獨立』，和鼓吹『台灣地位未定』的活動。

台灣只是一顆被人玩弄的棋子

2.美國政府宣稱：「美國認識到，在台灣海峽的所有中國人都認爲只有一個中國，台灣是中

國的一部份。美國在這立場不提出異議」。

3.美國人首先製造台灣地位未定論，如今，又製造台灣地位定位論，簡直把台灣當棋在玩，台灣又無緣無故被出賣，又被強國定位，實在太可憐了！！而美國政府怎可決定台灣人民的自決呢？

八、國民黨毫無國格的外交政策

㈠最令台灣方面難堪的是，雖然此時美國正式承認的中國政府還是「中華民國」，但美國對台灣當局駐美「大使」的禮節遠遜於對中國聯絡處的主任、台灣當局「大使」沈劍虹想求見美國總統是難乎其難，甚至想見見美國國務卿都不得其門而入。自一九七三年九月至一九七六年底任美國國務卿的季辛吉，僅在就職兩個月後會見過沈劍虹一次，以後沈劍虹屢屢求見，季辛吉都藉故推脫，讓自己的副手出面接待。這種態度其實也不奇怪，台灣當局「大使」見到美國官員，不是要求美國重申對台灣當局的承諾，就是抗議美國的「姑息主義」，就好像不斷地放一張亂了紋的舊唱片，誰不厭煩？

而中國駐美聯絡處的主任黃鎮，則不時能見到美國總統，只要黃鎮求見美國國務卿，必能在很短時間內如願。正如沈劍虹所說：「黃鎮獲得的特權和禮遇，是其他外交官很少享有的」。

寄人籬下，委屈求全

有一次，尼克森用總統專機接黃鎮到他的聖克里門蒂農場會面，美國報刊並報導，國務院曾

安排黃鎮會晤一些好萊塢明星。於是沈劍虹向季辛吉提出，他出任駐美「大使」已經兩年多了，也想搭乘一次總統專機，並會見一些影星，不知美國國務卿院是否能安排。結果總統專機沒有坐上，台灣當局「大使」求見好萊塢明星的事倒成了華盛頓外交界的笑料。

㈡還有一次，沈劍虹依約去見美國共和黨全國委員會主席布希，走入共和黨全國委員會大廈時，一樓的女接待員笑容可掬地對他說：「大使先生，今天早上天氣真好！」沈自稱「這種態度令我受寵若驚。我曾到過共和黨全國委員會好幾次，從未受過如此熱情接待」。當沈乘坐電梯抵達布希辦公室那層樓時，發現布希已在電梯門口等候，更爲高興。誰知布希一看來人，「臉上的笑容頓時消失」。沈劍虹如夢方醒，硬著頭皮問：「布希先生，你等的恐怕是別人吧？比方說『黃鎮』？布希愣了一陣兒，苦笑著回答：「是的」。後來查知，這一「誤會」是布希的秘書把黃鎮和沈劍虹搞混了，經此 風雨，蔣介石深感仰賴於人之苦，他對手下的人說：「今後我們必須比從前更要依靠自己」。

九、中美正式建交，與中華民國斷交，台灣主權變成無國際人格

從一九七二年尼克森時代，一九七四年福特上台，宣布將繼續遵守《上海公報》。同年十月二十八日，他宣布廢除國會授權總統在必要時協防金門、馬祖的《台灣決議案》，並撤出全部駐台美軍。一九七七年卡特政府就職，這段長時間內由於美國在台灣有巨大的軍事和經濟利益，它還要考慮如果拋棄台灣，這些盟國是否會認爲美國靠不住，加之親台的國會議員和院外活動集團施加壓力，使得美國政府遲遲下不定決心與中國建交。

在一九七八年一月至十二月，中美領導人進行一系列磋商會談（在中美建交前的磋商）如下：

㈠美國主張

1.希望中國明確宣布不對台灣使用武力。如中國不肯這樣作，則至少應讓美國在建交聯合公報中單方面表明這種希望，中國不予駁斥。

2.在美台「斷交」之後，美國要在非官方基礎上保留與台灣的全部經濟、文化及其他關係。

3.美國不能廢除美蔣《共同防禦條約》，只能按條約中之規定，提前一年通知台灣當局廢約意向，一年後條約自動失效。換言之，即美國同意「廢約」，但要求「緩期一年」，以保「體面」。

4.美台「斷交」之後，美國要繼續有選擇地、有限度地向台灣出售防禦性武器。

5.希望鄧小平副總理訪問美國，作為兩國關係正常化的標誌。

㈡中共主張

1.中國決不能承諾不對台灣使用武力。但美國若願在聯合公報中表明希望和平解決台灣問題，中國不會駁斥，因為中國早已多次表明希望和平解決台灣問題。

2.中國同意美國在與台灣當局「斷交」後繼續保持貿易、文化及其他關係，但所有這些關係都必須嚴格建立在「非官方」的基礎上。

3.接受對美蔣「共同防禦條約」的廢約方式。但美國在一年的「緩期階段」內應停止向台灣

出售武器。

4.堅決反對美國對台軍售，因爲這屬於干涉中國內政，而且不利台灣問題的和平解決。但中國政府不願因這個問題妨礙兩國關係正常化的實現。換言之，即此問題可爲兩國間懸而未決的問題，在建交後繼續謀求解決。

5.鄧小平高興地接受美國政府的邀請，將於宣布建交後一個月內訪問美國。

至此，中美建交的障礙已全部克服。雙方領導人商定在華盛頓時間十二月十五日午後九點（北京時間是十二月十六日上午十點），在北京和華盛頓同時宣布建交公報。一九七九年一月一日起建立兩國正式外交關係，同時美國將與「中華民國」「斷交」，並告知美國對美蔣「共同禦條約」的廢約意向，一年後該約即告失效。

十、中日建交公報日本決定台灣主權

㈠一九七二年七月六日田中角榮繼任日本首相，爲謀求日本自身利益，有意與中國關係正常化，於是周恩來總理代表中國政府，明確地提出了與日本邦交正常化的三原則：①日本必須承認中華人民共和國爲中國唯一合法政府；②日本必須承認台灣爲中國領土；③日本必須廢除與台灣當局簽訂的「和約」。

㈡九月二十五日，田中首相在大平正芳外相陪同下，按原定計劃訪問北京。九月二十九日，田中與周恩來在北京簽署「建交聯合公報」，其中寫明：日本承認中華人民共和國政府爲中國的唯一合法政府；中國政府重申台灣是中華人民共和國領土不可分割的一部分，日本充分了解與尊

重中國政府的這一立場，並且遵守「波茨坦公告」第八條的規定。中日兩國政府同意在和平共處五項原則的基礎上，建立兩國間持久的和平友好關係。簽約之後，大平正芳舉行記者招待會，宣布自即日（九月三十日）起斷絕與「中華民國」的「外交」關係，廢止「日台和約」。台灣的主權又由日本政府來決定。

㈢日本與中國建交的這種方式，後來被稱為「日本模式」，這個模式包含三個要點：①承認中華人民共和國為中國唯一合法政府；②與台灣當局斷交、廢約並終止一切官方聯繫；③中國默認日本和台灣當局建立非官方機構，以維持兩方的商業和文化關係。

㈣其實日本人比起美國人對台灣還算坦誠。美國事先未向台灣當局透露任何與北京接觸的信息，而田中政府卻從未向台灣當局隱瞞欲與中國建交的意向。田中在訪中共以前，派出前外相椎名悅三郎前往台北，通報日本的決心並商討如何在日台斷交後繼續保持雙方的貿易、文化及其他非官方聯繫。最後商定日本成立「交流協會」，台灣當局成立「亞東關係協會」。這個機構均為非官方人士組成，互向台北和東京派出辦事處，以提供雙方非官方的接觸和溝通管道。

十一、新的台灣關係法使台灣主權被美國左右

㈠台美建立非官方關係

1.中美建交公報發表後，台灣人心大亂，甚至有當街抱頭痛哭者，上千人在官方慫恿下，包圍美國「大使館」。高呼反美口號，在「使館」牆上塗寫反美詞句，向「使館」內扔石頭、臭雞蛋和玻璃瓶；還有些人跳牆闖入美國「使館」院內，升起青天白日旗，環旗靜坐

示威。幾天內，台島上下，籠罩著一片如喪考妣的悲切氣氛。

2.十二月二十七日，卡特派副國務卿克里斯多夫到台北與台灣當局代表商談「斷交」後的雙方關係問題，當克里斯多夫一行駛出松山機場時，車隊陷入數萬人的層層包圍之中，克里斯多夫乘坐的汽車被甩滿了雞蛋、油漆、泥巴和爛紅柿，有人甚至企圖用木棍砸碎車窗。

3.卡特聞訊本擬立即召克里斯多夫返國，但又得知台灣方面已向克里斯多夫道歉並保證今後絕不再發生類似事件，方授意克里斯多夫繼續原定日程。經過兩天的談判，雙方未能達成協議，主要障礙是台灣方面要求在台北與華盛頓互設「政府代表機構」，而美國則堅持今後的關係只能建立在非官方的基礎上。

4.十二月二十九日，克里斯多夫向蔣經國辭行，蔣經國提出五點原則，作爲台灣當局關於未來美台關係的「談判基礎」：

(1)事實基礎—要求美國繼續承認並尊重「中華民國」的法律地位和國際人格。

(2)持續不斷—雙方今後要加強合作，繼續友好。

(3)安全保障—要求美國重申對保衛台灣不受武力威脅的承諾。

(4)妥定法律—要求美國以法律保障美台間的其他五十多種條約和協定繼續有效，並保障今後美台間的關係。

(5)政府關係—要求雙方互設「政府代表機關」，不接受「非官方」基礎。

對此克里斯多夫只答應轉告卡特總統，便匆匆返回華盛頓。

5.一九七九年二月八日，美國國務卿范錫宣布美台已就互設「非官方機構」達成協議。九日，台灣當局「外交部」發言人斷然否認范錫說法。

6.於是，美國發出最後通牒，告知台灣到二月十日雙方談判再無進展，美國將撤退駐台「使館」人員，並要求台灣駐美「使館」人員離境。

7.到三月一日前，如果雙方的「非官方機構」不能設立，美國唯有終止與台灣的所有關係。

8.至此，台灣當局再也硬不下去，只得抱著「得罪不起」的痛苦心情，作出讓步，同意在華盛頓和台北互設「非官方機構」。關於非官方機構的名稱，台灣不願接受「美洲在台協會」，要求改為「美國在台協會」，這樣至少在字面上還有一個「美國」出現；至於台灣的駐美機構，則要求稱為「北美事務協調辦事處」，這個稱呼的妙處在「辦事處」三字，能夠給人以「官方機構」的錯覺。

9.針對台灣的要求，美國提出最後方案：①「美洲在台協會」改名為「美國在台協會」；②台灣駐美機構不得使用「辦事處」字樣，建議改為「北美事務協調委員會」；③經雙方商定，「北美事務協調委員會」可在美國某些城市設立分支機構，這種分支機構可稱為「辦事處」。這一最後方案事實上已不容許討論，故台灣代表唯有簽字同意。

(二)美國國內法—與台灣關係法

由於台美之斷交，當年美蔣所訂立的共同防禦條約與美國國會自訂與台灣關係法均已告知廢除，當時代表一批親台的議員如法炮製一份「與台灣關係法」，一九七九年三月二十八日獲眾

議院通過，三月二十九日獲參議院通過。卡特一度想行使否決權，但因受到國會內部親台勢力的壓力，盡量少傷害台灣當局，遂於四月十日簽署此項法案，六月二十日下令執行。

1. 新的「與台灣關係法」第二條乙款規定：「美國決定與中華人民共和國建立外交關係，係基於一項期望，即台灣之未來將以和平方式決定之；任何以和平手段以外之方式—包括經濟抵制或禁運—決定台灣之未來，將被認為乃對西太平洋和平與安全之一項威脅，為美國所嚴重關切；美國將提供台灣防禦性武器，以維持美國之能力，抵抗任何可能危及台灣人民安全或社會經濟制度之武力行使，或其他形式之強制行動」。台灣的政府主權要美國國會立法來保護，美國實在太霸道，太囂張。台灣實在太可憐了，這條文，顯然是針對中國政府武裝解放台灣的可能性而訂。

2. 該法第二條丙款規定：「本法任何條文不得與美國對人權之關切相牴觸，尤其是有關居住在台灣的一千八百萬全體人民之人權。維護並提高在台灣所有人民之人權在此再次被確定為美國之目標」。

這一條文，顯然是針對台灣當局獨裁專制的統治方式而言，它為美國繼續干涉台灣內部的政治事務埋下伏筆，一旦需要，美國可以台灣人權無保障為由中止「與台灣關係法」的實行，從而向台灣當局施加壓力。

3. 新的「與台灣關係法」還用大量篇幅，詳細規定了在沒有外交關係的情況下，美國法律仍以同過去一樣的方式適用於台灣，台灣當局在美國的契約、債務或任何種類的財產利

益，台灣所享有的移民及歸化待遇，在美國各法庭進行控告與被告的資格……等等。「北美事務協調委員會」人數可與過去的「大使館」一樣；國會並授權美國總統在適當之條件與義務下，授予「北美事務協調委員會」的工作人員以有效執行其職權所必須之特權與豁免。

4.總之，新的「與台灣關係法」是盡量周到地照顧台灣當局的利益，就意味著與台灣的關係，並不是純粹的「非官方」，而在實際上帶有官方的色彩。對此，台灣當局自然是求之不得，一切又全依賴美國了。

5.持平而論，美國既然承認中華人民共和國為中國唯一合法政府，並且一再聲明對「台灣是中國的一部分」不表異議，它就必須承認台灣問題是中國的內政問題，美國竟自行在國內立法，聲稱「任何非和平方式決定台灣未來的做法」將「為美國所嚴重關切」，並聲稱美國要「抵抗任何可能危及台灣人民安全或社會經濟制度之武力行使，或其他形式之強制行動」，這就與美國對中國所作的承諾相矛盾。美國有什麼權力在它已承認屬中國領土的台灣島上保留抵抗權？又美國僅在自己國內立個法便「自我賦予」了干涉台灣事務的權力，而台灣的國民黨不以為恥，反以為榮，急匆匆拉住這道法案作護身符，其實台灣當局一方面痛恨美國的背棄，一方面又不得不繼續依賴美國。這是美國在人類歷史上常常專門製造的「腳踩兩條船」的主義。但台灣如果沒有新的台灣關係法，也許早已被中國併吞了。

第十章　中國共產黨如何併吞玩弄台灣的主權

一、葉劍英實現和平統一台灣的九條方針

一九八一年九月三十日，全國人民代表大會常務委員會委員長葉劍英就和平統一中國的問題，向新華社記者發表談話，進一步闡明關於台灣回歸祖國、實現和平統一的九條方針政策：

㈠建議舉行中國共產黨和中國國民黨兩黨對等談判，實行第三次合作，共同完成祖國統一大業。雙方可派人接觸，充分交換意見。

㈡建議雙方共同通郵、通商、通航、探親、旅遊以及開展學術、文化、體育交流提供方便，達成有關協議。

㈢國家實現統一後，台灣可作爲特別行政區，享有高度的自治權，並可保留軍隊，中央政府不干預台灣地方事務。（這是謊話）

㈣台灣現行社會、經濟制度不變，生活方式不變，同外國的經濟、文化關係不變。私人財產、房屋、土地、企業所有權、合法繼承權和外國投資不受侵犯。（好話說盡，壞事也做盡）

㈤台灣當局和各界代表人士，可擔任全國性政治機構的領導職務，參與國家管理。

㈥台灣地方財政遇有困難時，可由中央政府酌情補助。

㈦台灣各族人民，各界人士願回祖國大陸定居者，保證妥善安排，不受歧視，來去自由。

(八)歡迎台灣工商人士回祖國大陸投資，興辦各種經濟事業，保證合法權利和利潤。

(九)統一祖國，人人有責。我們熱誠歡迎台灣各族人民、各界人士、民眾團體通過各種渠道、採取各種方式提供建議，共商國是。

以上九條，明確提出了在國家統一後，台灣現行社會、政治制度不變，並作為特別行政區，享有保留軍隊在內的高度自治權。當時還未把這些構想在理論上明確概括為「一個國家，兩種制度」，但實質就是「一國兩制」。這是中國一貫的政治統治伎倆。

二、鄧小平和平統一最新方案

(一)丘宏達對台灣統一問題的看法

一九八三年三月二十五至二十七日，美國亞洲問題研究協會在舊金山舉行「中國統一之展望」學術討論會，丘宏達在會上發表「台灣對統一問題的看法」一文，提出他「個人認為」的「和談六條件」：

1. 統一之前、之後，台灣有自衛權，包括有權購置足夠的防禦性武器。
2. 不允許任何一方片面改變和解條件。
3. 台灣完全自治而不是僅僅「有高度的自治權」。
4. 統一後台灣在外交關係和國際組織擁有適當的國際地位。
5. 中國大陸能夠達到某種程度的政治穩定和經濟發展。
6. 中國人民能夠享有相當的政治和經濟自由才能談統一。

㈡一九八三年六月鄧小平所談的和平統一方案之六個要點

1.統一以後，台灣特別行政區有自己的獨立性，可以實行同大陸不同的制度。中央不派軍隊進駐台灣，更不派官員接收、接管、干預或監督台灣的內部事務，不過問台灣的人事及調動台灣的軍隊，台灣的黨、政、軍等系統，都由台灣自己來管。（只有笨瓜才聽懂，可能嗎？）

2.統一以後，台灣將有獨立的立法權，其立法機構在不違背中華人民共和國憲法的原則下，可制定自己的法律，來做爲管理台灣的基礎。

3.統一以後，台灣將有獨立的司法權及司法機構。大陸的法律規章不適用於台灣，台灣法院獨立審判，終審不須到北京。

4.統一以後，台灣可保留軍隊，並可向外國購買防禦性武器。但不能構成對大陸的威脅。

5.統一以後，台灣將享有一定的外事權，可以維持與外國的文化、經濟關係，發給台灣人民特有的護照，及向外籍人士發放入境簽證，並可以「中國台灣」名義，在一些國際組織中擁有適當代表權。

6.統一以後，台灣須廢棄「中華民國」國號，改稱「中國台灣」，但可使用其特有的旗幟。

鄧小平在會談時批駁了「台人治台」的觀點，因爲它有「台灣獨立」的涵義。「人民日報」的報導則稱鄧小平批駁了台灣「完全自治」的觀點，鄧小平說：自治不能沒有限度，既有限度就不能「完全」，「完全自治」就是兩個中國，而不是一個中國。而丘宏達對台灣未來的地位

定性是完全自治的概念，制度可以不同，但在國際上代表中國的，只能是中華人民共和國。除了「一個中國」的原則，其他一切條件和方案都可考慮，都可談。

鄧小平的最新方案公布以後，海外轟動，一致認爲比葉劍英提出的九條又大進一步。正如香港「中報」社論所說：「鄧小平方案不僅保證維持台灣現狀，而且其所給予國民黨和台灣人民的好處，已近某些親國府學者所提出的各種統一『模式』。鄧小平方案已讓步到最後一條防線——『一個中國』的原則。退此一步，就是台灣獨立。」

㈢鄧小平和平統一台灣基本方案——一國兩制

1.根據「一國兩制」的戰略構想，中英兩國政府於一九八四年九月二十四日草簽了關於香港問題的聯合聲明。其中規定英國政府將於一九九七年七月一日將香港交還給中華人民共和國。中國政府決定在對香港恢復行使主權時，根據中華人民共和國憲法第三十一條，設立香港特別行政區。香港特別行政區直轄於中華人民共和國中央人民政府。除外交和國防事務屬於中央人民政府管理外，香港特別行政區享有高度的自治權，包括行政管理權、立法權、獨立的司法權和終審權。香港的現行法律基本不變，現行的社會、經濟制度不變，生活方式不變，香港特別行政區將保持自由港和獨立關稅地區的地位，將保持國際金融中心的地位，將保持財政獨立，中央人民政府不向香港特別行政區征稅。香港特別行政區可以「中國香港」的名義單獨地同各國、各地及有關國際組織保持和發展經濟、文化關係、並簽訂有關協定。香港特別行政區政府可自行簽發出入香港的通行證件，並負責維持香港特

別行政區的治安。中華人民共和國全國人民代表大會將制訂中華人民共和國香港特別行政區基本法，確實保障對香港的上述基本方針政策五十年內不變……。（目前由香港人民選舉代表的立法局，中國已不承認）。

2.香港問題解決以後，中國政府又與葡萄牙政府簽訂了關於澳門問題的協議。葡萄牙政府將於一九九九年十二月二十日將澳門交還給中華人民共和國。中華人民共和國在收回澳門主權後將設立澳門特別行政區，該區所享的自治權力與香港一樣。

3.香港、澳門問題解決之後，台灣問題如何解決更加引起注目。如果台灣當局接受「一國兩制」的安排，與共產黨攜手合作，必能完成中國統一大業。

4.在國民黨內，一批人堅持「一個中國」立場最堅決，也是最愛談論「統一」問題的。但他們所講的「一個中國」，是「中華民國」；他們所要的「統一」，是國民黨重返大陸行使統治權。從一九五八年以前的「反攻大陸」，到一九五八年以後的「恢復大陸人民之自由」，再到一九六六年以後的「光復大陸」，都是這種復辟願望的不同表達方式。

5.西藏主權被中國共產黨玩弄

一九八二年十二月十四日，台灣「中央日報」刊出黃本孝撰「西藏淪陷三部曲」一文，稱「一國兩制」並不是什麼新事物，早在一九五一年解決西藏問題時，中共採取的就是「一國兩制」的方案，承諾不變更西藏現行政治制度，也不變更達賴喇嘛和班禪額爾德尼的原有地位和職權。但是中國軍隊入藏以後，就撕毀諾言，先於一九五四年解散了藏軍，繼於一九五九年發

動了平叛戰爭，終於改變了西藏的政治制度，在八年時間內，「一國兩制」成了「一國一制」，這就是所謂西藏經驗。這是中共的政治謊言。

三、江八點併吞台灣主權

中共中央總書記江澤民在堅持一個中國原則下，和平統一的兩岸問題，於一九九五年元月三十日提出「八點主張」，以促使兩岸關係正式步入緩和，並「以民促官」、「以商促政」、「以交流取代威嚇」等政策，以便全面啓動兩岸關係。以下就是江澤民總書記對台政策的八項主張：

1.堅持一個中國原則，是實現和平統一的基礎與前提。中國的主權和領土決不容許分割。任何製造「台灣獨立」的言論和行動，都應堅決反對；主張「分裂分治」、「階段性兩個中國」等等，違背一個中國的原則，也應堅決反對。

2.對於台灣同外國發展民間性經濟文化關係，不持異議。但反對台灣以搞「兩個中國」、「一中一台」爲目的的所謂「擴大國際生存空間」的活動。

3.進行海峽兩岸和平統一談判，是中國一貫主張。我再次鄭重建議雙方就「正式結束敵對狀態，逐步實現和平統一」進行談判。在和平統一談判的過程中，可以吸引兩岸各黨派、團體有代表性人士參加。至於政治談判的名義、地點、方式等問題，只要早日進行平等協商，總可找出雙方都可以接受解決的辦法。

4.中國人不打中國人；不承諾放棄使用武力，絕不是針對台灣同胞，而是針對外國勢力干涉中國統一和搞「台灣獨立」的圖謀。

5.大力發展兩岸經濟交流與合作，主張不以政治分歧去影響、干擾兩岸經濟合作。將繼續長期執行鼓勵台商投資的政策，貫徹「台灣同胞投資保護法」。應採取實際步驟加速實現直接「三通」。要促進兩岸事務性商談。我們贊成在互惠互利的基礎上，商談並且簽訂保護台商投資權益的民間性協議。

6.五千年文化是維繫全體中國人的精神紐帶，也是實現和平統一的一個重要基礎。兩岸同胞要共同繼承和發揚中華文化的優秀傳統。

7.充分尊重台灣同胞的生活方式和當家做主的願望，保護台灣同胞一切正當權益。我們歡迎台灣各黨派、各界人士，同我們交換有關兩岸關係與和平統一的意見，也歡迎他們前往參觀、訪問。

8.歡迎台灣當局的領導人以適當身分前往訪問；我們也願意接受台灣方面的邀請，前往台灣。可以共商國是，也可以先就某些問題交換意見，就是相互走走看看，也是有益的。中國人的事我們自己辦，不需要借助任何國際場合。海峽咫尺，殷殷相望，總要有來有往，不能「老死不相往來」。

自始至終沒有問過台灣人

回溯中國對台政策的發展，從一九五0年代高喊「武力解放台灣」，一九七九年採用溫情主義手法包裝的「告台灣同胞書」，以及一九八0年代的「葉九條」、「鄧六條」，到一九九五年

「江八點」提出的「在一個中國原則下，兩岸就正式結束敵對狀態舉行談判並達成協議」。中國對台政策內涵及策略手段幾經大幅調整，但無一不是在爲其「完成兩岸統一」的目標努力。

四、國民黨對抗中國和平統一台灣的新武器

(一)三民主義統一中國

於一九八0年六月十日，蔣經國在一次有一千多名黨、政、軍和工商界重要人物參加的擴大早餐會上，提出「以三民主義統一中國」的口號，以作爲抗衡中共和談呼籲的新武器。

一九八一年四月，國民黨第十二次全國代表大會通過「貫徹以三民主義統一中國案」，將「以三民主義統一中國」列入黨的政治綱領。當時國民黨內對這政治綱領分成兩大派：

1.保守派

(1)以國民黨內某些元老和軍特系統爲代表的黨內保守派，對共產黨的仇恨心理已達到歇斯底里的程度，無論共產黨怎樣表現出誠意，在他們眼中都是「統戰花招」、「政治陰謀」、「武力犯台的煙霧」、「做給外國人看的姿態」……。這一批人不僅視「和談」爲投降，認爲根本不能考慮，而且連兩岸正常的民間交往都堅決反對。兩岸關係出現任何一點趨向改善的跡象，他們馬上視爲導致其反共堤防潰決的縫隙，必欲嚴堵而後快。

(2)這些人堅持「一個中國」，也最愛談論「統一」問題，他們所講的「一個中國」是中華民國，他們所要的「統一」是國民黨重返大陸行使統治權，他們描繪中共如何

「出爾反爾」、「背信棄義」，再以這樣的歷史經驗，來論證「共黨不可相信，和談不可再試」的觀點。他們主要的王牌是所謂中華民國法統，他們認爲，一旦與中共和談即承認了北京政權的合法性，談來談去，最後勢必得承認北京政權爲中央政府，台北政權則爲地方政府。而台北政權「降」爲地方政府後，其現行統治架構、權力分配、意識形態等均要做調整，很可能造成民心慌亂，資金外流，經濟崩潰，因此和談之門決不能開。（目前這批對共產黨恨之入骨，當年在蔣介石面前高喊反共口號最響亮的保守人士，現在都是與匪往來最頻繁的人士，常年參加中國國慶，並在台灣設立北京駐台辦事處，促台速被併吞）

2. **開明派（革新保台）：**

(1)知道反共八股式的所謂「歷史經驗」並不能作爲制定政策的依據，也明白關起門來自封「中央政府」，並不能得到世界上絕大多數國家的承認。就島內而言被保守派視爲至寶的「法統」，非但不足以維繫民心士氣，反而正是民眾要求改革的目標，是國民黨的政治包袱。

(2)他們認爲「光復大陸」是根本不可能的，國民黨總把共產黨稱爲「匪」不是辦法，早晚要承認北京政權並與之打交道。因此，他們比較贊成改善與大陸的關係，對兩岸開放「三通四流」也持比較積極的態度。但是，讓台灣當局成爲北京政權的地方政府，他們既不甘心，又不免擔心。

(3)他們是希望使台灣達到某種事實上的獨立，同大陸的關係則以和平競爭取代武力對抗。國民黨與中共和談之日，也就是放棄「法統」之時，視法統爲生命的黨內保守派豈肯罷休？因此，在開明派的整合力尚不足服保守派之前，絕不敢冒國民黨先行分裂的風險，去與北京和談。目前大陸對台灣的政治、經濟壓力尚未達到台灣承受不住的程度，沒有必要到改變的最後時刻，不如先拖著表示願意附和保守派維護「法統」和不與中共談判的立場，但希望在政策口號上逐步消去對大陸的敵意色彩，爲將來兩岸政權的和平對峙留下餘地。

(二)差距縮小論

1. 國民黨及其政權已不再把「三民主義統一中國」作爲統一的先決條件。事實上，國民黨內的極端保守派最早感到「三民主義統一中國」不太對味兒。在這個口號提出不久，即有資深「立法委員」在「立法院」質問爲什麼不敢再提「光復大陸」，是不是自毀立場？是不是對共產黨的軟化？是不是想背棄「光復大陸國土」的總裁遺訓？於是這個口號拋出後，國際輿論、海外僑胞紛紛批評，台灣島內，雖然「三民主義統一中國大同盟」之類的團體搞了不少熱熱鬧鬧的活動，但真正了解這一套理論的人寥寥無幾。

2. 持平而論，國民黨堅持要共產黨改變信仰，放棄它所選擇的價值標準、生活方式和道德準則，改爲奉行國民黨的三民主義，根本就是不可能。而國民黨的政策演進軌跡中，由「反攻大陸」「光復大陸」「三民主義統一中國」，也可以看出台灣當局也在變，變的傾向是

對大陸的敵意逐漸淡化，而時代潮流和國際環境的變化卻相對地快得多，結果使台灣當局的大陸政策，予人以脫離現實越來越遠的觀感。由是台灣當局又拋出「差距縮小」論，爲其拒和尋求新的藉口。

3. 這個差距縮小理論是台灣當局的「行政院長」孫運璿在一九八二年六月十日招待參加「中國大陸問題研討會」的中外學者專家時提出來的。孫運璿說：「只要大陸和台灣在政治、經濟、社會和文化方面的差距不斷縮小，和平統一的條件就將逐步成熟。隨著時間的流逝，統一的障礙將自然減少」。有人分析，孫氏此言，暗示國民黨「將來與共產黨談判，但現在不談」。

4. 毋庸諱言，當前海峽兩岸確實在很多方面存有差距，兩岸社會制度、政治制度不同、經濟建設的投資方向不同，平均所得、實際消費水平及外匯占有率的指標衡量不同，但中國認爲兩岸差距並不能做爲拒和的理由，既然國民黨稱它才是「真正代表大陸同胞、真正關心大陸同胞的黨」。何不順應民心，實行統一，再以台灣的建設經驗和資金用於大陸，從而書寫其歷史的新篇章？而今卻幸災樂禍地渲染大陸如何落後，台灣如何進步。（台灣以經濟力量幫助中國經濟改革，現在中國經濟繁榮反而要吃掉台灣）。

5. 總之所謂差距縮小論，其實經不起推敲，僅爲作「拒和」的托辭，並以「不接納、不談判、不妥協」的三不政策來對抗中國的「三通四流」的倡議，但海峽兩岸經由第三地建立的間接通郵、通商，日益頻繁；台灣民衆藉出外觀光的機會，偷偷跑回大陸探親旅遊者，

也不斷增多。起初，台灣當局查獲與大陸間接通郵、通商或秘密回大陸的人，總要懲罰。漸漸地，懲罰越來越輕，最後視如未見，聽之任之了。目前已發展到兩岸有海基會、有海協會，專門處理兩岸事務性或政治性對話等議題。

㈢李六條先談兩岸分治的事實再談統一

中華民國總統李登輝對江八點主張公佈後，於一九九五年四月八日正式回應，開宗明義就在先承認兩岸分治的事實再談統一，以下就是李登輝總統對現階段建立兩岸正常關係的六項主張：

1.在兩岸分治的現實上追求中國統一

民國三十八年以來，台灣與大陸分別由兩個互不隸屬的政治實體治理，形成了海峽兩岸分治的局面，也才有國家統一的問題。因此，要解決統一問題，就不能不實事求是，尊重歷史，在兩岸分治的現實上探尋國家統一的可行方式。只有客觀對待這個現實，兩岸才能對於「一個中國」的意涵，儘快獲得較多共識。（回應江澤民第一項、第七項主張）

2.以中華文化為基礎，加強兩岸交流

博大精深的中華文化，是全體中國人的共同驕傲和精神支柱。我們歷來以維護及發揚固有文化為職志，也主張以文化作為兩岸交流的基礎，提升共存共榮的民族情感，培養相互珍惜的兄弟情懷。在浩瀚的文化領域裡，兩岸應加強各項交流的廣度與深度，並進一步推動資訊、學術、科技、體育等各方面的交流與合作。（回應江澤民第六項主張）

3.增進兩岸經貿往來，發展互利互補關係

面對全球致力發展經濟的潮流，中國人必須互補互利，分享經驗。台灣的經濟發展要把大陸列爲腹地，而大陸的經濟發展則應以台灣作爲借鑑。我們願意提供技術與經驗，協助改善大陸農業，造福廣大農民；同時也要以既有的投資與貿易爲基礎，繼續協助大陸繁榮經濟，提升生活水準。至於兩岸商務與航運往來，由於涉及的問題相當複雜，有關部門必須多方探討，預作規劃。在時機與條件成熟時，兩岸人士並可就此進行溝通，以便透徹了解問題和交換意見。（回應江澤民第五項主張）

4.兩岸平等參與國際組織，雙方領導人藉此自然見面

本人曾經多次表示，兩岸領導人在國際場合自然見面，可以緩和兩岸的政治對立，營造和諧的交往氣氛。目前，兩岸共同參與若干重要的國際經濟及體育組織，雙方領導人若能藉出席會議之便自然見面，必然有助於化解兩岸的敵意，培養彼此的互信，爲未來的共商合作奠定基礎。我們相信，兩岸平等參與國際組織的情形愈多，愈有利於雙方關係發展及和平統一進程，並且可以向世人展現兩岸中國人不受政治分歧影響，仍能攜手共爲國際社會奉獻的氣度，創造中華民族揚眉吐氣的新時代。（回應江澤民第二項、第八項主張）

5.兩岸均應堅持以和平方式解決一切爭端

炎黃子孫須先互示真誠，不再骨肉相殘。我們不願看到中國人再受內戰之苦，希望化干戈爲玉帛。因此，於民國八十年宣布終止動員戡亂，確認兩岸分治的事實，不再對大陸使用武

力。遺憾的是，四年來，中共當局一直未能宣布放棄對台澎金馬使用武力，致使敵對狀態持續至今。我們認爲，大陸當局應表現善意，聲明放棄對台澎金馬使用武力，不再做出任何引人疑慮的軍事行爲，從而爲兩岸正式談判結束敵對狀態奠定基礎。本人必須強調，以所謂「台獨勢力」或「外國干預」作爲拒不承諾放棄對台用武的理由，是對中華民國立國精神與政策的漠視和歪曲，只會加深兩岸猜忌，阻撓互信；兩岸正式談判結束敵對狀態的成熟度，需要雙方共同用真心誠意來培養醞釀。目前，我們將由政府有關部門，針對結束敵對狀態的相關議題進行研究規劃，當中共正式宣布放棄對台澎金馬使用武力後，即在最適當的時機，就雙方如何舉行結束敵對狀態的談判，進行預備性協商。（回應江澤民第三項、第四項主張）

6. 兩岸共同維護港澳繁榮，促進港澳民主

香港和澳門是中國固有領土，港澳居民是我們的骨肉兄弟，一九九七年後的香港和一九九九年後的澳門情勢，是我們密切關心的問題。中華民國政府一再聲明，將繼續維持與港澳的正常連繫，進一步參與港澳事務，積極服務港澳同胞。維持經濟的繁榮與自由民主的生活方式，是港澳居民的願望，也受到海外華人和世界各國的關注，更是海峽兩岸無可旁貸的責任。我們希望大陸當局積極回應港澳居民的要求，集合兩岸之力，與港澳人士共同規劃維護港澳繁榮與安定。（回應江澤民談話的序言與結語）

兩岸的政治對話，其實癥結點就在兩岸分治的事實是否能被中國接受。

江八點以促進兩岸統一爲標的，但因一切「以我爲主」，「招降」心態昭然若揭，自難爲台灣人民所接受。在即將進入二十一世紀的今天，世界局勢已趨向以和平、理性方式解決爭端，但中國仍一味以圍堵台灣國際空間爲促成兩岸統一的法寶，只會使中國與台灣距離越拉越遠。

第十一章　台灣主權可採用何種模式對抗中國的併吞

一、新加坡模式

㈠台灣當局不甘心接受「一國兩制」，而「三民主義統一中國」又行不通，無奈只能「拖以待變」。但久拖下去又不是辦法，於是很多企圖在「一國兩制」和「三民主義統一中國」之間尋求出路的「統一方案」便應運而生。

㈡一九七八年二月六日，台灣留美學人張旭成博士，在美國國會聽證會做證時正式提出使台灣成為「遠東的新加坡」的方案，即主張台灣當局承認中華人民共和國對大陸的主權，換取中國政府承認「中華民國」對台灣、澎湖的主權，而在台澎地區成立一個如同新加坡的華人國家。顯然，張氏所主張的這種「新加坡模式」，只是「台灣獨立」的說法。

二、多體制國家模式（德國模式）

㈠一九八0年十月，台灣當局「行政院研究發展考核委員會」主委魏鏞提出「多體制國家」的模式。他主張中國像德國那樣分為兩個政權，雙方均可為聯合國會員國，並分別與其他國家建立外交關係，同時確立「一個中國」的長遠目標，在這種情況下，大陸和台灣均可享有聯合國會員國的權力，即「不得使用武力和威脅手段，侵害他國的領土完整和政治獨立」，但雙方如果以和平方式統一成一國，沒有任何國家反對。

㈡魏氏所提出的這一「多體制國家」的模式，其實就是美國華盛頓喬治城大學戰略研究部主

任克萊恩（Ray.Cline）於一九七六年所提出的解決中國問題的「德國模式」，不管「德國模式」也好，「多體制國家模式」也罷，無非是「兩個中國」的變種。美國早在二十多年前就想搞，因受到國共兩黨的共同抵制，始終沒有搞成。

三、國聯模式

一九八二年一月，張旭成又在紐約亞洲協會舉辦的「中國統一問題討論會」上，提出建立「中國國聯」的主張，即由中華人民共和國和「中華民國」各自爲政，就像英聯邦國家中的各國一樣。這一「國聯模式」，普遍認爲是「新加坡模式」的不同說法。

四、邦聯模式

㈠一九八四年十月，台灣資深「立法委員」費希平又提出建立「大中華邦聯」的方案，主張大陸和台灣各爲「大中華邦聯」之一，各邦有其獨立的內政、獨立的外交、獨立的國防，在各邦之間沒有最高的權力機構。各邦也可以自由地脫離邦聯。經過五十年至一百年甚至更長時間的和平競爭，最後在邦聯盟約之下，以公民投票解決中國統一問題。翌年一月，費希平又對日本記者解釋他的方案「是一種像國際會議那樣的東西」。當日本記者追問道：「歸根究抵，『大中華邦聯』是兩個國家的方式，難道不是這樣嗎？」費希平答：「是的」。

㈡北京中國發展聯合會於一九九八年十月五日正式成立時，會長彭明在他的「第四座歷史豐碑」一書中詳細闡述：

「台灣問題」對大陸今後發展至關重要，因爲該問題不解決，北京勢必耗費大量軍力、物力

及外交力量，全力圍堵台灣，防止台灣不走向台獨之路。因而，基於關心中國未來發展及兩岸人民利益，該會不能不對統一問題提出解決方案。

現實情況是中國反對台獨，台灣不可能接受「一國兩制」，美國也不希望台灣海峽情勢緊張。兩岸政府僵持不下，對兩岸政府、人民都沒有好處，對全體中國人更是不利。在此情況下，「中華邦聯」是最佳模式，兩岸都不應持反對意見，美國也應敦促兩岸當局試行此一統一模式。彭明說，「中華邦聯」可以先試行五十年，五十年後，再視兩岸當時情況，舉行公民投票決定是否進入聯邦制。彭明因此認爲，「中華邦聯」是兩岸統一最佳模式，可行性甚高。中國方面近來年，曾對兩岸成立邦聯或聯邦進行可行性探討，不過迄至目前僅停留在學術研究階段，由有關學者撰寫報告提供高層參考，尙未提上政策面。

五、一國兩治

㈠一九八七年九月，台灣知名人士沈君山又提出《「一國兩治」對抗「一國兩制」》的構想，其內涵是：國共兩個政權「共享主權，分擁治權」，治權是完全的，包括自衛權、外交權和在國際上具有國際人格的政治實體的權利。這兩個政權僅受三點約束：①不得向對方使用武力；②不得在國際上與第三者聯合，做損害對方的行爲；③不得妨礙雙方建設性的交流。

㈡據沈氏自稱，他這套模式的理論基礎是，即一個國家的主權來自歷史傳承，而治權則出自當地人民的授予。在「分擁治權」的情況下，某地的行政人事只應由當地人決定，其他地區的人民或政府無權干涉。這也是所謂的住民自決論。

萬變不離其宗，台灣獨立為先

有關統一問題的方案還有許多，但皆不脫「新加坡模式」（或稱「國聯模式」、「邦聯模式」）、「德國模式」（或稱「多體制國家模式」、「一國兩『治』模式」）、「完全自治模式」之窠臼。

所有這些方案，雖名目不一，有一點卻是共同的，即都要台灣當局繼續保持獨立的政治實體地位，享有唯一國家政權才具有的外交權和國際法的保障，可獨立地與其他國家保持包括外交承認和軍事合作在內的各種關係，並不受中國中央政府的任何約束。儘管這些方案的提出者大多避諱「台灣獨立」的字眼，但究其實，這些方案的核心都是要台灣獨立。

第十二章　中程協議是美國發給台灣主權的死亡證明書

中程協議係美國白宮國家安全會議亞太事務主管李侃如首先在一九九八年二月以學者身份提出，主要內容是：在一個中國原則下，台灣明示自己爲中國的一部分，不宣布獨立，大陸則承諾不以武力攻打台灣，兩岸在政治談判前達成一個爲期五十年的過渡性「中程和平協議方案」，台灣可以保持軍隊，購買自衛性武器，可以各種身份參與國際活動。後來喬治華盛頓大學國際事務學院院長兼國務院顧問及白宮策士何漢理提出修正爲「台灣不獨、中國不武，兩岸維持現狀五十年」。

一九九九年三月以來，美國官方數度表態支持這個構想。這些官員包括美國務院助理國務卿陸士達、美國在台協會主席卜睿哲、美國在台協會台北辦事處處長張戴佑，用這個新名詞表達美國對兩岸關係的態度。

何漢理指出，「現在兩岸的現狀因爲主客觀因素越來越難維持，雙方的軍備競賽沒法避免，而且我們（美國）大概會不得不幫助你們（台灣）」，在這種情況下，暫定協議（Modus vivendi），（何漢理類似中程協議的說詞）越來越顯得必要，暫定協議的前提之一是台灣問題的最後解決方式爲時尙早，之二是極力避免軍備競賽，目的是在藉「中國不武、台灣不獨」的各自保證，把情況穩定或是「凍結」起來。

由於台美中關係是互相牽動的，如果中國與美關係略微緊張，對美台關係有幫助，但若中國

與美關係有重大裂痕，而台灣問題又是其中主要議題時，反會讓美國對兩岸關係產生「不合理的過度期待」。由於美國有些人對台海戰略上模糊的情況越來越不耐煩，想「要個結構穩定下來」。因而採用何漢理建議，兩岸還是尋求一個「暫時協定」較爲適當，也可以減低台海發生衝突情況的可能。他警告說，如果拖延這項「暫時協定」的達成，對兩岸都是不利的。

目前兩岸最大的困境不只是在中國會否對台使用武力，更重要的是兩岸的定位問題。這個問題不解決，「暫時協定」根本無法簽下去，美國在一九九八年柯林頓訪問中國大陸提出新的「三不政策」後，已經爲美國心目中的兩岸定位畫出了底線，基本上已經接受中國對「一個中國」的原則性解釋，這也表示了美國不可能幫助台灣去向中國爭取台灣的地位，台灣只有等著接受一國兩治吧？最近一連串「暫時協定」的建議，等於美國已經明確地告訴台灣，台灣應該要準備和中國好好地談談了。至於兩岸的定位怎麼談，要看台灣自己的本事，美國在這一方面是幫不上甚麼忙。

台灣妄想以中華民國爲獨立國的定位去談，但中國和美國均無法接受，中國已堅持並固執著把台灣定位爲中華人民共和國屬下的一省，誰也改變不了，台灣不接受中國，擺明大家用武力來作決定，輸的人只得接受。美國也堅持一個中國政策，當然是指在聯合國具有常任理事國的中華人民共和國，美國同時贊成台灣應接受一國兩制，以維持兩岸和平繁榮，在美國國務院亞太副助卿謝淑麗再提出一國三制呼應時，台灣應該很明顯地體驗到：已被美國和中國緊緊地栓綁在一國的框框裏。

如果台灣將「一個中國」定位在「整個中國」，而「整個中國」的主權是屬於全體兩岸人民，非兩岸任何一方所能獨享，在統一前，兩岸的任何一方不能在國際間代表任何一方，這應該是台灣必須堅持的底線。但是很明顯的，台灣這樣的主張，誰聽得進去？台灣講的話不能只講給自己聽，最起碼要讓最基本聽眾—中國和美國都能聽進去，縱使台灣主張「一個中國」定位在「整個中國」，也無法抵擋得了中國併吞台灣的野心，而一個中國無論是中華人民共和國或中華民國，都是中國以武力統一中國為藉口，找到攻台的理由。

有關「中程協議」就是要台灣放棄獨立。既然台灣放棄獨立，國際社會便會接受中國「台灣是中國的一部分」主張，台灣便不是一個獨立的國家，沒資格也沒必要在國際上維持外交關係。到時，我們用錢去買外交的二十九個小國，也很難找到適當的理由，繼續拿我們的冤枉錢和我們維持邦交。

如果中國放棄對台用武，中國就會要求美國在五十年期間，不得依「台灣關係法」，出售「防禦性武器」給台灣。中國將振振有辭的說：台海無戰事，美國軍售台灣，徒增台海的緊張。然而沒有外國繼續提供精良、現代化武器，台灣實難有效抵抗中國的武力侵略，所以簽訂「中程協議」等於在解除台灣國防。

何必拐彎抹角，不如一勞永逸

美國極力主張兩岸要維持和平，但如何和平法呢？中國到處宣揚台灣沒有主權，不是一個國

家，同時以訓誡的口氣強調台灣是中國的地方政府，每每在國際場合，不是打壓就是羞辱，還怕台灣從它的視線中消失，要台灣承認，要台灣配合。至於美國則以三不政策來嚴禁台灣不許獨立，不許參加國際組織，好像台灣是他養的二娘，天天警告台灣不得越規，要順從聽話。台灣面對兩個世界列強，一個要用武力併吞，一個以不保護來威脅，兩國根本不曾問過台灣人民心裏究竟要什麼？台灣被逼迫在這樣狹窄的國際空間裏，要怎麼活呀？台灣只配做個聽話的乖孫子或唯命是從的跟班，唯有這樣台灣才能獲得和平，台灣永遠是別人的老二，永遠無法挺直腰幹，大聲說自己要講的話。可是如果你有這樣的想法，那你就太小看台灣人民的潛力了，台灣人民歷經四百多年被外人壓榨凌辱的經驗，現在已不把這兩個列強看在眼裏，民選總統國民黨的李登輝，在任期屆滿前深深地體驗到台灣人民在國際上所面臨的困境，爲了台灣人民的前途，而向全世界表明台灣和中國是「特殊國與國的關係」，而非「中央與地方政府的關係」，雖然引起中、美聯手在國際場合合力圍殲、威嚇，並圖升高戰爭邊緣，但最後兩列強又能怎樣？不過是陣暴風雨而已。

二000年台灣又要民選總統，這位民選總統已擁有祖先遺留下富有國際優越戰略地位的島嶼，並跟隨著一大批勇敢善戰、勤奮樸實的台灣人民，還有強大的經濟厚植力當他的靠山，他應以高超的智慧，仔細分析世界局勢，掌握各國外相互間可資利用之矛盾點，衡盱中國和美國相互間可以應用的外交資源，以便施展他遠交近攻之縱橫權謀策略，游走在戰爭與和平的中間路線，有尊嚴有國格地帶領他的子民—台灣人民—走上國際舞台，建立一個獨立自由的國家，不要再像

台灣發生百年來九．廿一集集大地震，該浩劫人民死傷嚴重，房屋斷垣倒塌，翠巒已變黃土，慘！真慘！水、電、民生物質也全斷絕，全世界均慷慨解囊，並急派遣國際救難隊支援，在這人命關天的緊要時刻，中國不但不行人道救援，且堅持要以「中國台灣省」的名義，才肯讓聯合國來台救災，同時中國外交部在聯合國並以「代表中國感謝外國政府對台灣震災的援助」，竟然代替台灣人民向支援國道謝，這種強暴、蠻橫，目中無人的惡行惡狀，實在令台灣人民扼腕，既感噁心、痛恨，又覺荒謬、無恥，台灣不建國行嗎？

倡議中程協議的美國學者，很少聽到台灣人民真正的心聲，他們只聽到統治台灣的國民黨所發出的聲音：國民黨爲鞏固政權以及爲了統治者的利益，根本不在乎台灣人民真正的心願在那裏，僅繼承蔣家政權的賣台政策，那就是主張一個中國，台灣是中國的一部分，五十多年來，國民黨派遣到世界各國的商務代表均徹底執行該政策，此政策已在世界各國形成一個共識：那就是台灣願意與中國合併統一，因而造成今日台灣陷入一國兩制的深淵裡，無法自拔。由於中國政府的霸道橫蠻專制，不尊重人權，人民生活在中國政府的制度裡，毫無自由無民主，因而激起百分之八十以上的台灣人民強烈反對中國併呑，追求獨立自主成爲集體的願望，這種願望，台灣人民應該強烈地表達出來，如此必能打動有理想有民主素養的美國學者，唯有台灣人民強烈、不斷地向全世界表達追求民主自由的願望，台灣才有國際生存的空間。

最近，中國之所以激烈反對美國、日本把台灣列入ＴＭＤ反飛彈系統保護範圍內，就是因其表示美日挑戰中國主張台灣是中國一部分的觀點，如果台灣真正是中國領土，美國便沒有立場在台灣佈置ＴＭＤ來抵抗中國飛彈的威脅。這正是考驗美國人和台灣領導人共同智慧的時刻。

第十三章　台灣主權所面臨的障礙

一、台灣人民對爭取台灣主權的分歧

㈠國家認同的混淆

台灣一直是移民社會，各族群在先後不同的時間裡移住進來，由於移住時間的先後和各族群原本各持有固定的族群特性，如今大家熔爐在一固定的社會裡，一定會在社會各層面產生認知上的差距，及在生活上表現不同的方式，本來各族群容納在一起，彼此間一定會各取其長並吸其精華，滙集成特殊的族群文化。無奈，統治台灣的政權也是外來，統治者和原島上的移民，在語言上，血統上，生活方式上又不盡相同，有的更是完全不同，基於統治者的權力非來自島上的各族群所賦予，因而統治者爲本身統治的利益，常利用各族群間不同的認知矛盾，加以分化、滲透，引導出各族群相互之猜忌、疑慮，然後再加以煽動，最後導致各族群結下深仇，相互殘殺的惡運，以下就從各族群對島上統治者的不同，所產生對國家認同的差異。

1.仇視及挑戰統治權的台灣人

因統治權非島上所有族群所賦予，島民第一個直覺就是這個國家不是我們的，因其施政均以統治者的利益爲主軸，對島上族群的利益，幸福均漠不關心，每橫加殘暴，剝削、壓榨島上族群，並加倍劫奪島上所有資源和財產，並對每件事物均以核課重稅，暴征爲原則，此非法掠奪的統治者心態，把島上族群均視爲奴隸使喚，因而引起島上各族群中的一些有良心，

有智慧，有理想的革命志士，爲了要自己的族群不受外來人的剝削虐待，也爲了要把外來政權驅逐出台灣島，建立屬於自己島上族群的國家，而絕對不與統治者合作。以上這些革命志士約占全台灣總人口的百分之廿五左右。

2. **攀附在統治權身上的台灣人**

因統治者，皆是外來，其人數必少於島上族群的人數，於是統治者就利用以夷制夷的方式，來豢養各族群裏一些唯唯諾諾，奉命順從的奴子，授以國家名位，並以財富加以誘惑，以便爲統治者做牛做馬，而這些被豢養者爲報答統治者的恩遇，爲取悅統治者的歡心，必處心積慮，極盡心思地奉獻出有危害族群各種資訊（有利統治者）或謀取島上各種資源來表達自己的忠心耿耿，自生至死爲統治者作盡心盡忠的奴隸性服務，這些被豢養的奴才，爲了本身利益，那管得了統治者所施行的政策是什麼政策，凡對於島上有反對統治者，這些奴子竟然自動組織義勇軍，起而消滅反抗統治者的革命軍，革命軍因而被撲殺，被消滅，於是統治者即以國家名義加以獎賞，授官階，翻身一變成爲地方首富，並列爲國家要員，享受榮華富貴，修屋置產，光耀祖先，這些奴子已嚐到了權利的滋味，更變本加厲，寧願附攀在統治者的權仗上，甘願爲統治者任意驅使，再以統治者施捨給他的官階來炫耀並奴役自己的島民，把統治者當爲自己的國家。攀附在統治權上及其追隨的台灣人約佔台灣總人口的百分之六十五左右。

3. **不管國家大事的台灣人**

各族群中亦有一部分人，他們覺得台灣島上的統治者應由台灣島上的人民，用自己的雙手建立起來的國家，才是自己的國家，外來的統治者就不是自己的國家。想到統治者的嘴臉，心中就浮現厭惡分離感，他們認爲無能力反抗統治者，不敢參加抗暴運動，他們寧可將自己的全心全力去開創自己的私人天地，他們一頭栽進自己的事業領域裏，不忮不求，享受自我創造的成果。這些人約佔台灣總人口的百分之十左右。

現今國民黨政權也是外來政權，在台五十年，只顧黨意不管民意，國民黨也豢養了一批專門替國民黨政權背書的台灣人，從立法院、國民大會、縣市議會及鄉村的民選代表，全以保衛國民黨政權爲己任，將國民黨視爲自己國家，這些奴子墨守成規，懶得管台灣前途已捲進中國所預設一國兩制的風暴，另有一批爲台灣前途拼命的民進黨，終日爲台灣前途呼喚，要獨立建國才能免遭中國 併吞，但台灣人民長期來已受不了國民黨名位、財富的誘惑，統統贊同國民黨的維持現狀的安定牌，你說台灣人如何爭主權？

不久前由國民黨分裂出的另一組人馬，竟然都是當年殺朱拔毛的急先鋒，是罵共產黨最狠、最激烈、最兇悍的一群。當年在國民黨裡能呼風喚雨地 掌控軍、情、警、司調、法務各部門，並躲在戒嚴法裡，藉法無惡不作。然而誰能想到世事多變化，國民黨由專制體制變成民選體制，以致引起他們的不悅，乾脆一不做，二不休，先在中華民國的國旗上放個大便（國旗上怎能漆上大便顏色又寫字呢？），再而全部脫離國民黨自創品牌，他們開始和北京的以前敵人相好再和聲叫喊，回過頭來，將以前對付共產黨兇惡的那一套來對付現任民選總統，每次聽到他

們的叫喊聲，完全和北京的說詞同調，有如中國派駐在台的軍事代言人。當民選總統說出中國和台灣是「特殊的國與國關係」時，竟然全體發狂，並匆促舉辦示威遊行，好讓中國查驗證他們是多麼的忠心。

由以上所述，我們可以清清楚楚地體察，在台灣島上的族群，對國家認同的嚴重性，竟然在同一個國家裏有替敵人助陣的族群，也有主張和統治者不同的國名，所以要全島各族群同心協力來共同爭取台灣主權的獨立，實在難上加難。

㈡維持現狀

維持現狀是國民黨和以前的同路人對台灣島上人民打出的安定牌，當然避免戰爭，共享榮華富貴，誰不樂意接受，唯問題是當你深入研究維持現狀的議題後，你會猛然地發現維持現狀就像綁在脖子並引導你去做奴隸的繩索。

流水不生腐，滾石不生苔

所謂維持現狀是國民黨目前的既定政策，就是主張中國只有一個，也就是中華民國，台灣是中國領土的一部分，中華民國的領土及於全中國、蒙古。如果我們主張維持現狀，就不會觸怒中國生氣，中國不生氣就不打台灣，台灣就會安全、安定。這種想法等於大家等著中國來接收台灣，我們不是反對中國，而是反對統治中國的集權專制體制的中國共產黨，他們連法輪功只是練身的團體都要禁止，這樣一個不尊重人權的政黨，你住得快樂嗎？

李登輝於一九九九年八月三日接見加拿大國會議員訪問團時強調：「我們已被逼困在角落，而逐漸失去生存的空間」，這證明國民黨維持現狀的所謂安定牌已告失靈。

(三) 缺乏信心

李登輝提出兩岸是「特殊國與國的關係」，竟然觸發了北京最敏感的「兩個中國」論，認爲台灣已走上分離祖國，開始要修理台灣，台股也在共軍可能採取軍事演習的傳說中大跌了一千多點，總市值跌掉了一兆五千億。這種情形在民國七十九年總統選舉時也曾發生，當時股價指數由一萬二千點跌至二千五百點。民國八十四年下半年至八十五年春，即上次總統大選期間，兩岸發生飛彈危機，股價指數由七千多點跌至四千點。你想，你自己選出的國民黨籍總統，在長久良心責備下說出：「台灣是一個主權國家」（以前只敢說政治實體，而政治實體是什麼東西，沒人懂，只是說些模糊概念使自己爽一下欺騙大家），中國一直把台灣當成它的一省，這下變成國，不是叛亂了又是什麼呢？於是中國發狂了，當台灣人民一聽到中國要攻打台灣，怕得股票（股票等於信心）連續下跌一星期，如果中國真的射出飛彈在島上爆炸或將台灣海峽用戰艦團團堵住，以及攻佔台灣海域上的小島，我想，恐怕會有超過百分之八十的台灣人會豎白旗，歡迎中國來統治，以保全身家性命，可憐的台灣人啊！台灣人，請看看你們祖先的革命史吧！當外來政權要來統治他們時，他們不願被統治，我們的祖先就以死一百個來殺死一個敵人的戰略（因敵人武器太精良），他們的英勇善戰，以及視死如歸的勇氣，我們趕快學習吧，也許是因爲三百多年來，外來統治者把台灣英勇的男人都殺光了，以致遺留下來的全都是無卵

的男人，那我們應該是無卵的子孫吧（男人若無卵就不算男人，比較怕死，沒勇氣）。

說實在，要打仗會死人，誰都怕，但當你看到中國那種欺人太甚的嘴臉，要殺要剮的侮辱人模樣，如果被統治，一定會被凌辱，反正活得那麼沒尊嚴，還不如死，到時候與他拚死拚活的勇氣就來了，這就是信心，這就好像你非要和一個霸氣十足的硬漢拚個死活時，你能不拚嗎？不拚，也許以後你一輩子得當他的奴子，何況拚不一定死（你可能用智慧），那你怎麼辦？當然只好拚了，誰都不再怕，你信心就來了，台灣人，要有信心才能生存，最起碼也要學以色列，才能建國。

二、國民黨霸佔台灣主權實施賣台及死亡政策

(一)死抱中華民國

中華民國在國際外交舞台上面臨最嚴厲的挑戰是一九七一年在聯合國的常任理事席位被中國所取代，翌年與日本斷交，一九七九年又與幕後老闆美國斷交，當時全世界有七十六國承認一個中國就是中華人民共和國，而把自稱一個中國就是中華民國的國民黨集團逐出聯合國陣容之外，這就等於宣告霸占台灣的國民黨，自即日起，絕對不可再使用中華民國國名與全世界各國建立邦交關係，這「中華民國」不能用，那不等於是死亡或形同植物人嗎？這不是也等於發給國民黨政權一張死亡證明書嗎？但國民黨集團爲維護他永續不墜的政權，於是施展了人類只要活下去而不顧尊嚴、社會正義的求生本領。

1. 對台灣人民一定要用中華民國，一定要叫中華民國

台灣人民別無選擇，對已霸佔住台灣的國民黨集團強硬要每個台灣人民背著這死亡墓碑，並乖乖地自稱自己叫做中華民國國民，台灣人民被教導他的國家在中國，對自己每天用腳踩著的土地叫台灣竟渾然不知，台灣人民有何辦法？又拿了一個全世界唯一不被承認的車輪牌護照，跑遍了全世界，結果你會發現，你的護照只有中華民國海關蓋進出入印戳。在以前全世界其他國家的海關都不敢在中華民國的護照上蓋進出入印戳，現在已經有人蓋了，但你別高興太早，這只不過是證明你從那裏來，你這個人在他們國家而已，至於你的生命財產，你的自由全部無法受到他們國家的法律保護及尊重，由於沒有邦交就沒有國與國相互間法律互惠條款，因而常常發生台灣人民在任何一個國家發生任何糾紛時，人地生疏求救無門，無法找到自己國家的大使館來保護而導致任人宰割、任人壓榨的悲慘下場，夠可憐吧！你說台灣人民像不像世界超級孤兒？誰來關心，誰來愛憐你？一九九九年七月三十一日台灣新華貨輪在台灣海域無故遭中國強押到福建調查，至今未聽聞中華民國有關單位如何處理，如何向台灣人民交代，只任中國拘押，何時能返回？誰知道？

2.用錢買外國領袖來叫中華民國

凡世界獨立的國家，有願與中華民國建交，就有外國人叫中華民國，那就表示中華民國已存在，誰說不能用中華民國？於是國民黨集團就專門找來全世界最窮（沒有工業發展）或最弱（沒有國防軍備）或最小（人口不超過五十萬眾）的國家，以中華民國的國民和他們正式建立邦交，雖然這些小國的國名，台灣人民從沒聽過，但可別小看他們，他們的領袖們，個

個精明靈巧，他們知道與中華民國建交，只要條件講好，什麼事都好辦，依外交部每年編列特殊款項支出就高達五十億台幣，這些錢只是奉送小國領袖們每年建交禮金，當作他的私房錢，光這些錢就超過他們國家全年稅收收入，至於我們的農耕隊、醫療團，要我們台灣人（都是受過大學教育以上的）去幫他們耕田種菜或去照顧他們的病人或去幫他們開路，所花費的金錢還不算在內。可是，有一天，當他們的領袖們賺足了荷包，享受夠了國民黨集團秀色餐招待後，就翻臉不認人，向世界宣佈與中華民國斷交，並附帶告訴別國建交或斷交的內幕（啊，可憐，我們台灣人都是替他們做白工？），怪不得世界上許多礙於民主制度及法律層面，而不敢拿中華民國錢財，又不敢和中華民國建交的國家，大罵中華民國是金錢外交，中華民國的外交部叫做送錢部或斷交部，他們眼裏的中華民國就是沒有尊嚴沒有社會正義的代名詞。

在台灣的人民，我相信除外交部人員外，沒有一個人有這等能耐，能指出中華民國的邦交國的國名及在地圖的那一方？這是很悲哀又很可憐的事實，在這兒不妨告訴你，請你仔細地查閱世界地圖吧！一定要查！

亞太地區—諾魯、吐瓦魯、索羅門群島、馬紹爾群島

歐洲地區—教廷、馬其頓

非洲地區—布吉納法索、查德、甘比亞、賴比瑞亞、馬拉威、聖多美普林西比、塞內加爾、史瓦濟蘭

中南美地區—貝里斯、哥斯大黎加、多米尼克、多明尼加、薩爾瓦多、格瑞那達、瓜地馬拉、海地、宏都拉斯、尼加拉瓜、巴拿馬、巴拉圭、聖克里斯多福、聖文森

3. 將中華民國改名換姓求生存

一個大壞蛋、流氓、土匪或逃犯，爲了規避法律的追捕，一定常常改名換姓或美容改換面目或買個假護照來藏身，以求生存下去，結果我們發現，堂堂正正的一個國家竟然也可以這樣，真讓人匪夷所思！

中華民國求生存的策略是可以用錢來買建交國的，以及自己改名換姓的，請問，中華民國用多少假名，你知道嗎？以下就是有用「經濟文化中心」，或「商務辦事處」，或「孫中山中心」，或「自由中國中心」，或「中國文化研究所」，或「遠東貿易公司」，或「中華旅行社」，形形色色的名稱，這些名稱實際上都是道道地地的中華民國的國名，都是由外交部派任官員前往主持工作的大使館，但如果光從名稱上觀察，是無法了解它們真正的性質及功能，不但到海外旅行的台灣人民及當地人士很難分辨清楚，相信政府官員也是很難分辨出來。

而且這些機構，都僅能以私人名義，從事純民間性質的工作，不能具有正式外交機構所應做到的，即①簽發入境的簽證；②簽發海外僑民的護照；③可以使用外交郵袋；④可以使用密碼通訊；⑤外交人員可以進入機場內部接待客人；⑥工作人員享有外交待遇；⑦公開使用國名；⑧在室外懸掛國旗、國徽。

中華民國駐外機構用了多少「假名」，請參看附錄五。

這就是告訴你，中華民國永遠無法帶台灣人民與全世界任何一個國家的人民平起平坐的最基本人格和尊嚴，也永遠無法光明磊落地分享全世界任何一個國家創造科學領域的成果，更無法以最高分貝大聲地向全世界任何一個國家說：「我的國家名字叫中華民國」，啊！台灣人民，你就是無國際人格的身分，你又能怎樣？你雖然擁有世界外匯存底第三名，但那些錢能買回你的尊嚴嗎？你如果要有尊嚴，就要有屬於自己的國家。

4. 國民黨集團要台灣人民用中華民國，但國民黨自己卻不敢用中華民國

(1) 一九七九年美國制定的「台灣關係法」內只有「台灣」，而「中華民國」是不存在的。一九八四年的洛杉磯世運會時，中華民國以「中華台北」參加。這說明國民黨當局已認定「中華民國」在國際上無法立足。八八年在馬尼拉召開的亞洲開發銀行年會，中華民國仍以「中華台北」名義參加（中華台北是中共允許的）。一九八九年，李登輝訪問新加坡「接受」了「來自台灣的總統」的稱呼，不敢用中華民國總統，九0年初，中華民國以「台澎金馬」申請參加關貿總協（GATT），一九九一年十一月中華民國以中華台北名義與中國、香港同時加盟APEC（亞洲太平洋經濟合作部長會議），除此之外，台灣雖是PBEC（太平洋盆地經濟理事會）與PECC（太洋經濟合作會議）的會員；也不能用中華民國。

(2) 又李登輝總統在美國康乃爾大學歐林講座演講時，講了十七次「中華民國在台

灣」，都沒有使用中華民國。

(3)第一枚由國科會太空計劃室主導誕生的「中華衛星一號」在美國發射升空，也不敢用中華民國，而用中華，使人無法區別到底是中國的或台灣的？

(4)更有趣的是近千億的外滙存款不敢以「中華民國」名義存在國際銀行，怕重演駐韓大使館有中華民國四個字而被中國沒收的命運，而變相的以私人名義存入國際銀行，難道你不怕那天被私人吃掉了？

(5)華盛頓郵報刊登中華民國國慶特刊，以「台灣」爲名的十頁廣告特刊，詳細介紹台灣經濟、民主改革成績，也不敢用中華民國。

(6)中美斷交二十年來，雙方的實質關係雖有大幅的改善，可是美國官方對中華民國的定位，幾乎沒有改變，這可從美國國務院出版的介紹中華民國的「背景資料」中看出。這是國務院對世界各國的簡介，每個國家都有一份，定期更新。這是一個制式的文件，每個國家都從它的正式稱呼介紹起，兼及人民、政府、經濟、社會、文化、歷史和對外關係，真是麻雀雖小（通常十頁左右），五臟俱全。

讀者從國務院的中華民國背景資料裡，會發現美國官員們挖空心思否定中華民國的國格和官方地位。以去年十月出版的最新中華民國背景資料爲例，文件一開始，就說台灣的正式稱呼是「台灣」，這當然與事實不符，因爲小學生都知道台灣的正式稱呼是「中華民國」。但國務院則乾脆把中華民國定位在台灣，不容你有申辯的機會。

覆巢之下無完卵，沒有國那會有家

這份資料對台灣最大的侮辱是在人民項下，沒有「國籍」一欄，面對其他國家的介紹，在人民這一項下，都有「國籍」，獨缺台灣，無異說台灣的人是無國籍之人。（這正鼓勵台灣人民要獨立建國）

至於台灣政府的組織架構，則以「行政」代替「政府」的字樣，以免造成中華民國是政府、具有官方地位的印象。

必須提到台灣政府時，就以當局代替政府，當局就是台灣人民，主要的政府官員在別國的資料上都用Principal Government Officials（主要政府官員之意），而台灣則用Principal Leaders（主要領袖），以免出現「政府」和「官員」的字眼，其用心良苦，使人嘆爲觀止。反正台灣就是無國際人格。

(7)CNN在美國時間一九九九年五月三日到八日間，於亞特蘭大及紐約召開世紀末前最後一次的全球新聞會議，總計七十個國家三百位媒體人參加，台灣則有五家電子媒體與會。與會的聯合國正副秘書長在全球論壇上，當台灣問題也因爲科索沃戰事被順便提出討論時，結果則令台灣與會者深感不滿與挫折，其情形如下：七日在聯合國所召開的全球論壇會議上，科索沃戰爭中，台灣是否可尋求與瑞士同等國際地位下，經援南國難民與國際重建工作被提出討論。聯合國主管國際事務副秘書長Kieran Prendergast則傲慢的以「這在聯合國決議案中已有結論」一語答覆，原本熱烈

的討論氣氛在訝異與尷尬中戛然而止，大會麥克風也很配合的消音，結束會議。

事後，雖然CNN創辦人泰德透納來到台灣媒體席上，表示關切，但是台灣在聯合國刻意被忽視的事實，則很難不令人感到不滿與挫折。高掛在聯合國的全世界地圖上，再小的國家都有標示，卻獨不見中華民國的存在，遑論中華民國國旗國號與國家主權的討論。

(8) 一九九九年六月由立法院長王金平所率領的馬、義、捷三國國會外交訪問團，此訪問團雖然陣容龐大，但卻處處受到中國的掣肘，無所不用其極的封殺，以致屢遭各國冷淡對待，不但無法見到高層級的政府官員，而且會談時間都十分短促緊迫，都不是正式的會談，以上這些情況，確實讓民意代表們留下深刻印象，台灣的外交關係將永遠受制於中國而無法獲得有利拓展，除非台灣有辦法能以國與國的建交。

(9) 一九九九年第十一屆亞太經合會閉幕時的記者會，主辦國紐西蘭外交部長曾當著二十一國部長及媒體記者，公開說：「台灣不是主權國家」，確實台灣是以地區經濟體“中華台北”的身分入會，由於不是主權國家，所以不能派外交部長，僅派經濟部長、財政部長，當所有與會的外交部長敘餐時，獨台灣代表在餐廳外徘徊，鬱卒啊！

5. 台灣如果再用中華民國一定會被中國併吞

(1) 一九七一年十月二十五日，聯合國決議「立即把蔣介石的代表，從它在聯合國及其所屬一切機構中所非法占據的席位上驅逐出去」，並把中華民國席位轉讓給中華人民共和國

繼承。這表示蔣政權自那天起，已被剝奪國家地位，最嚴重的是被剝奪國家主權「交戰權」，一九七八年十二月中美建交，美蔣斷交，從此世界大多數國家都與中國建交和中華民國斷交。也因此，中華民國再喪失了軍事同盟權，你想一個國家已經喪失了對外交戰權和軍事同盟權，這國家還算國家嗎？

這就是中國爲什麼每次對著台灣霸氣十足，耀武揚威，口出惡言，誰都治不了他的傲慢原因。

(2)由於一九七一年聯合國二七五八號決議案就承認中華人民共和國代表中國，但中華人民共和國在聯合國安全理事會的名稱不是用中華人民共和國，而是還沿用「中華民國」，也就是中華人民共和國在聯合國的國名是中華民國，沒有更改，請仔細查看現行聯合國憲章第二十三條及第一百條乃保有中華民國的國號，因中國若不繼承中華民國的國名，就不能佔有常任理事國席位，這下子可麻煩了，凡是世界上所有用中華民國的人、事、物，都是中華人民共和國所有，所以中華民國名下的財產，如大使館、外匯存底、船公司、航空公司等，若沒有把中華民國名字改掉，統統被中華人民共和國視爲自己的財產沒收，現在的台灣，如果天天喊著「中華民國」，那對不起，是你們自己講的，中華人民共和國一定利用聯合國通過表決，台灣是中華人民共和國的，到時中共不必投下一兵一卒，垂手可得台灣，這也可以看出來，美國一直以「台灣」來稱呼現在在台灣的中華民國，那就是避免陷進中華民國的死亡漩渦裏。

由以上的印證可知，在國際上不但國民黨集團以及世界各國都一再公然否定中華民國，全世界唯獨台灣人民一直在使用並高喊「中華民國」，國民黨集團如果你們有良知，有正義感，那就可憐那些爲你們做牛做馬，供奉你們榮華富貴已五十年的台灣人民，爲了台灣人民未來的幸福，你就勇敢拋棄不用中華民國而改用台灣，並再勇敢地替台灣人民找出一條擁有主權的生路，不要再繼續欺侮壓榨台灣人民。

㈡堅持一個中國

二十年前，中華民國政府因死抱「漢賊不兩立」、「寧爲玉碎、不爲瓦全」的「一個中國」政策，美國被逼與台灣斷交，承認中國只有一個，中華人民共和國爲中國唯一的合法政府。二十年後，我們外交仍深陷於一個中國的陷阱而不能自拔。政府雖然標榜務實外交，但卻不敢宣稱海峽兩岸是一邊一國的事實，並以此爲基礎推動外交。

所謂一個中國，在國際上，從來沒有「中國」之法律概念，自秦統一六國以後，在歷史上誕生過大秦國、大漢帝國、大唐國、大宋國、大明國、大清國，但沒有「中國」這個國家概念。戰後聯合國之創始會員國之一，不是「中國」而是「中華民國」，一九四九年十月一日至一九七二年之間，大陸中共政權在聯合國外面與許多國家締結條約，不是以「中國」名稱而是以「中華人民共和國」從事簽約。一九七二年大陸中共政權也是以「中華人民共和國」名稱加入聯合國而不是以「中國」名稱加入。台灣退出聯合國後，尚與二十九幾個國家訂有條約，均以「中華民國」之名稱爲之，而不是以「中國」之法律概念（名稱）係不爭之事實。「中國」、

「中華民國」、「中華人民共和國」是三個不同之概念，但在國際法上，僅有「中華民國」及「中華人民共和國」之法律名稱（概念）存在，根本就沒有「中國」之法律名稱（概念），既然沒有「中國」之法律概念「存在」，那來有「一個中國」之問題。沒有「一個中國」之問題，又那來有「一中一台」之問題。

至於「中華民國」與「中華人民共和國」是兩個國家之間國際關係，雙方之交流、接觸、往來所發生之糾紛是國際問題，絕對不是「一個中國」的國內問題。大陸之共產黨在「中華民國」國號之下從事革命，係屬內戰，是「中華民國」之內政問題。但在「中華民國」尚未被完全消滅，尚未亡國之前，大陸的共產黨就宣佈「中華人民共和國」誕生。在建立新國號時，法律上原（舊國家）（中華民國）與新國家（中華人民共和國）就成了獨立的兩個國家，變成國際問題，已不是原來在「中華民國」之內的內戰或內政問題。但自從中華人民共和國佔據聯合國安理會後，不用中華人民共和國，故意沿用中華民國，致使中華民國等於中華人民共和國，導致全世界官方都不敢和中華民國接觸，以免違反聯合國憲章，使中華民國永遠陷入死亡的泥潭裡。

事實上，堅持一個中國反而困擾著國民黨政權，因爲……

1. 國民黨堅持抱著一個中國政策，因而預設只能存著一個合法的政府，如此一來，北京和台北之間必然互相爭奪一個幻想的合法政府，在此時，北京必然挾持其雄厚的國際勢力要求各國承認它爲合法政府，並可以輕而易舉地藉武力消滅台北的叛亂集團。反觀國民黨政權

在「一個中國」框架下無論以「一個中國，兩個對等政治實體」或「一個分治的中國」或「中華民國在台灣」來自我稱呼，但仍然會被中國以主動宣傳一個中國，使中華民國的理念被迫至無法招架的絕境，勢必造成國際社會對中華民國主權獨立的扭曲和侮辱。並貽笑國際，且被排棄於國際社會之外成爲國際孤兒。

2.中華奧會主席張豐緒率團到韓國漢城爭取申辦二〇〇二年亞運遭鎩羽，據說國際奧會主席薩馬藍奇受到中國的付託，要求各會員國在「一個中國」的前提下，不要把票投給高雄市，而中國奧會前主席何振梁及現任主席伍紹祖面對台灣記者的詢問時，何說：「台灣條件，不適當辦亞運，奧林匹克會章規定，台灣是一個「地區」，現階段不符合辦亞運的條件」，伍說：「依亞洲奧會會章第四十八條規定，應由「國家元首」主持亞運會開幕典禮，宣布亞運會開幕，是由中國的江澤民主持呢？還是……？」，當記者告訴他，當然是舉辦國的總統主持，他立即翻臉瞪眼表示，這就違背了「一個中國的政策」。

3.李登輝總統訪問東南亞三國時，享受不到國家元首的尊嚴，一再聲稱係私人渡假性的「非正式訪問」，甚至在印尼還被稱爲「李教授」、「李博士」；李總統雖被亞奧會主席法赫德親王邀請出席在日本廣島舉行的亞運盛會，因中國的強力抵制，而「委屈求全」未能成行；李總統跨洲之旅，過境夏威夷，因中國的干擾，未獲美國政府准許下機，被迫在飛機上過夜，誰能容忍自己的國家總統被歧視？今年春李登輝總統中東之行，因消息提早曝光，經中國抗議，以色列乃婉拒往訪；李總統又一再被拒絕出席亞太經濟合作理事會

（APEC）。

天作孽猶可活，自作孽不可活

這些挫折、屈辱，被糟蹋、被擠壓，都因國民黨政府堅持「一個中國」政策所致。因爲「一個中國政策」才導致台灣在國際上的任何活動，一再遭受中國的打壓、排擠，也是中國「一個中國」政策的體現。中華民國若不放棄「一個中國」政策，國際上各國則會認台灣是中國的一部分，台灣當然在沒有獲得中國允准的情況下，將無活動空間，無法跨上國際舞台。

4. 中華民國爲加入WTO已經花費將近十年心力，打從WTO前身的GATT時期，就已經陸續觀察了解世界貿易的入會工作，並在民國八十一年與WTO會員國正式開啓談判的漫漫長路，爲的就是讓台灣成爲國際貿易的正式成員，享有平等的貿易對待，但中國在國際場合中每每不忘打壓台灣，使得我在國際場合的處境也相當困難，雖然中華民國陸續與歐盟、美國、日本等世界主要貿易大國完成談判協議，但面對中國先我入會爲原則，我們的入會還是要看中國的臉色。你爲何活得這樣可憐？

5. 台灣參與國際協助北韓興建兩座核子反應爐的計劃，中國外交部發言人指稱：「根據協議設立的「朝鮮半島能源開發組織」（KEDO），其成員必須是主權國家，台灣是中國的一個省，不是主權國家，沒有資格」。

6.我國國際電話國碼八八六，原使用的國際共通信號連碼「四一一五０」，因中華民國不是ITU（聯合國所屬的國際電話聯合會）會員（自退出聯合國）又被視爲不是主權國家，於是將該「四一一五０」分配給南韓使用，於是中國即以「一個中國」原則下，將八八六國碼登錄在中國大陸名下，即「中國－台灣」名下，這就無法選擇或更改。只差沒有將我們的國際電話號碼改成八六（是中國國際碼），事實上中國連台灣各地的區域碼都定好，隨時向TU施壓要求更改。屆時萬一棄守，如果連國際電話都需由中國轉接控制，那麼就不只是名稱問題而已，是我們整個國防與經濟體系都要崩盤解體了！再而中國更處心積慮地在各種國際標準的制訂上矮化台灣，製造台灣是中國一部分的假象。如ISO3166國家碼，台灣被列爲中國的一省（A PROVINCE OF CHINA），而且據報導中國有意提案要求將台灣的國家碼由「TW」改爲「TW.CN」（CN是中國的國家碼）。同樣的在ISO4217貨幣碼標準新台幣也被列爲「中國的一省」的貨幣，連汽車引擎製造編號上的製造國代碼，中國也在嘗試要將台灣納入其編碼。

7.最近媒體大幅報導中資幕後操縱的台灣達康（TAIWAN.COM）網站的消息，引起一陣網域名稱所有權與國家認同等議題的討論。據報導，TAIWAN.COM這個網域名稱的所有人爲中國新華社所控制的中國國際網路通訊公司（China Internet Corp），從網路技術的層面來看，由於TAIWAN.COM的網域名稱伺服器（DNS）仍將架在中華網之下（NS1.CHINA.COM），中華網可以任意轉接向台灣達康的連線要求。也就是說，如果台灣達康網站上登了中國不喜

歡的資訊，中方可以隨時把要進台灣達康網站的人轉到其他網站去。

目前中華網就和網景公司合作，將網景的台灣入口網站設在「大中國」圈的一部分，和香港、中國大陸並列，因此若台灣網站由中國所全面操控，其後果「不堪設想」。大家都知道，如果網友欲搜尋某一國家的資料，一定都有先進入跟該國同名網站的認知。相對地，對一個全然不了解台灣的外國人而言。其第一步驟，一定也是先利用此一名為 **Taiwan** 的網站，再行搜尋有關台灣的相關資料。此時網站若呈現中國所把持下的特色，則台灣面貌的呈現，一定是「失真」且不實的，不但對台灣本身是一種傷害，更對外國人產生混淆的觀念上認知。

更有甚者最近出現中國欲篡奪台灣名稱與文化母國地位的企圖。為了凸顯台灣文化的主體性，海外的台灣留學生與同鄉會，都會設計有別於中國的本土藝術文化與飲食，來參加各地國際文化節之類的活動，尤其是有原住民特色的節目設計最受國際友人的歡迎。但據報導，今年以來，赫然出現來自中國的留學生與同鄉團體演唱「高山青」、跳阿美族豐年祭舞蹈，號稱這些原住民文化，也是「泱泱大中華文化」的不倫不類畫面。混淆視聽，令人不勝其擾。事實上中國在各領域內無所不用其極地試圖在名稱上將台灣納入其神聖不可分割中國的一部分，以配合他的一個中國的政策。

㈢台灣是中國的一部分

1. 如眾所周知，自古以來，台灣不曾是中國的領土，既非中華民國，更非中華人民共和國的領土，台灣是根據「馬關條約」（國際法之一）由大清國割讓給日本，在日本承諾無條件

接受「波茨坦宣言」的瞬間，法律上就發生了「恢復原狀」之效果（回去原來的大清國之手裡，但大清國的概括權利義務已被「中華民國」承繼，因此台灣應是回到「中華民國」之手裡（當時中華人民共和國尚未誕生）。

通常領土之割讓，須等待條約（形式上之書面）的締結，因形式上的條約規定始發生「住民之國籍變更」「賠償之支付」「將來和平之保證」等之法律效果。但「中華民國」與日本國之間，在尚未從事正式談判，締結形式上之和平條約以確認已同意之實質上效力之前。聯軍統帥麥克阿瑟所發布的「一般命令的第一號」。當時在重慶的蔣介石政權即據此，派遣陳儀集團到台灣接受在台日軍的投降，並暫時受聯軍的委託「軍事佔領統治」台灣。從而，日本喪失了對台灣的統治權，並撤離台灣。但是，一直到一九五一年九月八日締結的舊金山和約，規定「日本放棄對台灣澎湖的一切權利、權限以及請求權」爲止，台灣的主權仍爲日本所有。舊金山和約以及翌（一九五二）年四月，中華民國與日本簽訂的和約，僅規定日本放棄台澎的主權，而沒規定還給任何國家。

一九七二年九月，日本與中國建交的「共同聲明」第三項內，日本政府對於中國政府所表明的「台灣爲中華人民共和國領土不可分的一部分」這個立場予以「充分理解與尊重」（並沒「承認」）。一九七八年八月締結的日中和平友好條約，也沒涉及台灣的領土問題。而舊金山和約的締約國例如英國、埃及、沙烏地阿拉伯、敘利亞等多數國家均主張台灣、澎湖等日本所放棄的領土，將來應由住民投票決定歸屬。

2.在中華民國憲法方面：一九一二年三月十一日公佈的中華民國臨時約法第三條：「中華民國領土爲二十二行省、內外蒙古、西藏、青海。」很顯然的，沒包括台灣。一九一三年完成三讀的天壇憲草也未改變疆土。一九一四年五月一日公佈的袁世凱約法第三條：「中華民國之領土依從前帝國所有的疆域。」，已經很清楚的將台灣剔除在外。一九二三年的曹錕憲法，未改變疆域，一九二五年的中華民國十四年憲法草案的第三條，對領土的範圍採列舉式，未包括台灣，且規定領土非依修正憲法之程序不得變更，也就是行政體系不得擅自增減領土。一九三六年公佈的五五憲草的第四條，將中華民國領土做更詳細的列舉，計有三十個區域，它並未包括台灣地區。現行的中華民國憲法第四條：「中華民國領土，依其固有之疆域，非經國民大會之決議，不得變更之。」，其所稱固有之疆域，當然指五五憲草所列舉的領土，所以，中華民國憲法所規範之領土是將台灣排除在外。

3.檢視中國共產黨領袖與中華人民共和國對台灣態度的改變

(1)中國共產黨的早期領袖認爲台灣是個少數民族，在種族上與中國人不同。中國共產黨支持台灣人解放，毛澤東與周恩來都表示願意協助台灣爭取獨立（中國共產黨／中華人民共和國文獻1—5）

一九三八年毛澤東接見史諾（Edgar Snow）（載於「紅星照耀中國」Red Star Over China），乃是這方面的「煙幕」（smoking gun），因爲就像蔣介石一樣，毛主席顯然認爲台灣好比朝鮮，不是中國的一部分。

⑵遲至一九四一年，周恩來仍然強烈表示支持台灣與韓國的「獨立／解放運動」（中國共產黨／中華人民共和國文獻5）。但中國共產黨一旦建立政府，就像國民黨一樣，堅持台灣已於一九四五年交還中國。不只如此，共產黨宣稱有權以任何必要手段「解放」國民黨的這塊最後據點，因爲它是其主權領土的一部份（中國共產黨／中華人民共和國文獻6）。

⑶一九七一年，曾經主張台灣獨立的周恩來，不只重申中華人民共和國根據開羅宣言並以中華民國的繼承者而對台灣享有主權，也堅持台灣一千年來一直是中國的一部份。

⑷在整個一九八0年代，中華人民共和國一直堅決主張台灣不是個主權實體，而是中華人民共和國的一塊領土（中國共產黨／中華人民共和國文獻19與21）。

⑸請參閱下列中國共產黨及中華人民共和國文獻

①中國共產黨的一九三四年一月「中華蘇維埃共和國憲法大綱」規定：「（14）中華蘇維埃政權承認中國境內少數民族的民族自決權，一直承認到各弱小民族有同中國脫離，自己成立獨立的國家的權利」，可是取得中央政權以後，他們只允許「民族自治」，而不承認「民族自決權」了。因此，一九五四年九月的「中華人民共和國憲法」第3條中規定：「各少數民族聚居的地方實行區域自治。各民族自治地方都是中華人民共和國不可分離的部分。」

②從一九二八到一九四三年間，共產黨領袖一直承認台灣人是個明確的「民族」。他們認爲台灣人不是漢人，而是一個不同的「民族」，甚至「種族」，台灣人來自一個分離於中國的故鄉，就如朝鮮人與越南人，而不像其他少數民族。中國共產黨不曾指稱台灣人爲「弟兄」、「黃帝子孫」或「同胞」，他們回返中國後才能屬於漢人，這種事實增強了上述觀點。（資料來源：F.Hsiao and Sullivan(1979),P446）

③中國共產黨第六屆全國大會認爲，中國境內少數民族問題具有重要性（包括北方的蒙古人與回教徒、滿洲的朝鮮人、福建的台灣人、南部的苗族與黎族、新疆〔維吾爾人〕與西藏人。（資料來源：中國共產黨第六屆全國大會，「大會通過之各小決議案」，一九二八年七月，收錄於日本國際問題研究所中國組（China Section,Japan Institute of International Problems）編纂「中國共產黨歷史資料集」（Chugoku Kyosantoshi Shiryoshu），Keiso Shobo, vol.4,p.121,（Materials），引自前引書p.447）

④中國不僅要保衛長城以南的主權，也要收復我國全部的失地。這就是說滿洲必須收復。但我們並不把以前的殖民地朝鮮包括在內。當我們收回中國的失地，達成獨立之後，如果朝鮮人民希望掙脫日本帝國主義者的枷鎖，我們將熱烈支持他們爭取獨立的戰鬥，這一點同樣適用於台灣。至於內蒙古則是中國人和蒙古人共同居住的地區，我們努力把日本驅逐出去，協助內蒙建立一個自治區。（資料來源：Edger Snow，採訪毛澤東，引自「紅星照耀中國」（Red Star Over China）（New York：Random House,

1948）,pp.88-9）

⑤既然我們反對外國侵略，我們應該同情其他民族國家的獨立解放運動。我們不只協助朝鮮與台灣的反日運動，或巴爾幹與非洲諸國的反德國、反義大利侵略運動，也同情印度與南亞諸國的民族解放運動—我們永遠不會犧牲被壓迫民族的民族解放的利益而服務帝國主義的利益。（資料來源：周恩來，「民族至上與國家至上」，Materials,vol.10,p.443,引自F.HsiaoandSullivan(1979),p.453）

從這些圍繞台灣主權歸屬問題，戰後在國際間所發生的歷史事實，說明台灣既非中華民國，亦非中華人民共和國的領土，國共雙方不應裝蒜。終戰當時，中華民國只是受聯軍的委託暫時軍事佔領統治而已。詎料它本身在自己的領土上跟中共軍的內戰卻一敗塗地而亡命流落台灣（一九四九）。翌年韓戰發生，美國爲鞏固西太平洋的防線，宣布台灣海峽中立化，派第七艦隊遏阻中共侵攻台灣，同時阻止中華民國對大陸的軍事行動。這樣，在美國協防台灣之下，附帶地救了國民黨的殘命。亦即，有台灣，國民黨政權才得以苟延下來。「中華民國」的「神器」雖然殘存、未廢，又有關於台灣的前途屬於國際事務或是中國能以武力解決的內部事務，一直是中華人民共和國與美國爭論焦點，即使雙方關係正常化亦常爲這個問題爭執不休。

從上面的資料，我們可以清清楚楚地看到我們的敵人是誰？一個是來霸佔住台灣的中國國民黨，一個是整天想用武力併吞台灣的中國共產黨，台灣根本跟他們一點關係都

沒有，而他們卻渾身解數地想侵占，所以，台灣最大的悲哀竟然是台灣人民相信他們的甜言蜜語或懾於他們耀武恐嚇，而自己不去拼命爭取自己祖先所遺留下來的這塊美麗之島？

㈣犯有妄想分裂症的中華民國領土主張

領土是形成國家基本要素之一，中華民國自一九四九年自大陸逃難並霸佔台灣澎湖、金、馬及其他諸小島以來，在他的國家統一綱領裡，領土主張仍然依照憲法第四條中華民國領土，依其固有之疆域，及於全中國，還包括現在已經是聯合國會員國的蒙古，並堅強的說：「台灣是中國不可分割的一部分」，從中華民國的領土主張，我們冷靜地分析，實在只能以太離譜了來作評斷。因中華民國現在所佔據的領土或所主張的領土，沒有一塊領土是屬於中華民國所有。

首先，中華民國主張領土及於全中國，但偏偏現在佔據全中國，統治十三億人口的，正是聯合國常任理事國—中華人民共和國，目前有一百二十六國與他建交，他擁有導彈、核武器、中子彈、潛艇、戰艦、高性能戰機、部隊人數幾千萬，如果，中華民國老再喊「他代表一個中國，中國領土是他的」，他就放了幾顆飛彈，讓他的百姓跑光，放幾百艘潛艇，封鎖整個台灣海峽，讓他不敢出門，看看你的中華民國還敢不敢亂喊亂叫，這也莫怪人家生氣，試想，你現在住的房子，以前是我所有，但不管什麼原因，這一棟房子現在你已住了五十年，並領有公認的所有權，難道我還敢大聲地向左右鄰舍說：「你的房子是我的嗎？還要列入繼承財產」這不是癡人說夢話嗎？還有更慘的是，中華民國竟敢將領土主張編進教科書裏，讓我們的兒女覺得

國家在騙他們，「領土不是我們的，爲什麼要說是我們的？」又中國不是我們的國家，教科書都教我們是中國人，但中國人又罵我們是呆胞，要用武力殺我們，這些不倫不類，離開現實的教材，導致我們的下一代變成一個「說話不算數，做事不負責」的人格分裂症的幼童。

至於主張台灣是中華民國的領土，是中國領土的一部分，更是將台灣推進國、共紛爭的火坑裏，本來台灣的主權不屬任何國家，只屬台灣人民，可以依聯合國憲章獨立，建立屬於台灣人民的國家，無奈，在一九四九年國民黨扛著中華民國的靈柩急急忙忙地逃到台灣並霸佔了台灣，不但使台灣人的獨立美夢盡失，甚至無緣無故地把台灣變成中國神聖不可分割的領土，導致現在的中華人民共和國不花一點力氣地把台灣劃爲中國的一省，天天放話要試射飛彈，耀武揚威要收復台灣，由於中華民國是不具國際人格，是個死也死不了，活也活不好的政治植物國，台灣人民極盡忠又盡孝且天天戰戰兢兢地奉養牠已五十年了，害得台灣人民跟著牠變成現在的國際孤兒，也許將來會淪陷爲共產黨子民，那可真又是一個二二八悲劇的重演。

三、中國對台灣主權的圍堵及武力併吞政策

中國自從一九四九年建立政權以來，挾著其勝利的餘威，進一步武力解放台灣，達成其中國統一的目標，並一心一意想殲滅在台灣的國民黨政權，有關中國對台主權的政策可分下列三個時期。

(一)武裝解放台灣時期（自一九四九—一九五九年）

中國在這時期裡，主張「徹底消滅一切不投降的敵人，解放台灣」。

1.在一九四九年十月二十五日中國曾發動對金門的登陸攻擊—古寧頭激戰，中國第一次嘗試血洗台灣失敗。

2.一九五四年九月三日向金門砲轟，引起台海危機，復在一九五五年元月上旬開始空襲大陳島，並攻佔一江山，中國表示這是攻擊、征服台灣的前奏，由於美國依據台灣決議案協防台海安全，因而堵住中國再進一步的軍事行動。

3.一九五八年八月二十三日八二三砲戰中國瘋狂砲轟金馬，是第三次大規模對金馬採取軍事行動，由於中華民國堅決保衛金馬及美國第七艦隊的支援，使中國的軍事行動無法得逞，中國只得以隔日砲轟金馬，一直到一九七九年停止。

㈡和平解放台灣，但不排除武裝解放時期（自一九六〇—一九七八年）

和平解放政策的提出，是在一九五五年七月三十日，周恩來在中國「人大」第一屆第二次會議上所提出的，主要是在萬隆會議期間（一九五四年四月十九日），中國表示願與美國緩和台海緊張情勢，而在英國撮合下，美國要求如雙方要談判，必須中國停火。一九五五年七月二十五日，美毛發表聯合公報，將雙方領事級談判提升為大使級談判，中國為表示排除武裝解放台灣外，願以和平方式解放台灣，以獲取美國讓步，故提出和平解放的政策，可是中國表示決不在美國壓力下，放棄使用武力，一九五七年五月，中國向中華民國所提出十項和談條件：

1.台灣統一於中華人民共和國，蔣介石出任北京政府副主席，兼台灣自治區主席。

2.台灣在整個中國範圍，享有自治權，可設自治區，台灣籍多人將被起用。

3.國民黨軍隊保持原狀，仍由蔣介石統率，但改爲解放軍的番號，蔣介石將以北京政府國防委員會副主席名義，握有台灣兵權（主席是毛澤東兼任，朱德等也是副主席）。

4.國民黨軍政人員如不願留台者，悉依其志願、回大陸、赴美國，可自由選擇。回大陸者將安排工作，照顧家小；赴美國及其他國家者，將來如願返鄉，隨時可以歸去，並無留難。

5.目前在海外的中國人士，無論其爲任何黨派，一律可回大陸，各任適當公職，聞胡適有出任北京中國科學院副院長的可能。人民代表大會及政協均將擴大組織，增加人選。

6.聯合國代表團由北京政府派出，以宋慶齡爲團長，現有的國民黨代表撤回。

7.台灣及海外現有各黨派的地位，將進一步協商解決，國民黨將與李濟琛所領導的國民黨革命委員會協商，民社黨、青年黨等則與民主同盟等協商，決定是否合併或保持獨立存在。

8.宗教自由，于斌主教可回大陸，但不得與外國作政治上的特殊聯繫。

9.學術文化自由，確認「百花齊放，百家爭鳴」方針。

10.私人財產將受保護，現有外滙也有自由運用之權。

和平解放只是爲外交策略的運用，企圖欺騙美國，而實際上還是以武力解放爲主。（這也就是爲何中共在一九五八年仍掀起「八二三砲戰」及台海危機的原因）。茲將其提出和平解放台灣的真正意圖。

1.一九六0年代，中國有大飢荒、中印邊界戰爭與蘇聯絕裂並發生邊界衝突以及文化大革命

等問題，原則上，雖對台政策未有改變，但也未對台採積極行動。

2.中國在一九七一年獲准進入聯合國取代中華民國席次，再加上保釣運動，中國認為國際情勢及海外華人有利於中國再發動對台統戰，乃提出「認同、回歸、統一」的口號。在新口號中，雖然以「統一」代替解放，但是中國實際上並沒有改變既定政策。

這時，中國便大肆利用此一機會籠絡海外留學生及華僑，鼓勵回大陸觀光、探親及定居，並向中國認同、回歸，推動「中國統一」運動。

3.一九七一年十月二十五日，中國成為聯合國會員國。一九七二年二月二十一日，美國總統尼克森訪問北京，並與中國發表上海公報，雙方並同意設立聯絡辦事處。同年九月二十九日，日本首相田中角榮搶先與中國發表建交公報。這些外交上的成果，使中國認為可以再向台灣提出談判建議，一方面表現中國願和平解決兩岸問題，予美國和平印象，他方面則是循過去往例，在有利於中國的外交情勢下，向台灣誘和。

4.中國自一九七三年—七六年期間廖承志每次向外談話均強調以武力解放台灣，尤其在一九七八年的中共憲法序言中，將「解放台灣」的字樣列入。可見中國對台政策均未放棄武裝解放的政策，和平解放只是不得已的情形下所採行的策略。

㈢和平統一，但不排除使用武力（一九七九年—目前）

一九七八年十二月十六日，美國宣佈將與中國從一九七九年一月一日正式建交，三月一日雙方正式互派大使，並於一九七九年底中止與中華民國所簽訂的「共同防禦協定」的效力。中國

在外交上又獲進一步的成果，同時對內又積極推動四個現代化，採行對外開放政策，另一方面在這段時期的中華民國於一九八六年秋，民進黨成立，一九八七年七月宣佈解除戒嚴令，十一月准許前往大陸探親，使兩岸交流接觸更加頻繁。

1. 三通四流

一九七九年一月一日，中國全國人大常委會發表「告台灣同胞書」，在這篇文件中，中國表示在解決統一問題時，尊重台灣現狀和各界人士意見，採取合情合理的政策和辦法，不使台灣人民蒙受損失。在此一文告中，並倡議通商、通航、通郵（即三通）以利海峽兩岸人民間可以直接接觸、互通訊息、探訪親友、旅遊參觀，並且提出經濟交流、文化交流、科技交流、體育交流（所謂四流）之主張。

爲配合此一和平攻勢，中國國防部長徐向前下令停止對大小金門砲擊。以達和平統一的誠意。

2. 葉九條，八一七公報

(1)一九八一年九月三十日葉劍英發表九條和平統一方針。葉劍英的九條方案要比三通四流更具體，但是萬變不離其本，我們可以看到中國還是堅持其對台一貫政策。首先，中國是中央政府，台灣是地方政府，是一個自治區。其次，台灣維持現狀，可保留軍隊，但主權在中國，不能有外交關係。再者，雙方交流，不論探親、旅遊、投資、經貿、文化、學術等均可進行。最後，對等談判其實還是過去所提出的談判，名義上是對等，其

實在九條中，已經明確指出其爲中央，台灣爲地方，根本還是與以前一樣，並非真正的對等。以上可知中國在政治議題上，以台灣是地方政府不能談外，其他非政治議題如交流，均答應可談。

(2)雖然中國提出九點建議，但在國際上卻日益採取積極行動排斥中華民國，尤其對台美關係極盡破壞。在一九八二年八月十七日，美國雷根總統與中國訂定八一七公報同意軍售台灣的最高限度，以當年爲基準，以後逐年視台海情勢減少軍售數額並嚴限以防禦武器爲準。並撤走駐台美軍。

3. **鄧六點，一國兩制**

(1)一九八三年六月二十六日鄧小平提出統一台灣問題六點意見，一般稱鄧六點，後來在一九八三年七月二十九日在新華社所發表的消息中省略第六點，即台灣可向其他國家購買武器以鞏固自衛能力，所以原則上又稱鄧五點，中國在鄧小平務實的領導下，積極從事經濟改革，一方面採行開放政策，他方面在沿海地區開拓經濟特區及一些內地的經濟發展區，吸取僑外投資，並向外國貸款，但都無法滿足其需要。

由於中國缺乏資金，可是台灣卻有相當可觀的外匯及管理人才，因此，中國也希望早日統一，至少促進三通四流，這也就是爲何中國特別在廈門、溫州、珠海、深圳、廣州及海南島設特區吸引台資的原因，並且由中國國務院制定「鼓勵台灣同胞投資規定」，甚至也有中國的學者主張建立大中國經濟圈等，結合大陸的市場、原料及勞力，香港的

國際金融、技術以及台灣的資金與人才，將可促進中國的經濟建設。

(2)一國兩制

①一九八四年二月鄧小平即提出「一國兩制」的明確說詞，他表示「統一後，台灣仍搞它的資本主義，大陸搞社會主義，但是，是一個統一的中國，一個中國，兩種制度」。以後，一國兩制就出現在中國的官方文件。

一九八四年九月二十六日，中國與英國完成「香港問題協議」初簽，並將此一模式擬適用在解決台灣問題。就香港在一九九七年歸還給中國後，香港的地位大致如下：

a 香港保留目前的社經制度五十年，五十年後才統合在社會主義體制內。

b 香港為自治區，但其基本法由中國人大會制定。

c 中國准許香港以「中國香港」名義與其他國家維持文經關係，並設辦事處，但一切談判由中國中央負責。

d 統一後的香港，沒有外交權。

e 國防由中國中央負責。

自從香港問題協議初簽後，中國即發動統戰攻勢，大多數的中國報刊、雜誌一再闡揚一國兩制的構想，並替它建構理論架構，並大力鼓吹一國兩制做為海峽兩岸統一的基礎，在此基礎下。中國要擁有對台「主權」，中國是「中央政府」，台灣將如同香港一般，是特別行政區，擁有「局部治權」，係「地方政府」，其他枝節則不必再多談。把

台灣與香港相比擬，根本是錯誤的比擬，不夠務實的構想。

掙脫任人擺佈的命運，只有靠自己

②一國兩制的基本構想，是針對香港、澳門及台灣所提出來的，主要是讓這三個地區於統一在中國政權後，有一過渡時期，仍然保留原來的資本主義制度，而在中國大陸則繼續維持社會主義制度。換言之，所謂「一國兩制」只存在於過渡時期，中國予港澳的時間爲五十年。五十年以後，將仍然成爲「一國一制」。其次，中國的一國兩制承襲過去四十年來的一貫政策，中國是中央政府，台、港、澳均爲地方政府，是屬於特別行政區，享有一定程度的自治權，換言之，主權屬於中國。再者，中國掌有外交權，這三個地區可與外國維持經貿、文化關係，並設立辦事處，但是一切涉及外交事務及建立上述關係時，均由中國中央決定，這也就是爲何中共一再嘗試孤立台灣的原因。最後，自治區的基本法由中國人大制定。

所以一國兩制所下的定義是：「一個國家根據自己憲法、法律的規定，在這個國家部分地區實行不同於其他地區的政治、經濟和社會制度，但這些地區的政府是一個國家的地方行政單位或地方性政府，不能行使國家主權」，由此可知，一國兩制的內容，其實隱含「招降」的意義。鄧小平一再提到，中國只是要台灣當局變更國名、更改正朔及旗幟，完全就是招降的意義，可以說中央對地方下達命令。完完全全未認知分裂的事

實，以及實際有效管轄的概念。這也是李登輝在被逼迫得無路可走時，噴出的「特殊的國與國關係」之火山泥漿。此僅是遲來的正義，根本無法改變台灣的政治現況，更無法改變國際社會認爲台灣是中國領土的觀點，現在的國民黨思考模式還停留在：中華民國是主權獨立的國家，獨立於世界已有八十八年，兩岸一邊一國，由中華民國與中華人民共和國，兩國對等談判，那簡直是癡人說夢話，難道國民黨已忘了中華民國也等於中華人民共和國？國民黨你用什麼跟中國談判？

③台灣被圈在一國兩制的框框裡

固然台海兩岸的政府都宣稱只有一個中國，而台灣屬於中國的一部分，全世界與中共建交的國家，中國一定要堅持在公報上承認這一點。從主權觀點而言，姑不論其他說法如何，台灣屬於中國的這種說法中，中國與中華民國都沒有疑義（只有台灣人有異議），但台灣到底屬於那一個政府的主權，則有討論的餘地。從中國立場當然認爲主權在中國，所以，它以單一國的特性及中央政府自居，寬大爲懷，予台灣自治區地位。可是從中華民國政府立場而言，不但台灣的主權屬於中華民國，而且全中國大陸的主權也附屬在中華民國政府下，不可能接受中國的建議。正如同中國也不可能接受中華民國政府以中央政府自居及單一國特性擬給予中國大陸自治區地位的建議一般。這兩種情形都不會被對方所接受，除其他因素外，最重要的是中國並未能實際管轄台灣，或在可見的未來，中國也不可能從另一個國家的政府收回主權，同時，中華民國政府也未能有效實

際管轄中國大陸，其所提建議也不可能爲中國所接受。因此，雙方任何有關統一的建議如果強調法律性主權觀，而未重視實際性有效管轄或控制的觀念時，都將不切實際，無法爲對方所接受。不管中國共產黨和中國國民黨對台灣主權的見解如何，以下大約可總結歸中國以和平統一的口號併吞台灣主權的兩個基本觀念：

1.和平統一的基本底線是要台灣接受一國兩制，台灣不接受一國兩制，中國全不接受任何替代方案，只有用武力併吞，毫無談論餘地，中國向全世界承諾，絕對不放棄以武力來併吞台灣。

2.中國因怕台灣不接受一國兩制，而對於主張兩個中國、一中一台、台灣獨立、台灣主權未定論或一國兩府者，中國在國際外交場合均予以全力圍堵，其圍堵方式如下：

(1)中國要求聯合國理事會禁止所有聯合國會員，不可再與中華民國建交，因中華人民共和國在聯合國的名稱就是中華民國，這個緊箍咒實在厲害，那個會員國要和中華民國建交，中國即告訴：「我就是中華民國」，這也正告訴台灣的國民黨，中華民國你不能再盜用，如果國民黨不信邪想用中華民國，中國就依聯合國決議案，有權力來沒收你的財產或動用武力來奪回他的財產，世界沒有一個國家敢來干涉，因中國的行爲是獲得聯合國憲章的保護。霸佔台灣的國民黨每年以中華民國的名義申請加入聯合國組織，你想可能嗎？如果國民黨是要提出否決二七五八決議案，以恢復中華民國會員資格，更不必，因中華民國本來是聯合國會員，只是這個聯合

國的中華民國是全世界各國都承認的中華人民共和國，沒你國民黨的份！

(2)中國絕對不能讓台灣問題變成國際問題，所以凡是每一個國家與他建交的公報裡，一定要承認：「台灣是中國領土神聖不可分割的一部分」，這真是中國不花一兵一卒就能得到台灣主權的法寶，有了這個承認，全世界的每一個國家都一致接受台灣是中國的一省，台灣問題是中國的內政問題，台灣的問題是中國的地方問題，一旦那一天，中國又利用聯合國表決案要收回台灣，請問那一個國家敢反對？現因國民黨的政策，全不爲台灣人民的未來著想，致使所有台灣的生路，活活被堵死在一國兩制的中國圈圈裡，無法掙脫。

(3)目前中國對台統戰組織相當龐大，除原有黨政團體、外圍組織外，於一九八八年在國務院成立「台灣辦公室」，在中央有對台工作領導小組，其下設有省委、地委、縣委對台工作小組，每工作小組均附設對台辦公室專門研究接收問題，還有在同年年底，在北京成立一個民間姿態的「中華美國學會」，並有台灣研究小組，旨在研究台灣關係法及中華民國與美國有關事務。

(4)失去台灣，中國便永遠被封死在中國海

中國人的甜言蜜語，已使天真憨厚的台灣人忘了歷史醜惡的教訓，中國實施了三通四流，親密友善待人的攻勢，把台灣捧爲主人的統戰技巧，更使台灣企業在不下十年間就累積了七百多億美元資金，投進整個中國市場，爲中國振興民生工

業，改善了幾億人口的吃住問題，沒幾十年已造就了中國外匯存底名列世界第一，使中國可以放心地集中全力發展國防科技，如今中國已躍登世界軍事三大強國之一，並爲第三世界發言人，但深爲可惜的是中國雖擁有東海，黃海，南海廣大海域，但他的進出入海口，卻遭西太平洋連鎖環列島的新月形包圍圈中，動彈不得，中國若要成爲世界列強，必須在海上擁有陸地，以便藉著航空母艦將國家領土延長到世界各地，而台灣懸絕海中，地居險要，正是發展海、陸、空軍事要塞最理想的基地，目前中國將台灣與海南島計劃發展爲保障中國廣大腹地的軍事前哨站，到時，中國可以將航空母艦自由停泊在台灣四周，並可自由進出中國海域，同時將潛艇、戰艦、飛彈、戰機等基地設在台灣。由於軍事基地富有機密性，當然以軍事重鎭的理由將台灣人口遷移三分之二到大陸定居，有例可循的實施以往對西藏、新疆人口漢化之惡毒政策，到時在台灣，可能再也找不到你的祖墳和你的親人了，這才是台灣人真正的悲哀。

四、美國人已無法替台灣人爭主權

(一)國民黨和中國主張的兩岸政策都相同

美國人在五十年代，推動台灣地位未定論，均受到國、共極力反對，後來，美國依兩岸政治現實再推動兩個中國論，可是當時的國民黨不肯放棄大陸的主權，對外稱台灣是中國領土的一部分，並強調反對台獨，而中國也堅持台灣是中國領土神聖不可分割的一部分，自稱一個中國

就是中華人民共和國，也聲色俱厲地反對台獨，在這種糾纏不清，意識模糊的情況下，叫美國人如何來釐淸兩岸政策呢？這也導致美國國務院在制定對台政策時，淹沒了台灣二千三百萬人真正渴望獨立建國的聲音，逕以二選一的中國政策，滅絕了台灣人國際生存的空間。

㈡美國人將控制台灣的主權轉給中國

一九七二年二月二十二日到二十八日，尼克森到中國進行所謂「改變世界的一週」的訪問，在他和周恩來於一九七二年二月二十二日舉行近四小時會議中，其議程裡詳細紀錄了尼克森爲急與中國完成建交，竟然不管台灣人幾百年來，延續不斷地追求獨立自由的美夢，且輕而易舉地答應中國對台灣主權所有的要求（反正台灣不是自己國家的領土），以下就是尼克森出賣台灣主權的五大原則：

1. 只有一個中國，台灣是中國的一部分。只要我控制我們的官僚體系，就不會再有類似「台灣地位尚未確定」的聲明。
2. 我們不曾也不會支持任何的台灣獨立運動。
3. 在我們逐漸撤出台灣時，我們會竭盡所能的運用影響力，阻止日本進駐台灣。
4. 我們會支持任何能和平解決台灣問題的辦法。與此有關的一點是，我們不會支持台灣政府任何想藉軍事手段返回大陸的企圖。
5. 我們尋求與中華人民共和國的關係正常化，知道台灣問題是完全正常化的障礙，但我們要在我先前所敘述的架構裡尋求正常化，我們會朝著這個目標努力，並試著實現此一目的。

山姆大叔管你福爾摩沙是死是活

尼克森在未經台灣人的同意下，摒棄台灣地位未定論，以堵死台灣人追求獨立的依據，給予中國侵略台灣得到有力的藉口，其不支持台獨，以大國支配小國的開外交惡例，使台獨斷絕了國際生存空間，導致求救無門。主張一個中國，形同把台灣免費奉送進中國的懷抱裡，以上這些議題，已奠定了美國從七十年代到現在的對台基本政策及準則，繼而「八一七」公報，美國又主張不尋求「兩個中國」，「一中一台」的既定政策，這又明確告知台灣人民不得鼓吹台灣獨立或自決運動（美國自稱人權至上的國家，其隨意蹂躪他國人權及意向，其人權標準在那裏？），並減少軍售及撤台駐軍，以澄清並表明美國絕不再干預中國內政，並速促成台灣早日成爲中國的領土，實可惡到極點。繼而一九九六、一九九八年中美首腦會談，柯林頓主動又公開地宣示對台「三不政策」（沒人去逼他這樣做，是自己自動地硬要把台灣打入地獄，台灣！台灣！你究竟礙了美國人什麼？），即反對「兩個中國」、「一中一台」、「反對台獨」、「反對台灣加入任何國際組織或聯合國」，這正是明確的告訴中國「台灣是你的了，何時要併吞，只要用和平方式，美國絕對配合」，現在，請問台灣人的生存空間在那兒？但你不要因爲被美國人拋棄，你就沒志氣活下去，你要更堅強，所謂滴水穿石，縫中求生，這就是一個民族追求生存的基本原則，也請不要再迷戀美國人再出爐的「台灣關係法」及「加強台灣安全法」，因執行外交政策的國務院官員均傾向中國，並配合中國的決策，徒有台灣關係法，沒人執行，又復何用？

㈢美國在兩岸對峙中，如何影響台灣主權

美國一直是台灣的保護神，沒有美國的保護，台灣早已被中國併吞，這是事實，美國對台灣主權一直握有生死攸關的主宰權。以下幾個事例即可判斷，只要美國和中國談好，台灣的事就已決定了，這也就是只要美國國務院決策官員，在制定對台政策時，在思維及態度上強硬一點點，不要老想那是台灣人的事，是你們中國人的事，中國要什麼，美國人就答應什麼，以免得中國天天糾葛，天天叫喊：「美國人干涉內政，侵犯中國主權，煩！快答應中國的要求吧！」美國人的越南跑路政策，是最好的歷史教材，台灣最後的下場，是否又是越南的翻版呢？

1. 中美建交公報出籠後，中國只動口舌就從美國人手中獲得台灣所有的籌碼，爲要表示中國是和平使者，立刻做出善意的回應，馬上發表告台灣同胞書，停止金馬炮轟，開放三通四流，開放兩岸探親政策，從此，因國、共相互爭奪政權而被封鎖隔絕了三十多年的親情終於可以相擁互訴累積在心中的哀怨，見到了自己已散失多年，天天夢寐以求的父母或子女，從此可以享受到人類最基本的家庭溫暖和柔情，沐浴在愛的懷抱裡，這是中國和平統一的恩惠，也是和平統一的最好事實。

2. 九六年台灣舉辦第一次民選總統，中國強權認爲那是走上台獨，分裂國土的前奏，因而以試射飛彈，舉行大規模軍事演習爲名，放聲恫嚇要封鎖台灣並佔領金、馬小島，干擾威迫停辦選舉，當時的台灣籠罩了一片混亂，兌換美金，多批投機客逃跑，適好美國派航艦壓陣，立即拆開中國紙老虎的面紗，「不敢玩了」，才解除台海危機。

3.柯林頓在上海自動公開說出對台的三不政策，中國立刻同意安排兩岸對話—在北京舉辦辜汪會談，當時的中國代表態度強硬又傲慢的口氣告訴台灣特使：「台灣是中國領土神聖不可分割的一部分，從此，台灣是中國的一個省」。台灣代表以波茨坦宣言予以回應，這是中美正式聯手壓制，逼迫台灣回到中國一國兩制的既定政策。

4.中國即將派遣特使來台作兩岸和平對談，其內容是台灣如何納入一國兩制以及商談中程協議的內容。而以最近美國親中的國務院官員，屢催促台灣要作出決定，不可藉故拖延簽約，當被問：「要簽約，那台灣的定位是什麼？是國家或地方？」時，答應快速而響亮：「在一個中國的原則下當然是地方，難道台灣不瞭解有三不政策嗎？」，這真惹火了屢被世界各國限制出境，屢作縮頭不回應中國政策的台灣民選國民黨籍總統，狠狠地向全世界吐出一句話：「台灣與中國是特殊的國與國關係。」其實這是國民黨五十年來在台灣實施對外政策，因錯誤所造成的國恥而加以表白認錯而已，也是台灣人民被國民黨打進地牢五十年後，國民黨被自己良心責備才發出自己真正的心聲而已。可是，那還得了，這下子衝破了擁抱著台灣美夢的中國頭頭，他們全發火了，說什麼台灣又搞獨立，又分裂祖國（不要臉，誰要你這樣的祖國），一下要殺，一下要放火，一下要毀屋、拆橋，一下要放彈，又要軍事演習，又要佔領小島，又炫耀擁有中子彈要炸，又發射東風三十一型洲際導彈向世界耀武（中國除了過時武力威嚇併吞台灣外，又能拿什麼來嚇台灣呢？要把台灣納入一國兩制，最起碼要台灣同意吧），這下子可又驚了那軟骨頭又沒長腰桿的美國總統，他火

速地奔向熱線，打給他的幻想主子：「請你不要生氣，不要動武，台灣事全包在我身上」，當柯林頓開記者招待會時已漏出：「中國給台灣已比香港更優厚」，那不是等於說：「台灣已在兩列強的拳頭下，將台灣納進一國兩制的框框裡」，台灣還能爭什麼？台灣人又要再準備等著改國籍嗎？

㈣美國已保護不了台灣主權

美國一向是國際龍頭，在處理國際紛爭中，均依法行事，尤其本身與中國為台灣問題簽立三大公報，三不政策，這些均列入建交紀錄，這些也是美國向中國表明「台灣問題，美國已全部放棄了，美國管不了，不管了」這些都是於法有據，美國更是不敢馬虎，退縮不得，在面對一個專橫集權的獨裁政體，且擁有足量又具毀滅性核彈武器，美國豈肯為了彈丸之台灣，再結怨了中國，而付出被轟炸毀滅的代價嗎？那是完全不可能的，目前美國人已明白「一中一台」最符合美國國家利益，但，現在已無法再走回頭了，現在的美國兩岸政策是維持現狀：「台灣不獨，中國不武，和平對話」，美國也不做兩岸調解人，美國人的立場是「你們（國、共）兩個好好地談，只要不吵，不打架，我不會去管你們！」「台灣，你只有靠自己了」，請問，台灣靠什麼跟惡霸談，不獨，台灣死路一條，不武，中國可動用聯合國表決（建交公報）來收回台灣，那時台灣又能怎麼樣，台灣已被外來政權宰割三百多年了，台灣還要繼續任外來人宰割，大概台灣是個美麗之島吧，人人都想擁有，進而想佔有，再而剝削，劫奪，台灣愈被剝奪，愈肥美，愈健壯，台灣，應該是世界罕見的浴火鳳凰吧！

第十四章　台灣人民如何爭取台灣主權

一、可使台灣起死回生的依據

台灣所有的生路全被國民黨硬以中華民國的名義要求全世界的國際社會予以承認，而被國際社會視爲神經錯亂，不齒爲伍，原爲台灣保護神的美國，因宣示「三不政策」已遠離台灣而去，中國正以「一國兩制」的陷阱迫著台灣向下跳，在台灣正面臨生存危機的敏感時刻，台灣究竟要依恃什麼才能起死回生呢？

㈠必須依聯合國憲章提出新國家的申請

1. 第一次世界大戰末期，美國總統威爾遜倡言「各民族自己的命運，可由各民族自己的意願來決定」。
2. 第二次世界大戰結束後，根據聯合國憲章，聯合國揭櫫的宗旨是「人民同權及自決原則」。
3. 一九六０年聯合國總會通過「殖民地有權獨立宣言」，即「所有人民擁有自決的權利，並可以自由決定自己的政治地位」。若以台灣曾是日本殖民地，又被國民黨政權霸佔，台灣更適合利用此原則宣佈獨立。
4. 所有民族自決的原則都明載於聯合國憲章，自決條款常被聯大後來的決議案與別處引述，因而成爲所有民族都享有自決權的概念的「準繩」。

5. 一九六六年聯大一致通過「國際民權暨法權公約」（International Covenant of Civil and Political Rights），也一致通過「國際法有關友好關係的原則的宣言」（Declaration of Principles of International Law Concerning Friendly Relations）。饒有意義的是，它不只含有有關自決的條款，也呼籲舉世諸國不使用武力或其他行動來干涉自決權的行使。現在台灣只留下這一點點生存空間，應該善加利用。

6. 根據國際法，簽訂聯合國憲章的國家都要擁護其原則，因此台灣人民的自決權利應該獲得國際的支持。由於憲章是基於國際承認的原則而非歷史先例，即使舉世都接受中國所稱台灣是其傳統版圖的論點，台灣仍有自決的基礎。

7. 聯合國於一九五四年十月成立，當時僅有五十一個會員國，在短短五十三年間，現在已有一百九十個會員國，多了這樣多的會員國均由大國或其屬地獨立而來，而大國肯讓其統治權內的屬地或族群獨立，乃基於人類已從過去強欺弱，大吃小的野蠻叢林社會進入遵守國際公法，文明法治的社會，人類追求獨立自主乃二十世紀的主流，中國以高壓政策強權壓制被統治要求自治的民族就是野蠻無人性違反世界潮流，台灣可依此點向　聯合國提出控訴，五十年來全球已有不少獨立國家可供我們借鏡。

（至於最近五十年來，全球已宣布獨立的國家，請參看附錄六）

8. 節錄聯合國文獻於下，以為爭取台灣主權的依據

(1) 聯大文獻1：賦予殖民地國家與民族獨立的宣言

所有民族都享有自決權；它們根據這項權利，自由決定其政治地位，並且自由追求其經濟、社會與文化發展。（資料來源：General Assembly Resolution 1514(XV),in United NationsGeneralAssemblyOfficialRecords(此後簡稱GAOR),15thSession,Supplemnet16U.N.DocumentA/4648,1960）

(2)**聯大文獻2：國際公民權與政治權公約**

所有民族都享有自決權。它們根據這項權利，自由決定其政治地位，並且自由追求其經濟、社會與文化發展。（資料來源：General Assembly Resolution 2200(XXI),in GAOR,21st Session,Supplement16,U.N.DocumentA/6316 1966）

(3)**聯大文獻3：國際法有關諸國間依據聯合國憲章的友好關係與合作原則的宣言**

根據〔聯合國〕憲章所載諸民族權利平等與自決的原則，所有民族都有權利自由決定其政治地位，並追求其經濟、社會與文化發展，不受外界干涉，而且每個國家都有職責依據憲章條款，尊重這項權利。（資料來源：General Assembly Resolution 2625(XXV),inGAOR,25thSession,Supplement28,U.N.DocumentA/8028,1970）

9. 世界頂尖國際法學專家對台灣人爭取主權的評論

(1)英國雪菲爾德大學國際公法教授J.G.Merrills指出台灣完全符合一九三三年「蒙特維多國家權利義務公約」（Montevideo Convention）所列的國家資格，台灣如作出聲明，將可有效宣示其乃與中國有別、且獨立存在之國家實體。

⑵前國際法庭秘書長、瑞士日內瓦國際研究學院之國際法教授 Huhg Thirlway 也指出，台灣必須去思考一些問題。

①是否能明確讓國際知道台灣是一個獨立的國家？

②是否不再對中國大陸的領土有所主張？

③是否不再主張是一個中國政策？

④是否主張是一個分離的、獨立的國家叫做台灣？

Thirlway 認為，如果上述問題的答案都是明確的肯定，則台灣作為一個主權獨立國家的地位將不會有問題，但當時他質疑，「我的印象是此刻台灣政府還不能走到這個地步」，世界上的人都不知道「不要給台灣人機會，不要讓台灣獨立的是：霸佔並統治台灣的國民黨即中華民國這一批人，是他們堵死台灣人走向獨立的生路」。

除了獨立自主，別無求生之路

⑶國際法協會英國分會聯席秘書長 A.E.Boyle 也質疑台灣政府沒有宣佈獨立的意願，他說：「對於台灣政府是否會明天就站出來宣佈獨立，她是個國家，而她有所有必要的特質，這點我沒有太多懷疑，問題是她並不打算這麼做。」（台灣人趕快醒來，不要把你的權利送給國民黨）Boyle 又質疑，台灣雖然不再主張是中國的政府，但對西藏仍有主張，雖然和二十幾個國家有外交關係，但台灣並不清楚在他

們的關係中，其地位如何？究竟是以中國政府的地位，還是以一個分離、獨立的國家？

⑷第五十四屆聯合國大會會中討論，十二友邦所提：「應審視中華民國在台灣所處之特殊國際環境，以確保其二千二百萬人民參與聯合國之基本權利獲得完全尊重」之提案，結果四十八國發言反對，其中包括中、蘇、美、英、法五個常任理事國，贊成者只有二十個友邦。七年來台灣均以中華民國名義連續提案加入聯合國，但都告失敗，假如提案改以台灣爲新國家申請入會，應該有更嶄明確更新的發展。

台灣本是具備主權獨立的國家，只是中華民國政府不敢提出申請，其實台灣可根據國際法透過聯合國憲章成立台灣獨立國，但若是再對中國大陸的領土有所主張，並和中國爭取代表一個中國政策或堅持使用「中華民國」國號，那全世界的人只有笑我們是真的瘋了。

㈡權力空白時期是爭取台灣主權的最佳時機

1.東帝汶於一九七六年由印尼佔據統治，派遣大量軍警駐留，排斥當地語言，強力推行印尼話爲母語的教育，把原來多數人民信仰基督教的東帝汶，源源不斷移往信仰回教的地方。東帝汶住民堅決反對這種高壓統治，已經抗爭了二十幾年迄今，也爲此傷亡了十數萬人，一九九九年八月下旬東帝汶已獲得印尼政府同意公投獨立，東帝汶之所以獲得印尼政府同

意獨立，無疑是因蘇哈托政權的崩解，且接班者哈比比走向政治民主化之故。

2.九〇年代，這種「權力的空白」起最大作用的爲舊蘇聯圈中的國家。在蘇聯解體中，九一年，立陶宛等波羅地海三小國相繼獨立、接著卡薩夫斯坦、托魯庫緬尼斯坦等斯拉夫系的共和國，也脫離蘇聯成爲獨立國家。

3.中國集權獨裁體制，已不符合現代民主潮派，當中國人民在經濟能力富裕時，必然衝擊壓制人民自由的決口，等大壩的決口一崩堤，就是共產政權崩潰的時候，也是台灣宣佈主權獨立的成熟時機。

㈢提高台灣人民的高抗壓力

1.北越在對抗世界強權美國的戰爭中，美國懷疑北越所有的武器均利用森林作掩體運輸到南越，因而利用燃夷彈將所有森林樹葉燒光，但超出美國人想像之外，北越竟然挖掘地洞作爲運輸的管道，最後把美國趕出南越。

2.伊拉克是受美國轟炸最久最慘烈的國家，再加上世界性的經濟制裁，致使國內民生用品，生活糧食奇缺，但伊拉克仍然堅忍不拔，屹立不搖。

3.南斯拉夫因科索沃民族淨化問題，被北大西洋公約同盟國合力制裁，用現代飛彈武器連續轟炸七十二天，南斯拉夫人民仍然沒有向世界投降。

4.巴勒斯坦難民處在以色列所佔領的土地上，爲了建國與以色列全國作殊死戰，用游擊戰讓以色列屈服，同時發動國際案件，以拉住世界人民關懷巴勒斯坦建國的迫切，一九九八年

美夢已成真，以下是節錄美國總統柯林頓參加巴勒斯坦自決的致詞：「在巴勒斯坦人的歷史上，巴勒斯坦人民和他們的民選代表首次有一個機會在他們自己的土地上決定自己的命運」。多讓人羨慕的”在自己的土地上決定自己的命運“，那一天這句話能用在台灣的土地上？

5. 台灣人民要獨立建國，最少要忍受中國轟炸及封鎖二星期以上，不要一聽到中國要攻台的風聲或傳聞（還沒發射飛彈），股票大跌，台幣已全換美金，來得及跑的已跑光，跑不及的就躲起來，你想，這種人民有資格建國嗎？當以色列發動對阿拉伯所有國家戰爭時，全世界的猶太人從世界各機場奔回以色列參加戰爭，南韓大學生對國家重要法案或社會安全法案，不表示意見又不參加示威訴求的學生，父親不敢介紹那個是我的孩子，所以台灣人一定要改變，改變做奴隸的個性，把外來政權推翻了，自己才能做主。不要怕，才有信心。

二、台灣人民爭取台灣主權的步驟

(一)用選票推翻國民黨—爭取主權第一步

國民黨霸佔台灣五十年，一切施政只問黨意不問民意，結果把台灣帶進了懸崖絕境，對外是無主權的國家，無國際人格，最後變成中國的一省，對內被世界各國公認爲垃圾島，空氣、水、土地皆被嚴重污染，維持社會公共秩序的人倫道德，被金錢摧毀，於是父不父，子不子，相互尊重的基本禮儀也因爲名利而淪喪，因而親友反目，人殺人，開快車撞死人，看不順眼就

殺人，這社會已走回原始叢林求生法則，講求暴力，講求強吃弱，其維持社會公平、公正、正義的法律已失去效力。

隱忍半世紀，天道好還

我們已等了五十年，我們已不能再容忍，我們已不能再給國民黨任何機會，目前國民黨的生存空間已被世界各國壓縮排擠得只能退出國際社會，轉回並停留在台灣島上，已無能力再領導台灣，原台灣的保護神美國，也因自己向世界宣示「三不政策」，已沒理由再插手台灣事務，目前的台灣只能依中國的計劃，一步一步走進他的一國兩制的框框裡，等著接受中國的統治，但台灣如果不願被中國併吞、統治、不願成爲中國的一省，那台灣只有自己爭拼出一條生路來，這條生路很簡單，我們只要把我們手中神聖的一票，在這次總統選舉時，投給真正代表民意，來自民間的候選人，讓這位新總統，先躲開一個中國的緊箍咒，徹底毀滅國民黨所有實施的賣台政策，再將台灣建設成爲國際嶄新的民主國家，並以新的國家名稱，依聯合國憲章加入成爲聯合國會員，唯有成爲國際社會的會員才能以國際力量嚇阻中國的侵略和併吞。

㈡建立新台灣社會—爭取台灣主權第二步

新總統就任後，先安內，對外按兵不動，安內的策略有二：

1.台民決定去留公告書

在台灣島上所有人民中，有一部份人是中國的傳聲筒，是中國駐台代表，他們利用中國的

資金操縱媒體，學術界、金融、股市、甚至滲透軍防系統，當新總統就任時，一定宣佈台民決定去留公告書，即在一年內，凡心向大陸或想把台灣送給中國的台灣居民，一定要將其在台灣所有財產處理，時間一到，強迫回歸去見他的主子，一年過後，留著不走，又和中國再相互通信息，馬上以通匪判刑，以示台灣人民獨立建國的決心。

2. **建立台灣新社會**

台灣已被世界公認爲貪婪島，環保指標低於世界水準，人民經濟雖富裕，生活品質卻低劣，新總統的任務一定要把台灣建立成世界最美麗最適合人住的城市。

(1)廣建捷運系統，將全台灣縱橫連貫建設捷運，使城市與城市、城市與鄉村捷運連線，使交通便捷，淘汰機車，減少車禍。

(2)全台各海岸線成立觀光海水浴場，遊艇海釣場，潛水游泳場，在海灘設置各種休閒遊樂設施，並將海岸線與陸上河川連線，去除各處嚴重污染，使海洋與溪水均能通行遊艇、游泳，無論在任何地區，你均能享受海洋國家的滋味。

(3)全台每個住民自己找個地方向政府領取樹苗，栽好後，由政府查驗並列入戶口名簿登記編號，使台灣成爲森林國家。

(3)成立各種生產專業區，由政府各主管部門依各縣市地區的特性，成立專業區如水稻區、植花區、荔枝區、養殖區，由政府派專業人員輔導，並成立專區運輸，將生產品運輸到各地，防止商人壟斷，以維人民權益。

(5)成立工業特區，由政府在台灣找出一塊特大的土地，設立工業特區，只收廠租，將在大陸的投資工業找回，以防中國封鎖大陸台商，並將特區與外界隔絕，凡外勞都不能離開特區。特區設有泰國區，越南區、馬來區、印尼區，讓外勞可在自己的區內活動，各區的生意由該國來投資，以符合外勞權益。

(6)全台公共廁所委由民間清潔公司專門管理清掃，每天由政府指定官員監督，廁所乃一國衛生文明的溫度計，世界各文明國，一進到他們的國家，廁所都非常乾淨，沖水量大又強，廁所清香，反觀我們的廁所沒人管，糞便四溢，臭氣沖天，沒人敢上，一開廁所門，馬上暈倒，可憐！這怎能有資格成爲現代國家？

(7)中央成立專門處理垃圾環保機構，焚化爐如何去除戴奧辛，塑膠袋、保利龍如何改換替代品，以往掩埋是否滲透流進河川，污染水源，如何教導人民作好垃圾分類，對不肯作垃圾分類的居民予以查緝及處罰。

(8)保護水源區，凡水源區均派軍隊駐守，以保水源不受破壞，密植樹木，由學生手植，以防水源優氧化。

(9)全台設立觀光點，由各縣市各自主辦，如台南以鳳凰木爲主題，夏天一到，大家到台南賞鳳凰木花，種植一大片，形成一大片花海，如苦苓花或木棉花也一樣。

(10)由國家公園在全台各高山設置固定的露營區，規定固定登山路線，讓人民享受森林，水、空氣的珍貴及體驗台灣山野之美。

⑾關掉所有核能電廠，研究電力替代案，俾維護人民身體健康，以免受污染。

⑿設置體育、舞蹈、音樂專門學校，以原住民為主軸，依原住民的特質，由專家訓練，以取得奧林匹克金牌為目標，光耀國家名譽。

⒀每年選拔各學術界特殊專才由國家特別培訓，以拿下諾貝爾獎為重點，以提高國家文化，將台灣聲譽躍進世界之林。

⒁退休人員重返社會工作之規劃，每月由各縣市作詳細報告，依其專長服務當地，使人才盡其用。

⒂設置全台人員追蹤資料庫，由每人居住地之警察填報資料，進而依資料追查有無正式職業，然後再以輔導就業或組成社會服務團，以防人民不務正業，因無業而容易淪為小偷強盜。

⒃監獄施行清倉政策，凡受刑人按其勞役分析，由民間或社會合作提供社會役，輕刑者可由國家職業局提供職業，在工作中服刑，以免浪費人民的血汗錢。每人服完牢役，當地警察就是防役官，由警察時刻連繫，一失蹤馬上通緝，以防再犯案。

⒄專研國防科技，擁有核彈，以對抗中國入侵，如同巴基斯坦對抗印度的欺凌一樣。

⒅全台成立家庭保育健康中心，婚前實施優生政策，在各鄉村里鄰設立育幼院，教材營養師資全由國家提供。再以篩選中小學、大學之各門各類特殊人才，送往國家特殊教育部門，以培育國家人材，經費由沒收的國民黨黨營事業每年的利潤撥入。

⒆全台成立養老院，凡年滿七十歲老人即可免費進住院，除生病殘缺外，每一院員一律分配輕鬆工作（依其專長），或組社會服務團，再服務社會。經費由沒入的國民黨黨營事業每年的利潤撥入。

⒇精研防空避難掩體，在各地設置防空避難所，以防中國侵襲。

(21)組織救難隊，使用先進科學救難儀器，不但用之於國內，並可增援有急難的國家，以廣結善緣。

以上各點謹為新總統為打造新台灣社會的簡單藍圖，還有更多的規劃，更希望大家提供更美的建造藍圖，希望把台灣編織成美麗的國家，進而聞名於世。

㈢組織獨立親善團尋求國際奧援—爭取台灣主權第三步

為把台灣推近聯合國，怕中國阻撓，又怕中國發現台灣要加入聯合國而使用武力併吞，或中國利用聯合國表決台灣是中國的一省，促成和平歸併，所以台灣應由國家力量成立獨立親善團，促使世界各國了解台灣人的心願，希望各國主持正義，依聯合國憲章，促使我們成為聯合國會員。成立獨立親善團的情形如下：

1.親善團的經費來源

新政府以沒收所有國民黨黨產，因其黨產原是屬於全體台灣人民。而將每年黨產所得利潤（國民黨目前將其利潤，撥入選舉買票），全部撥入獨立親善團作經費。

2.親善團所組成人員（包括FAPA）

由台灣各大產業集團或各公司之董事長或總經理組成，包括最先進的FAPA人員，並由各董事長或總經理，自行認養世界各國，以便由商轉政的策略，一方面可與該國作生意又可替國家辦外交，而國家派外之使館人員可作他的募僚工作，並聘請國際法學專家，以利諮詢，共襄盛舉，並由FAPA人員當先鋒，相輔相成。

㈣以新國家名稱正式向聯合國申請入會—爭取台灣主權第四步

以新國家名稱正式向聯合國申請入會，即正式切斷了國民黨和中國二十多年來的一個中國政策及台灣是中國領土的惡纏，也粉碎了美國三不政策，對中國的承諾，並擺脫了建交公報的法律約束，所以新國家名稱，中國找不到併吞的藉口，以國際力量壓住中國。

當台灣的建設已完全呈現嶄新的一個國家，親善團到各國遊說已有相當的成就，同時邀請各國具有影響力人士來台觀光訪問，以便加深各國對台灣民主進步的深刻印象，然後再以各種交際場合，接觸美國、其他國家或聯合國官員來承諾台灣入會的最佳時機，確實掌握並了解一定會承認台灣入會的國家，然後以迅雷不及掩耳快速地將台灣依聯合國憲章申請入會，假若台灣以新國家名義，仍然無法入會，馬上再以委託聯合國託管或成立中立國申請入會，以防中國併吞。

㈤舉行公投—爭取台灣主權第五步

以新國家的名義參加聯合國，如果沒有成功，以委託聯合國託管及成立中立國也沒成功（一定要成功），這表示在國際社會，台灣也無生存空間，再剩下來就是中國要併吞。台灣如要獨

立，一定要和中國發生戰爭，在未戰爭前由新政府領導人主持公投，公投的議題是：反正要被共匪管，不如來給美國人管，所以台灣自願成爲美國聯邦的一州，在未公投前，新政府應先成立完整規劃的公投小組，當公投贊成台灣自願成爲美國聯邦的一州，如果美國不敢接受，台灣人就準備戰爭。

今生今世，誓與台灣共存亡

㈥戰爭—爭取台灣主權最後一步

戰爭是不得已的手段，戰爭是爭取國家獨立自由最後的憑據，當所有追求生存的希望都已滅絕，當所有追求和平的門都被關閉，當全台灣人民已不肯再經歷，更不願再重蹈來自 如同蔣介石暴政的中國共產集權專制統治時： 當全世界的國際社會對台灣人的生死存亡，以及爭取自由民主的呼聲都不支持時，全體台灣人請不要再猶豫，不要再徬徨，全心全意團結一致，拿起槍桿來抵抗中國強權的併吞。戰爭是爲保護台灣，戰爭是爲讓我們子子孫孫不再作獨裁鐵蹄下的奴隸，即使死亡亦不足惜，爲了台灣永遠的生存，把我們的生命，把我們的鮮血就勇敢地獻給我們的母親—台灣。

也許，因爲台灣人民堅強勇敢地抵抗中國的併吞，帶動了醞釀已久的新疆、西藏獨立運動，進而蜂湧地起來反抗中國政權，建立自己的國家，如此，更帶動了全中國人民起來反抗共產集權暴政的民主抗暴運動，推翻了中國共產政權，使中國分裂爲更多的民主國家。也許因爲台灣

人民的強烈抵抗中國的侵略，更帶動日本揮軍佔領釣魚台島嶼，並聯合南韓攻佔北韓完成韓國統一，再而攻佔東北，使東北成爲新的國家。也許由於中國攻佔台灣，引起越南和菲律賓藉機進佔南沙諸島，以解決南海領土的紛爭。也許由於中國攻佔台灣，觸動了美國的國家安全危機，進而協助台灣，以先進科技摧毀所有的中國軍事設施，使中國一下變成一無所有，進而再被世界列強瓜分。所以，台灣人民不要怕戰爭，也許台灣人民勇敢地投入戰爭，促成了中國共產政權的崩潰，那真是全人類的願望，也是人類歷史發展的必然—以集權統治的共產制度必滅亡，那更是台灣人民對全人類的貢獻。

附錄

附錄一：清代台灣人民反清革命表（資料來源：劉妮玲著《清代台灣民變研究》）

時間			地點		領導者	簡由	備註
年號	年代	西元	舊名	今名			
康熙	二三	一六八四	台灣縣	台南縣	林盛	鄭氏部下密謀抗清，未起事即被捕。	
康熙	二三	一六八四	鳳山縣	高雄縣	蔡機功	繼林盛之業，聚眾散，欲圖抗清。	
康熙			諸羅縣	南投縣	陳辛	鄭氏部下結合番民反清。	詳細時間不可考，唯可確知是二五—三〇年間
康熙	三五	一六九六	諸羅縣	台南縣	吳球	招眾密議，未起事即被捕。	
康熙	四〇	一七〇一	諸羅縣	台南縣	劉卻	以迷信招誘群眾，起事攻汛、搶掠。	
康熙	六〇	一七二一	鳳山縣 台灣縣 諸羅縣	高雄縣 台南市 嘉義縣	朱一貴	以官逼民反爲藉口，以朱姓爲號召，占城稱王。	
雍正	四	一七二六	鳳山縣	屏東縣	陳三奇	聚眾欲攻統領營，未果。	
雍正	六	一七二八	諸羅縣	台南縣	湯完	聚眾結父母會。	
雍正	一〇	一七三二	鳳山縣	高雄縣	吳福生	地方官疑其交結「匪類」，乃起意邀人造反。	
雍正	一二	一七三四	鳳山縣	高雄縣	許祖	招人豎旗意圖滋事。	
乾隆	七	一七四二	彰化縣	彰化縣	郭興	豎旗誣陷。	

時間			地點		領導者	簡由	備註
年號	年代	西元	舊名	今名			
乾隆	一五	一七五〇	淡水廳	新化縣	陳蓋	造言惑眾。	
乾隆	一七	一七五二	彰化縣	雲林縣	蔡俔	豎旗誣陷。	
乾隆	一八	一七五三	諸羅縣	嘉義縣	吳典	窩藏搶犯，聚眾抗官。	
乾隆	一八	一七五三	鹿港	彰化縣	施天賜	執械打傷差役，搶劫囚犯。	
乾隆	一八	一七五三	鳳山縣	屏東縣	張鳳喈	豎旗誣陷。	
乾隆	三三	一七六八	台灣縣	台南市	黃媽成	造作匿名揭帖，欲圖陷人於反亂之罪。	
乾隆	三三	一七六八	台灣縣 鳳山縣	台南縣 高雄縣	黃教	遭官府緝捕，乃聚眾攻汛相抗。	
乾隆	四七	一七八二	鳳山縣	高雄縣	陳虎	豎旗欲圖搶劫。	
乾隆	四七	一七八二	彰化縣	彰化縣	謝笑	由漳泉械鬥擴大，演成殺害汛弁。	
乾隆	五一	一七八六	諸羅縣	雲林縣	楊光勳	兄弟爭械鬥，演變成劫囚戕弁。	
乾隆	五一	一七八六	台灣縣 彰化縣 鳳山縣 諸羅縣	台南縣市 台中縣 彰化縣 高雄縣 嘉義縣	林爽文	天地會眾以吏治不良爲導因，起事抗官。	
乾隆	五五	一七九〇	彰化縣	南投縣	張標	糾人結天地會自保。	
乾隆	五七	一七九二	彰化縣	彰化縣	吳光彩	爲報仇而糾人結會。	
乾隆	五九	一七九四	鳳山縣	高雄縣	鄭光彩	糾人結小刀會，歃血訂盟，欲圖搶奪。	
乾隆	六〇	一七九五	鳳山縣	高雄縣	陳光愛	歃血訂盟，攻汛傷兵。	
乾隆	六〇	一七九五	鹿港	彰化縣	陳周全	歃血訂盟，攻鹿港破彰化。	

時間			地點		領導者	簡由	備註
年號	年代	西元	舊名	今名			
嘉慶	一	一七九六	彰化縣	彰化縣	施　蘭	兄於陳周全案被正法，欲爲兄報仇，而圖結會起事。	
嘉慶	二	一七九七			廖　掛	欲豎旗聚眾搶掠。	
嘉慶	三	一七九八	嘉義縣	台南縣	徐　章	糾夥搶劫，恐兵役查拿，結小刀會拒捕。	
嘉慶	五	一八〇〇	鳳山縣	高雄縣	汪　降	集眾起事。	
嘉慶	五	一八〇〇	嘉義縣	台南縣	陳錫宗	戕官焚汛，拒敵官兵。	
嘉慶	六	一八〇一	鹽水港	台南縣	白　啓	結小刀會包庇叛案逸犯，搶掠民家。	
嘉慶	七	一八〇二	鹽水港	台南縣	吳允錫	豎旗誣陷。	
嘉慶	一〇	一八〇五	淡水廳	台北縣 台南縣市 鳳山縣	蔡　牽	海寇欲據台爲王，糾黨攻城。	
嘉慶	一五	一八一〇	鳳山縣	高雄縣	許　比	集眾起事。	
嘉慶	一六	一八一一	淡水廳	台北縣	高	散布反政府言論，戕斃兵丁。	
道光	一	一八二一	噶瑪蘭	宜　蘭	朱　蔚	宣傳反政府言論被捕。	
道光	三	一八二三	噶瑪蘭	宜　蘭	林泳春	由抗辦軍工木料進而聚眾抗官。	
道光	四	一八二四	鳳山縣	高雄縣	許　尚	聚眾攻城。	
道光	一〇	一八三〇	彰化縣		王溪水	糾夥造謠焚搶抗官拒捕。	
道光	一二	一八三二	嘉義縣	嘉義縣 台南縣	張　丙	不滿官府措施，遂聚眾起事。	
道光	一三	一八三三	嘉義縣	台南縣	許憨成	聚眾密謀起事。	
道光	一四	一八三四	彰化縣	台中市	陳　成	謀藉米貴造謠滋事。	

時間 年號	年代	西元	地點 舊名	今名	領導者	簡由	備註
道光	一六	一八三六	嘉義縣	台南縣	沈知	藉歉收搶糧戕弁。	
道光	一八	一八三八	彰化縣	台中縣	蔡水藤	平素搶劫，官府嚴拏，乃結會抗官。	
道光	一八	一八三八	嘉義縣	嘉義縣	賴三	搶劫並豎旗誣陷。	
道光	一八	一八三八	嘉義縣	台南縣	呂寬	前科犯，糾眾結會抗官滋事。	
道光	一八	一八三八	高雄縣	高雄縣	張貢	結合偷竊、尋仇、搶掠、抗官之事件。	
道光	一八	一八三八	嘉義縣	台南縣	胡布	無業遊民因飢寒而起事。	
道光	二一	一八四一	嘉義縣	台南縣	江見	趁英船犯台，乘機起事。	
道光	二一	一八四一	鳳山縣	高雄縣	陳沖	見北路滋事，欲與洋船勾結豎旗攻汛。	
道光	二二	一八四二	彰化	南投縣	陳勇	地方土豪築造石圍，聚眾滋事。	
道光	二三	一八四三	嘉義縣	台南縣	洪協	集眾起事。	
道光	二四	一八四四	嘉義縣	台南縣	葉周	派飯搶奪，拒敵官兵。	
道光	三0	一八五0	嘉義縣	嘉義縣	王湧	散布邪言，糾黨攻搶。	
咸豐	一	一八五一	嘉義縣	台南縣	林鬧	趁年歲豐收與地方清莊，無處容身之際，乃糾眾搶掠。	
咸豐	三	一八五三	鳳山縣 台灣縣 嘉義縣 彰化縣	高雄縣 台南縣 嘉義縣 彰化縣	林恭	趁內志平軍起事之機會，豎旗集眾舉事。	
咸豐	三	一八五三	噶瑪蘭	宜蘭	吳磋	不滿官府徵糧措施，遂集眾豎旗抗官。	
咸豐	四	一八五四	嘉義縣	嘉義縣	賴唇	集眾起事。	
咸豐	四	一八五四	雞籠港	基隆	黃位	廈門小刀會餘眾欲攻占台灣。	

時間 年號	年代	西元	地點 舊名	今名	領導者	簡由	備註
咸豐	五	一八五五	嘉義縣	雲林	林房	攻入斗六門，殺害縣承。	
咸豐	五	一八五五	鳳山縣	高雄縣	王辨	豎旗集眾。	
同治	一	一八六二	彰化縣	彰化縣 雲林縣	戴潮春	原本結天地會自保，後因會黨勢力膨脹無法控制，演成抗官攻城之局。	
光緒	一	一八七五	嘉義縣	嘉義縣	蔡顯老	拒捕傷兵。	
光緒	六	一八八0			劉參根	糾眾滋事。	地點不詳
光緒	七	一八八一	嘉義縣	嘉義縣	莊芋	地方土豪拒捕抗官。	
光緒	七	一八八一	台灣縣	台南	王春華	哥老會黨欲圖起事。	
光緒	一一	一八八五	嘉義縣	嘉義縣	顏擺彩	地方土棍恃眾拒捕。	
光緒	一一	一八八五	彰化縣	南投縣	許添丁	集眾抗官拒捕。	
光緒	一二	一八八六	嘉義縣	台南縣	吳金印	地方土豪恃眾拒捕。	
光緒	一四	一八八八	台東州	台東	劉添汪	附和番社起事。	
光緒	一四	一八八八	彰化縣	彰化縣	施九緞	不滿官府措施，集眾圍城。	

附錄二：一八九五年五月日軍登陸澳底後，台灣人武裝抗日表

（資料來源：翁佳音著《台灣漢人武抗日史研究》）

（一）淡水河以北（一八九五年五月三十一日至六月三日）

領導者	職位、出身	備註
唐景崧	台灣巡撫，民主國總統。	日軍未進台北城前內渡。
俞明震	原刑部主事，任民主國內務督導。	令守軍援瑞芳，並親身督陣，受傷潛返大陸。
張兆連	北路防軍統領，率淮勇。	守基隆，參與瑞芳、基隆之役。
吳國華	本粵洋盜，廣勇統領。	守瑞芳，參與獅球嶺、小粗坑、瑞芳之役，與台勇不合，後南潰，所部在新竹爲台人截殺。
曾喜照	記名提督。	所部由屯丁、練勇編成，守澳底，潰敗後參與三貂角、瑞芳之役。
簡溪（淡）	頂雙溪人、淡水營弁。	參與小粗坑、瑞芳之役，乙未後又加入簡大獅之部。
徐邦道	記名總兵。	率銘軍參與三貂角之役，後戰歿於九份。

（二）淡水河以南、新竹以北（一八九五年六月十九日至八月三日）

領導者	職位、出身	備註
王國瑞	廣東人，新竹知縣。	曾請棟軍留守新竹。日軍未抵新竹城即逃。
余清勝	記名簡放提督。	守大嵙崁，迎降。
楊載雲	湖北人，副將，新楚軍統領。	奉黎知府令往援新竹，戰歿於頭份。

領導者	職位、出身	備註
傅德陞	棟軍。	林朝棟逃亡後，所部在新竹附近抗日。
鍾石妹	竹北豪商，承辦隘務。	在石牌埔、水仙崙等地抗日，一八九七年五月歸降任樹杞林辦務署參事。
王振輝（赤牛）	樹林富商，民團首。	乙未失利後曾內渡，後又返台。
黃鏡源	三角湧生員。	乙未時率眾抵抗後，又往來廈門求援數次。
翁景新	三勇湧富豪。	乙未率族抗日，翌年又參與台北城之役，事敗入山死之。
蘇　力	三角湧樟腦業者。	與子蘇根銓在分水嶺之白匏湖山拒日，敗後內渡，其後又返台，病卒。
陳小埤	同右。	與蘇力有姻親關係，募義民千餘人，與日軍戰於隆恩埔、二甲九等地，乙未十一月又與陳秋菊等會攻台北城，十二月被日軍所殺。
黃曉潭（源鑑）	大嵙崁增貢生，又為墾首。	乙未時率眾自烏塗掘出拒日軍，後內渡。
江國輝	大嵙崁武秀才，忠義局統領。	與大嵙崁總理呂建邦、耆老廖運潘等募兵千餘人抗日，後為日人所捕殺。
簡阿牛（愚）	大嵙崁人，累世以梓腦為業腦丁皆莫不畏服。	乙未時嘯聚黨徒、托部回復，「頑強構亂」。
林維給	桃園人，（徒）父為恩為邑庠生。	乙未與文糾眾拒日，為日軍焚其宅。兩人俱死。
詹永和	桃園龜山鄉人，業農，精拳術。	傾產充武器糧食，集同志八十餘人，拒日軍於龍壽山尾，戰歿。
黃世霧	桃園龜山鄉人，茶商，家富饒。	乙未時被推為義勇首領，拒日於龜山、牛角坡等地，反退入山。
陳光海	頭份總理。	乙未號召鄉人組田賦軍抗日。
姜紹祖	頭份生員。	率莊民、隘丁、佃丁作戰，戰歿於新竹。

領導者	職位、出身	備註
吳湯興	苗栗生員。	與生員邱國霖等率練勇抗日。
徐驤	頭份生員。	後轉戰各地。
胡嘉猷	安平鎮人，清五品官。本淡水縣吏，有相當資產之地主。	一八九六年初復率眾抗日，後內渡。
邱振安	龍潭坡總理。	乙未之役後又抗日，被捕殺。

（三）新竹以南彰化以北（一八九五年八月六日至八月二十八日）

領導者	職位、出身	備註
黎景嵩	候補同知，代台灣知府。	集台、彰、雲、苗四縣紳富會議，並令四知縣募勇，組新楚軍，八卦山之役時內渡。
吳彭年	黑旗前敵正統領縣丞，劉永福部。	率黑旗兵，副將李惟義，管帶袁錦清等人率黑旗兵來援，戰歿於八卦山。
徐驤 吳湯興	同右。	徐驤後又至南部募兵，吳則戰歿於八卦山。
陳瑞昌	葫蘆墩人，招募士勇抗日。	當地紳富林振芳助槍械，後歸順任台中辦務署參事。林振芳者與霧峰林家有宗族關係。
林大春	東堡莊豪、組有國姓會。	與賴設國姓會，集子弟千人拒戰成於頭家厝。
許肇清	鹿港武進士。	與武生許夢元率練勇赴援八卦山，未戰而急奔回，後內渡。

（四）彰化以南至台南（一八九五年八月五日至十月廿一日）

領導者	職位、出身	備註
劉永福	台灣民主國大將軍。	日軍未入台南前內渡。
楊泗洪	黑旗軍副將。	領福字軍包圍日軍於大莆林，戰死。
王德標	守備黑旗軍都司。	率七星軍，守戰西螺、大莆林等地。
蕭三發	都司。	代楊泗洪繼續領導，與日軍戰於大莆林，戰歿。
孫育萬	嘉義知縣。	與武舉人參將劉步陞，生員楊錫九死於嘉義之役。
徐　驤	同右。	戰斗六街一帶，後與總兵柏正材俱戰歿於曾文溪附近。
簡大肚（成功）、簡義（宜，名精華）	雲林地方第一豪族，已非常有勢力，製糖爲業，施九緞之亂時曾率勇平之，後曾開碾米廠。累世農家，義勇團首、匪首，所部練勇多土匪。	一八九六年又抗日，後歸順。按《瀛海偕亡記》將簡大肚與簡義視爲父子，但另據《雲林沿革史》有「簡大肚」者，乙未時亦參加抗日，與簡大肚不知是否同一人？若是，則簡成功與義似非父子關係，存疑之。上之「出身、職位」欄，以簡義爲主。
黃丑（榮邦）	匪首，中埤莊土豪，義勇團首，以武術聞名。	其女爲柯鐵之妾。與廖三聘等人攻日軍於西螺溪，後被捕殺。
林義成（苗生）	匪首。	與都司王德標，拒日軍於他里霧（與南部林少貓，非同一人）。
廖三聘	西螺民團首。	與黃丑據西螺街拒日。按廖三聘與廖景琛未知是否同一人，後者在乙未時亦在西螺街抗日，翌年任西螺街長，但一九〇二年被騙殺。
陳憨番	海豐崙頭人。	一八九六年後又抗日。

領導者	職位、出身	備註
林崑崗（碧玉）	生員、設教鄉中，或言為武秀才。	鐵線橋之役，共率鄉里子弟數百人持綿牌刀與日軍鏖戰，戰歿，子亦繼續抗日。
沈芳徽	生員、豪農、糖商。	與林崑崗等拒日軍於蕭　附近，歸降。
侯（西庚）	東石糖　業主。	拒日軍於鹽水港、內具庄等地，後內渡廈門，數年後返台，所營糖廠亦被日人所併。
翁煌南	鹽水港生員、地主。	援記名總兵譚少宗於鹽水港街，後歸順。抗日時舉鹽水港街教師葉瑞西為義勇團隊長。
曾春華	安平縣人，舉人蔡國琳門生。	與丁南金一起抗日，戰歿。

（五）台南以南（一八九五年十月十九日至十一月）

領導者	職位、出身	備註
吳光忠	副將。	守東港，不戰而逃。
劉成良	知州。	率福字軍守打狗砲台，後退台南。
蕭光明	屏東左堆總理。	推舉人李向榮為大總理抗日與日軍戰於茄冬腳；戰歿。李向榮則內渡，死於內地。
邱鳳揚	屏東前堆總理。	率部拒日軍於火燒莊。
鍾發春	恒春內埔人，秀才。	邱鳳揚任大總理，鍾任參謀，俱率眾拒日軍於火燒莊、美濃等地。
鄭（忠清）	鳳山綠林豪，清武官。	乙未時阻日軍於二層行溪附近。一八九六年後仍抗日，後內渡。

附錄三：台灣土著勢力游擊戰事件成員表（資料來源：翁佳音著《台灣漢人武裝抗日史研究》）

（一）北部（台北、宜蘭、新竹以北）抗日領導者出身

領導者	職位、出身	備註
許紹文	金包里武生員。	率部二千餘人，攻金包里屯兵處，後渡大陸。
簡大獅	宜蘭人，漳籍，父爲小農，僱傭爲生。乙未投林火旺，任頭目。	出沒於淡水、士林之間。一八九八年九月歸降，同年十二月內渡，一九００被清官遣送返台，處死刑。
盧錦春		活躍於大屯山、士林一帶後被捕殺。
林李成	泉籍，三貂堡生員，有資產，於金瓜石採金礦。	乙未時旁觀，後被誣告而抗日活躍於宜蘭等地，一八九五年十二月末以後，與林大北攻頂雙溪及瑞芳等地。
林清秀	有資產，乙未任義勇軍首。	活躍於宜蘭、台北一帶，後歸降從事道路修築工程。
林火旺	宜蘭頭圍人，任俠抑強扶弱，乙未任哨長。	活躍於宜蘭，歸降後業農並從事地方公共事業。一九００年被捕處死。
林大北	宜蘭人，乙未任義勇軍統領。	參加一八九五年末包圍宜蘭之役，後歸降業農。
林維新	宜蘭頭圍生員，豪農、書塾教師。	乙未時旁觀，後來參加包圍宜蘭城，內渡，後應日人而歸降回台。
徐　祿	宜蘭頭圍人，率壯丁入基隆九份採金，乙未任連勝右營營官。	參加包圍宜蘭城，歸降，後內渡。
王秋逢	九份金礦業者，乙未時任營官。	與林李成參與北部之抗日。
鄭文流	文山堡豪族，業農，經營製茶等。	歸降。業農、樟腦製造。
陳秋菊	泉籍，居深坑，父業茶，清代任莊總理，中法戰役時招募業勇，爲四品武官。	先抗日，歸降後，從事開墾有成，另一抗日者陳苞（捷陞）爲其族弟。

領導者	職位、出身	備註
詹振	松山五分埔人，業農。	參加圍攻台北城，一八九七年戰歿（一說至羅東經商），其弟詹番前清「土匪」，亦爲抗日領導者。
胡阿錦	地主。	一八九六年圍攻台北城之領導者，後內渡。
陳豬英	三角湧樟腦商業者蘇力部下，本身亦樟腦製造業者。	其部下林炎爲當地富豪。與王貓研在三角湧一帶抵抗。
林成祖	清末來台，爲清官所捕，乙未脫獄，爲「土匪」頭目。	曾攻板橋，於三角湧被捕殺。

（二）中部（苗栗、台中、彰化、雲林）

領導者	職位、出身	備註
詹阿瑞	苗栗罩蘭莊人，似爲隘丁首。	活躍於罩蘭附近，並於一九〇一年二月率二百名部眾圍攻台中，後戰歿。其妹亦率女性軍隊助戰。
簡義	豪農。	一八九六年六月，與柯鐵一起抗日，是爲著名的「雲林事件」，同年十二月歸降。
柯鐵	大坪頂庄人，製紙業，父祖累代爲「匪魁」，眾敬之。	簡義歸降後，他仍在大坪頂抗日，據地稱鐵國山，與簡大獅、林少貓被稱抗日「三猛」，後病死。
張呂赤	斗六街人，有文才，清時任哨官。	曾歸降，後內渡。
張大猷	與張呂赤同爲富商家族，經營布業，乙未時曾任哨官。	歸降，後被誘殺。
陳水仙	山坪頂土豪，素以設書塾教授兒童。	後歸降任東勢坑庄區長。
陳文晃	斗六堡溪邊厝人，製糖爲業，曾任前清哨官，子亦糖及業農。	與簡義同抗日，後歸降。

領導者	職位、出身	備註
黃貓選	打貓北堡雙溪口人，業醫。	曾因謀抗日被捕，後投柯鐵，一八九七被處決。
曾　越	斗六堡厝庄人，業醫，精蘭書。	後被殺。
林新慶	溪州堡芎蕉腳庄人。	以父被日人冤殺而散財報仇，一八九八後歸降任該庄總理。
蔡　知	斗六堡大北勢人，無賴。	被捕殺或戰死。
簡大吐	他里霧堡庵古坑人，無賴。	
賴福來	打貓東堡崁頭厝人，無賴。	
劉德杓	安徽人，台東統領。	一八九六年至鐵國山，任陳水仙之參謀。

（三）南部（雲林以南）

領導者	職位、出身	備註
黃國領	父爲布商，曾經營雜貨店。	活躍於溫水溪一帶，曾歸順助日人討伐，後被殺。
林添丁	製紙業職工。	活躍於溫水溪一帶，後被殺。
胡細漢	業農。	活躍於番仔山。
田　庭	赤山堡水流東人，民間宗教人物。	活躍於番仔山、十八重溪，後被殺。
陳向義	店仔口豪農，累世經營糖　、雜貨店商。	一九〇二年被誅。
阮　振	藥舖商，頗有資產。	活躍於十八重溪地方，一九〇二年被殺。
黃　臭 魏　開	業農。	活躍於鳳山地方下淡水溪右岸。
張添壽	蕭里庄業農，讀書人，有產，地方有名望。	活躍於十八重溪地方，與阮振有聯絡，後被殺。

領導者	職位、出身	備註
方大憨	蕭　草寮人，綠林豪，務農。	後被捕殺。
翁輝煌（長庚、大臭）	乙未自漳州來台，漁行商，業農。	
鄭吉生	綠林豪。	活躍於東港、鳳山附近，後戰歿。
林少貓	鄭吉生部，經營米店於魚肉市場，有影響力。	後被殺。
吳萬興	土匪，林少貓部。	活躍於鳳山，清武秀才黃朝威助之，被捕殺。
鄭（忠）清	清武官。	乙未曾抗日，後歸降任土庫庄民總理，再抗日，後內渡。
林天福	四溝水庄人，以染布爲業，有資產。	一八九八年十二月與林少貓不約而同攻潮州辦務署，又圍恒春城，後被殺。

附錄四：台灣武裝革命群起時事件表（資料來源：翁佳音著《台灣漢人武裝抗日史研究》）

	年月	事件	備註
1	一九〇七・十二	北埔蔡清琳等暴動。	稱將有中國兵登陸本島收復台灣，刻有「聯合復中興總裁」之印。
2	一九〇八	台南廳下丁鵲二十八宿會隱謀。	稱中國兵將登陸奪還本島，又稱有清國大官朝服，本島光復後，丁鵲將當皇帝。
3	一九一二・三	林圯埔劉乾等暴動。	稱將征服在台日人而爲王。
4	一九一二・六	土庫黃朝等隱謀。	受中國本土革命成功之刺激，揚言清兵將來台與其結合，其將成爲台灣國王。
5	一九一三・一	苗栗羅福星等隱謀。	羅氏曾加入同盟會，圖謀將台灣收入中國版圖。日人總結謂此案與羅案同是台人不滿。
6	一九一三・六	關帝廟李阿齊等隱謀。	日政，遠因則是受中華民國建立之革命思想潮影響。謀脫離日本統治。
7	一九一三・一二	東勢賴來等暴動。	日政，遠因則是受中華民國建立之革命思想潮影響。謀脫離日本統治。賴來於一九一二年曾至上海。
8	一九一四・二	南投沈阿榮隱謀。	同右。稱將求中國革命黨援助，排除日本在台統治權且夢想台灣復歸中國。
9	一九一四・二	大湖張火爐隱謀。	同右。企圖以中國之黃興爲指揮官征伐台灣，廣殺日人，收復台灣復歸中國。
10	一九一四・五	六甲羅臭頭暴動。	藉託神論將驅逐日人，任台灣皇帝。
11	一九一五・二	台中林老才隱謀。	自稱台灣皇帝，持有革命檄文、彈藥與軍事資金等。
12	一九一五・四	西萊庵余清芳等暴動。	欲建大明慈悲國。余案共有五小派，有主張恢復台灣爲中國之版圖，亦有要擁立台灣皇帝而建立政權者。
13	一九一五・九	新庄楊臨等隱謀。	自日人手中奪還台灣建獨立國，或回歸中國政府。

附錄五：中華民國駐外機構使用各種「假名」一覽表

一、冠中華民國稱號的機構

中華民國駐斐濟商務代表團
中華民國駐巴林商務代表團
中華民國駐阿拉伯聯合大公國杜拜商務辦事處
中華民國駐科威特商務辦事處
中華民國駐模里西斯商務代表團
中華民國駐利比亞商務辦事處
中華民國駐巴布亞紐幾內亞商務代表團
中華民國駐厄瓜多商務處
中華民國駐厄瓜多商務處惠夜基分處
中華民國駐玻利維亞商務與領務辦事處
中華民國駐馬達加斯加特別代表團
中華民國駐奈及利亞聯邦共和國商務代表團

二、冠台北經濟文化辦事處

駐印尼台北經濟貿易代表處
駐馬來西亞台北經濟文化辦事處
駐菲律賓台北經濟文化辦事處

駐安卡拉台北經濟文化辦事處
駐斯里蘭卡台北商務代表團
駐澳門台北貿易旅遊辦事處
台北經濟文化辦事處波昂總處
台北經濟文化辦事處慕尼黑分處
台北經濟文化辦事處西柏林分處
台北經濟文化辦事處漢堡分處
台北經濟文化辦事處萊比錫分處

三、冠台北商務觀光暨新聞辦事處（瑞典）

駐挪威台北商務處
駐巴西台北商務中心
駐里約熱內盧台北商務中心
駐秘魯台北經濟文化辦事處
駐智利台北商務辦事處
駐匈牙利台北商務辦事處
駐芬蘭台北貿易文化辦事處
台北經濟文化辦事處（比利時）
駐新加坡台北代表處

駐沙烏地阿拉伯台北經濟文化代表處
駐沙烏地阿拉伯台北經濟文化代表處吉達分處
駐加拿大台北經濟文化辦事處
駐加拿大台北經濟文化辦事處溫哥華分處

四、冠遠東商務處

駐泰國遠東商務辦事處
駐約旦遠東商務辦事處
駐哥倫比亞遠東商務辦事處
駐荷蘭遠東商務處

五、冠遠東貿易中心

駐希臘遠東貿易中心
駐紐西蘭亞東貿易中心
駐紐西蘭亞東貿易中心屋崙分處
遠東貿易服務中心駐阿曼王國辦事處
駐汶萊遠東貿易文化中心

六、冠遠東貿易公司

駐美爾遠東貿易公司
駐美爾遠東貿易公司雪梨分公司

七、冠孫中山中心

駐西班牙孫中山中心
駐盧森堡孫中山中心
駐瑞士孫逸仙中心

八、冠自由中國中心

自由中國中心（英國）
駐愛爾蘭自由中國中心

九、冠亞東關係協會

亞東關係協會東京辦事處
亞東關係協會東京辦事處橫濱支處
亞東關係協會大阪辦事處
亞東關係協會大阪辦事處福岡分處

十、冠北美事務協調委員會

北美事務協調委員會駐美國辦事處（華盛頓）
北美事務協調委員會駐亞特蘭達辦事處
北美事務協調委員會駐波士頓辦事處
北美事務協調委員會駐芝加哥辦事處
北美事務協調委員會駐火奴魯魯辦事處

北美事務協調委員會駐霍斯敦辦事處
北美事務協調委員會駐堪薩斯辦事處
北美事務協調委員會駐羅安琪辦事處
北美事務協調委員會駐邁亞密辦事處
北美事務協調委員會駐紐約辦事處
北美事務協調委員會駐金山辦事處
北美事務協調委員會駐西雅圖辦事處

十一、冠台灣商務辦事處

駐阿根廷台灣商務代表辦事處
駐委內瑞拉台灣商務辦事處
駐智利台灣商務辦事處

十二、其他

法華經濟貿易觀光促進會
中國文化研究所（奧地利）
駐香港中華旅行社
駐義大利台北文化經濟學會

附錄六：近五十年來，全球宣布獨立國家一覽表

■原英屬領地

拉丁美洲—百慕達、百里斯、聖克里斯多福、巴哈馬、牙買加、多明尼加、聖露西亞、聖文森、格瑞那達、千里達托貝哥、蓋亞那

大洋洲—萬那杜、紐西蘭、吉里巴斯、索羅門、吐瓦魯、斐濟、東加

南亞—印度、不丹、斯里蘭卡、馬爾地夫、巴基斯坦

西歐—愛爾蘭、馬爾他

中東—塞普路斯、約旦、卡達、巴林

非洲—干比亞、獅子山、迦納、奈及利亞、波札那、尚比亞、賴索托、史瓦濟蘭、模里西斯、馬拉威、塞昔耳、烏干達、肯亞

■原法屬領地

東南亞—寮國

中東—敘利亞、黎巴嫩、突尼西亞

非洲—馬利、塞內加爾、蓋亞那共和國、象牙海岸、布吉納法索、貝南、尼日、查德、中非共和國、迦蓬、剛果、馬達加斯加、科摩羅、吉布地

■原西班牙領地

中東—摩洛哥

非洲—赤道幾內亞

■原葡萄牙領地
非洲—維德角、蓋亞那比索、聖圖美、安哥拉、莫三比克
■原荷蘭領地
拉丁美洲—蘇利南
■原比利時領地
東南亞—印尼
非洲—薩伊
■原日本領地
東南亞—菲律賓
■原南非領地
非洲—賴米比亞
■原蘇聯聯邦
白俄羅斯、烏克蘭、摩達維亞、哈薩克、吉爾吉斯、塔吉克、烏茲別克、土庫曼、亞美尼亞、亞塞拜然、喬治亞、愛沙尼亞、拉脫維亞、立陶宛
■原南斯拉夫國家
馬其頓、波士尼亞—赫塞哥維那、克羅埃西亞、斯洛伐尼亞
■多國統治領地
東南亞—緬甸（英、日）
非洲—蘇丹（英、埃）

■托管地

大洋洲—諾魯（英、澳洲、紐西蘭）、圭亞那（奧地利）、西薩摩亞（紐西蘭）、密克羅尼西亞（美）、馬紹爾（美）、帛琉（聯合國）

非洲—多哥（法）、喀麥隆（法、英）、蒲隆地（比利時）、盧安達（比利時）

■新興獨立國

大西洋—巴貝多

南亞—孟加拉

西歐—奧地利

東歐—捷克、斯洛伐克、匈牙利、羅馬尼亞、保加利亞

中東—以色列、阿拉伯聯合大公國

非洲—辛巴威、厄立特里亞